なぜ彼女は革命家になったのか

叛逆者フローラ・トリスタンの生涯

ゲルハルト・レオ
小杉隆芳［訳］

法政大学出版局

Gerhard LEO: "FLORA TRISTAN; La révolte d'une paria"

This book is published in Japan by arrangement with Les Éditions de L' Atelier / Les Éditions Ouvrières, through le Bureau des Copyrights Français, Tokyo.

1　知性と活力が目立つ大きな黒い瞳と繊細な顔立ち。南米に旅行した 31 歳のときのフロラ・トリスタンの肖像画。ペルー人画家によるスケッチ。

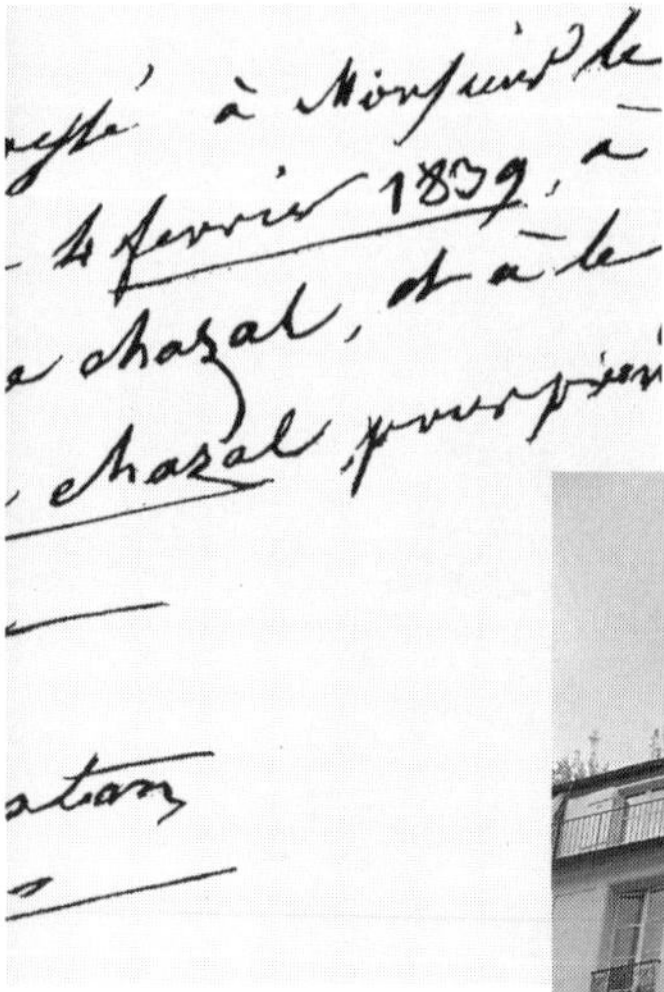

2 フロラ・トリスタンが1834年にペルーから帰国後暮らしていた，パリのシェルシュ・ミディ通り42番地の現在の様子。新聞に初めて掲載された小論を書いたのも，多大な影響を受けた哲学者シャルル・フーリエを招待したのもここだった。

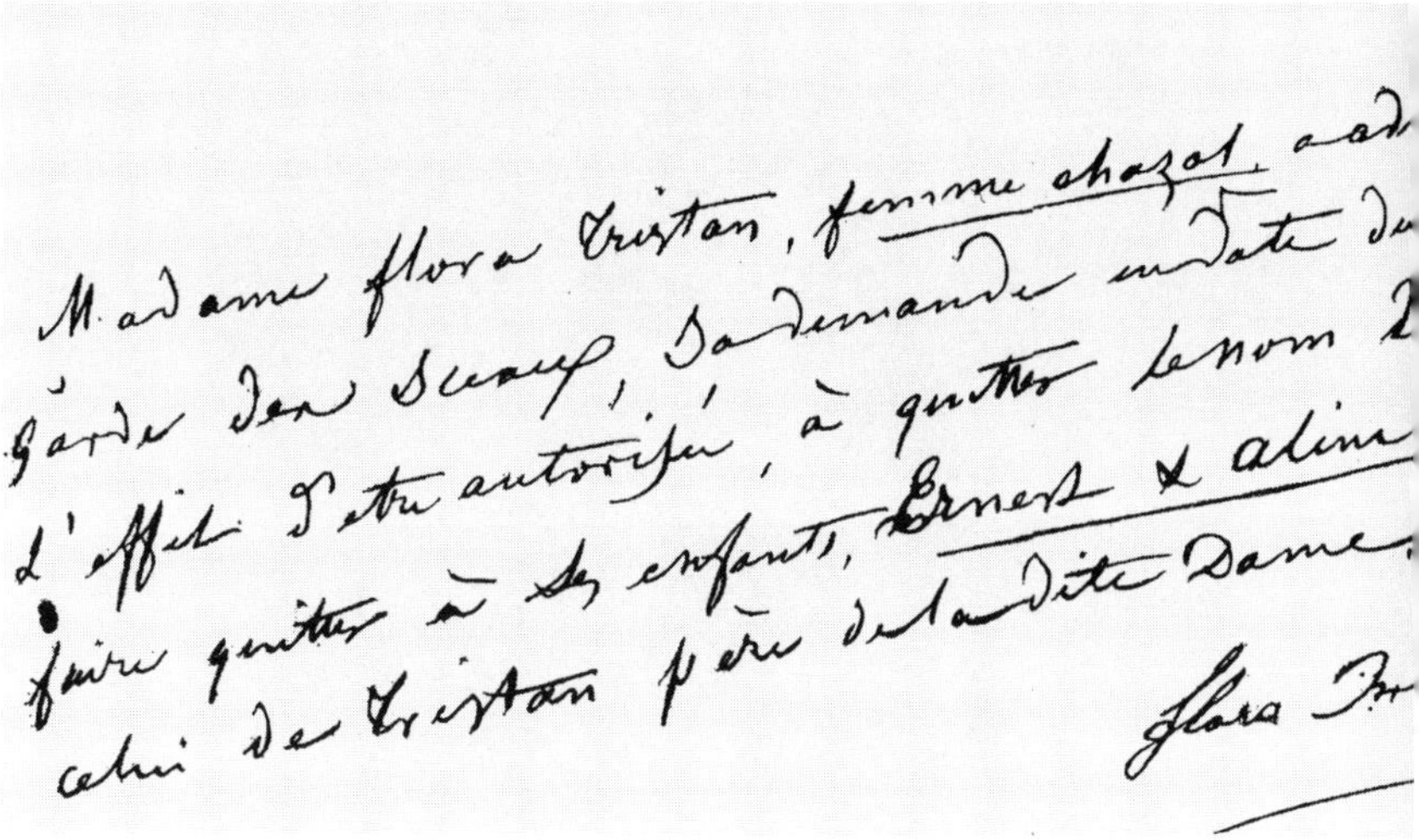
Madame flora Tristan, femme chazal, a adr
garde des Sceaux, sa demande en date du
l'effet d'être autorisée, à quitter le nom
faire quitter à ses enfants, Ernest & aline
celui de Tristan père de la dite Dame.
flora Tr

3　夫のアンドレ・シャザルが殺人未遂で20年の刑を宣告されてすぐ，フロラ・トリスタンが裁判所に提出した旧姓への変更願。この要求は当局によって受理された。

4　Galerie de la Presse のカタログに掲載されたフロラ・トリスタンの肖像画。パリ，1839 年。

5　ロバート・オウエン（1771–1858）。フロラはこのイギリスの著名な経済学者を称賛し，バック通りの自宅へ招待した。イギリスの労働者の日常生活を描いた『ロンドン散策』で，まるまる一章をこの偉大な社会改革家に捧げている。

6　メアリ・ウルストンクラフト（1759–1797）。アイルランド人の作家，フェミニスト。女性の権利の平等は「人類の進歩の条件そのものである」と宣言した。フロラは彼女の主要著作を徹底的に考察し，大きな影響を受けた。

7　1840 年にフロラが成功した証し。オノレ・ド・バルザックやヴィクトル・ユゴーらが発行した『パリの美女たち』に肖像画が掲載された。アルフォンス・コンスタン画といわれる。

8　ロンドンの「ガスライト・コーク社」の工場風景。フロラはイギリスの労働者に関する著書で，その悲惨な実態を描いた。

9　憲兵に逮捕され，野次馬連中にはやし立てられるフロラ・トリスタン。1845年にパリでルイ・フェスト『新作歌謡集』が刊行され，そこに収録された「フロラ・トリスタンはわれらに死を求めている」という唄の挿絵。

10　フロラ・トリスタンも見物した1839年のアスコット・ヒース競馬場の光景。著書『ロンドン散策』で，競馬について非常に臨場感溢れる描写をしている。

11 ロンドンであったチャーチストらのデモ行進。フローラ・トリスタンはイギリスの首都に滞在中，この国の革命家たちの秘密集会に招かれた。

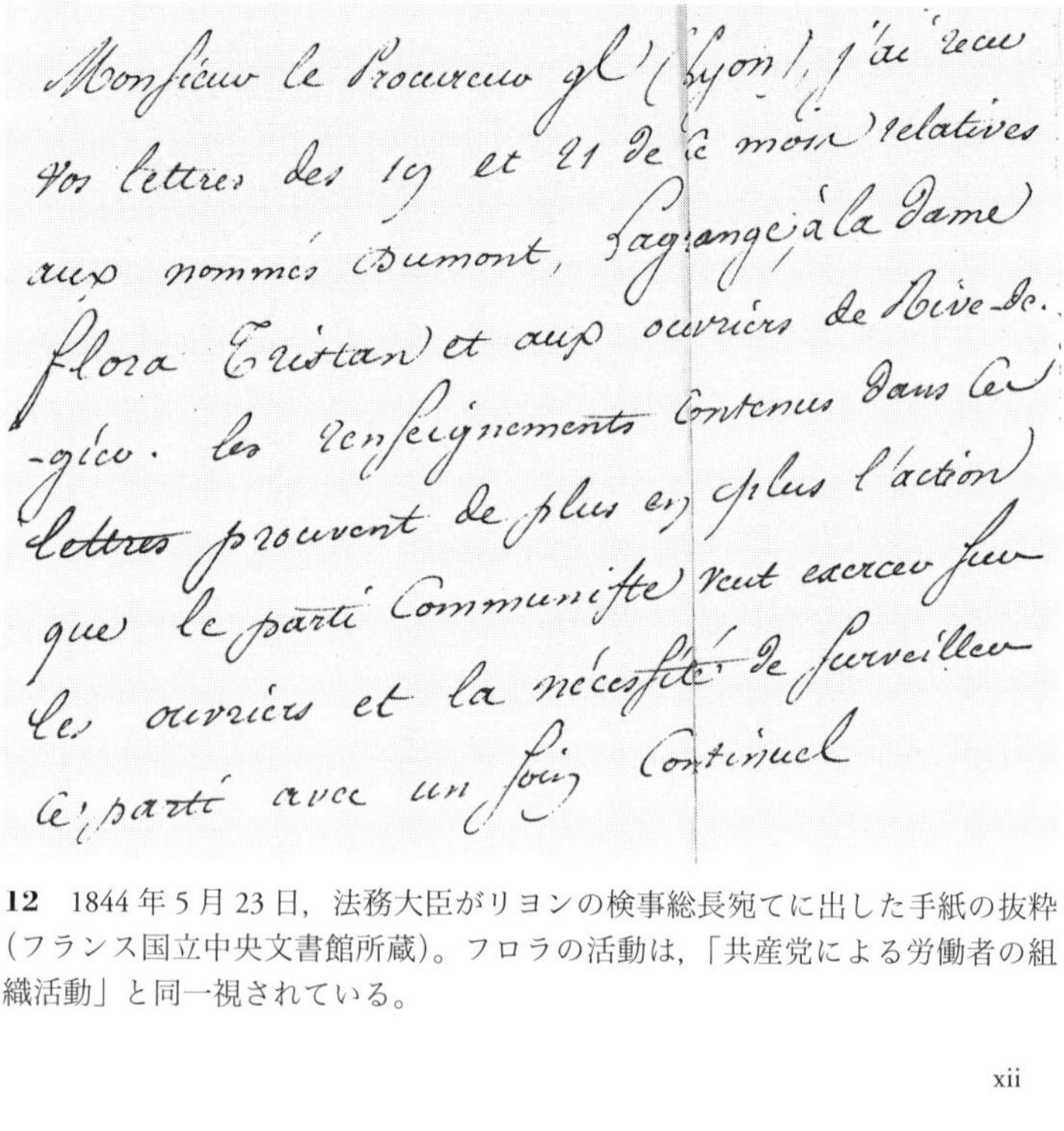

Monsieur le Procureur gl (Lyon), j'ai reçu
vos lettres des 19 et 21 de ce mois relatives
aux nommés Dumont, Lagrange, à la dame
Flora Tristan et aux ouvriers de Rive-de-
-gier. les renseignements contenus dans ces
lettres prouvent de plus en plus l'action
que le parti Communiste veut exercer sur
les ouvriers et la nécessité de surveiller
ce parti avec un soin continuel

12 1844 年 5 月 23 日，法務大臣がリヨンの検事総長宛てに出した手紙の抜粋（フランス国立中央文書館所蔵）。フローラの活動は，「共産党による労働者の組織活動」と同一視されている。

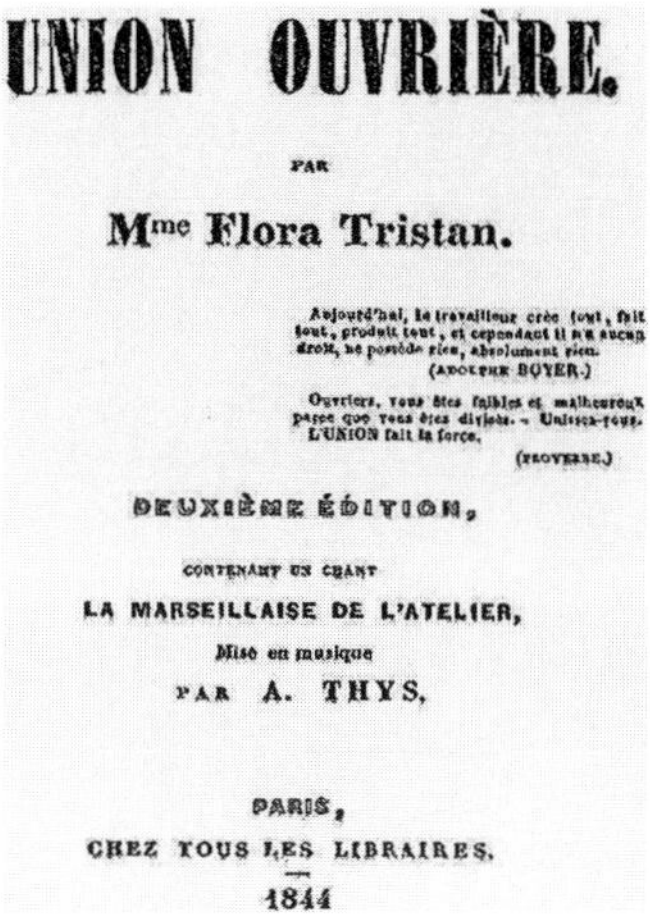

UNION OUVRIÈRE.

PAR

Mme Flora Tristan.

Aujourd'hui, le travailleur crée tout, fait tout, produit tout, et cependant il n'a aucun droit, ne possède rien, absolument rien.
(ADOLPHE BOYER.)

Ouvriers, vous êtes faibles et malheureux parce que vous êtes divisés. — Unissez-vous. L'UNION fait la force.
(PROVERBE.)

DEUXIÈME ÉDITION,

CONTENANT UN CHANT

LA MARSEILLAISE DE L'ATELIER,

Mise en musique

PAR A. THYS.

PARIS,
CHEZ TOUS LES LIBRAIRES.
1844

13 上：1843～44年にかけて労働者相手に地方を講演してまわったとき，フロラ・トリスタンが配布した『労働者連合』の表紙。下：第2版には，労働者が作曲した「仕事場のマルセイエーズ」を掲載した。

14　フロラ・トリスタンの孫ポール・ゴーガンは，母アリーヌの死後20年も経ってから，娘時代の母親の肖像画を描いた。タヒチの影響が強く感じられる。その際，アリーヌの肖像画（下）を参考にしたと思われる。

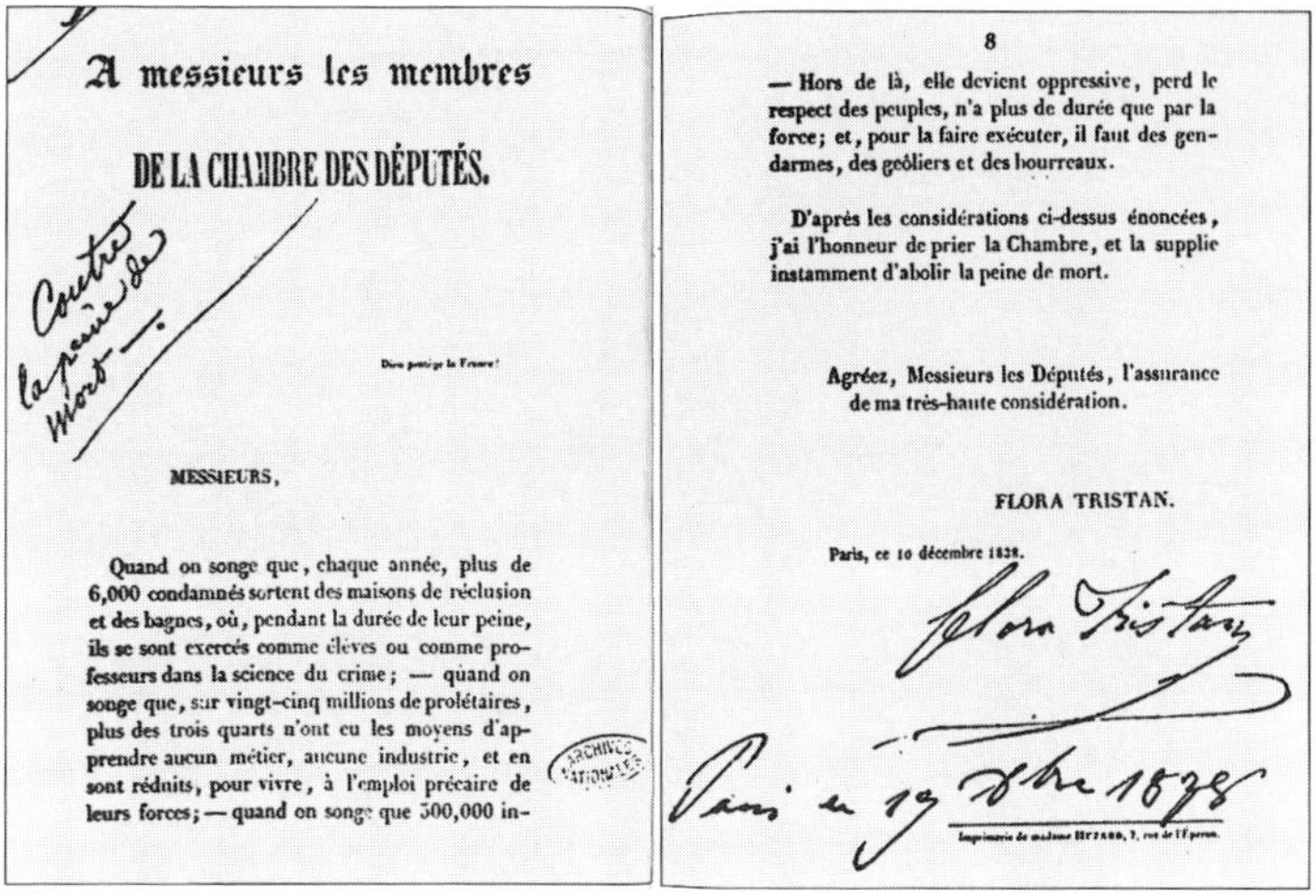

A messieurs les membres

DE LA CHAMBRE DES DÉPUTÉS.

Contre la peine de mort —

MESSIEURS,

Quand on songe que, chaque année, plus de 6,000 condamnés sortent des maisons de réclusion et des bagnes, où, pendant la durée de leur peine, ils se sont exercés comme élèves ou comme professeurs dans la science du crime ; — quand on songe que, sur vingt-cinq millions de prolétaires, plus des trois quarts n'ont eu les moyens d'apprendre aucun métier, aucune industrie, et en sont réduits, pour vivre, à l'emploi précaire de leurs forces ; — quand on songe que 300,000 in-

8

— Hors de là, elle devient oppressive, perd le respect des peuples, n'a plus de durée que par la force ; et, pour la faire exécuter, il faut des gendarmes, des geôliers et des bourreaux.

D'après les considérations ci-dessus énoncées, j'ai l'honneur de prier la Chambre, et la supplie instamment d'abolir la peine de mort.

Agréez, Messieurs les Députés, l'assurance de ma très-haute considération.

FLORA TRISTAN.

Paris, ce 10 décembre 1838.

15　死刑廃止の嘆願書。夫の裁判が始まる数週間前に下院に提出した。暴力的で，良心の呵責もなく平然と自分を殺そうとした人間で，許し難い存在だったはずなのに。

16　ペルーの町アレキパ。フロラ・トリスタンは1833年にこの町の叔父ドン・ピオ邸に滞在し，激しい内戦の勃発に居合わせた。著書『ある女パリアの遍歴』で，山頂に雪をいただいたミスティ山（5822 m）が見えるこの町で経験した冒険譚を語る。

17　フロラが女性解放の推進力，少なくとも女性に匿名性を与えるものととらえた伝統衣装のサヤとマント姿のペルーの女性たち。ヴェールで顔を隠し，片方の目だけきっちりと外に出している（オーグランの水彩画，1837 年）。この衣装を礼賛したもう一人の人物は，チャールズ・ダーウィンである。

18　シモン・ボリーバル(1783–1830)。南アメリカの将軍。青年時代は，フロラ・トリスタンの両親の親友であった。フロラにとって，南米の民衆をスペインの支配から解放した疑う余地のない英雄だった。

19　失業中のフランスの機織工一家。19 世紀前半の労働者の悲惨な日常生活の光景。彼らの収入では，一家を養うことさえままならなかった。フロラ・トリスタンは 1843 年に「労働者連合」を組織しようと，とくにリヨンの作業場では数十回も集会を開いた。

20　シャルル・フーリエ（1772-1837）。哲学者・経済学者。1835年8月21日付のフロラのフーリエ宛ての書簡には，「私には一つの能力しかありません。それは仕事，つまり人の役に立ちたいという欲求，本当に純粋な気持ちで，私たちの熱愛する大義に仕えたいという強い思いです。どうか私を使ってください！　そうしていただけたら心底幸福です」とある。資本主義体制を批判し，女性解放を唱えるこの哲学者に，フロラは心から魅了された。

21　フロラが長い船旅をしたメキシカン号は，この絵に似たブリック（2本マストの小帆船）だった（ペロ画，パリ，海洋博物館所蔵）。

22　1830年頃のボルドーの港。フロラ・トリスタンは1833年4月7日に，ここから南アメリカに向けて船旅に出発した。フロラが埋葬されたのもボルドーである（バラの銅版画，ボルドー図書館所蔵）。

虚仮にしている。医学を学んだり男性の職業に挑戦する女性がいるかと思えば，逆に，洗濯や料理をする男性が登場する。1829～30年にかけてパリでサン＝シモン主義者の集会が開かれ，参加したフロラ・トリスタンは，こうした社会改革者集団の唱える社会正義と両性平等思想に深く魅了された。

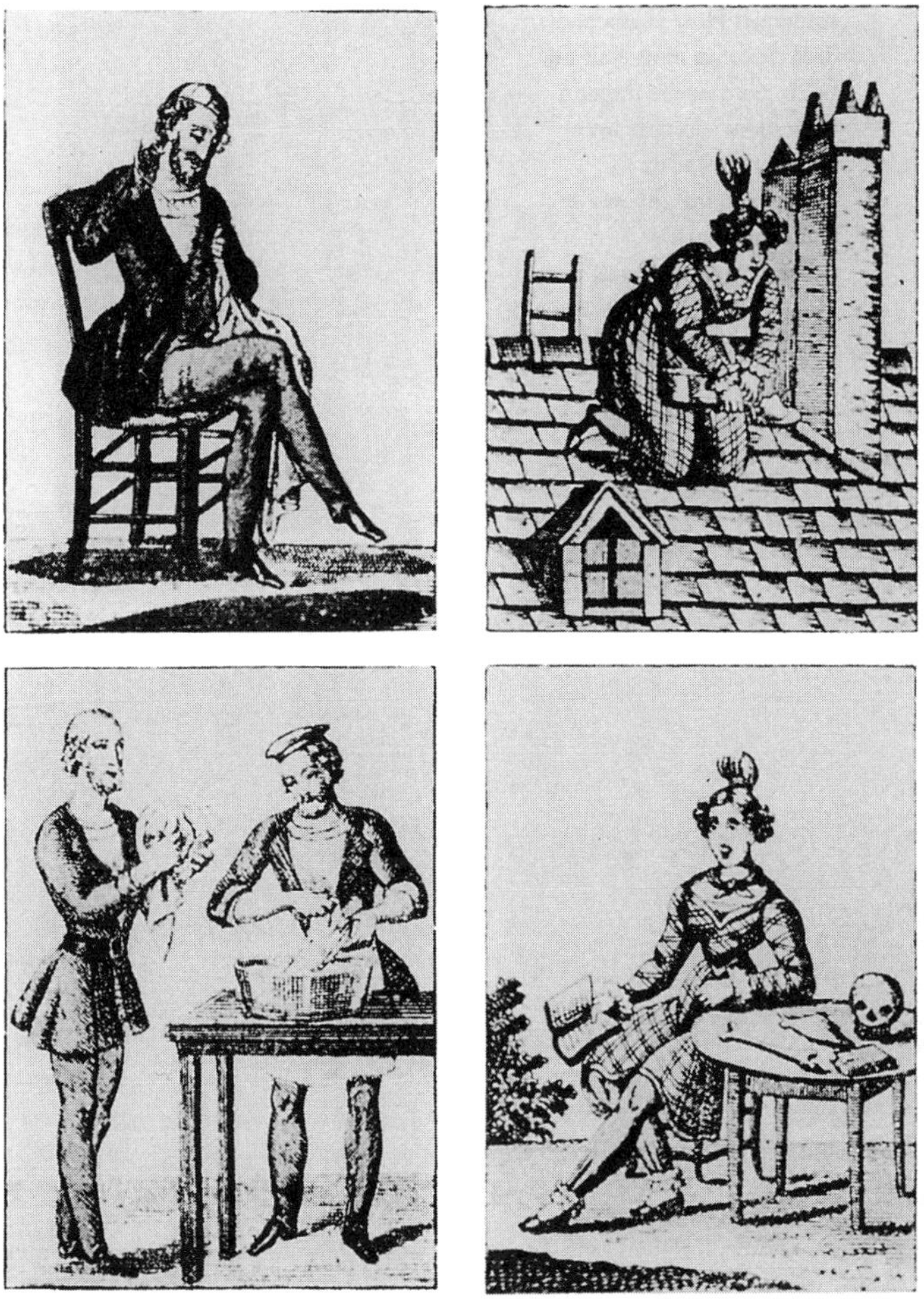

23 1832年当時は，女性も平等な権利を持つという考えは非常に斬新だった。クロード・アンリ・ド・サン＝シモン（1760–1825）は哲学者で経済学者であり，労働者の擁護と女性の権利の平等を説いたものの，世間の嘲笑の的になった。『エピナルの版画集』に収められた戯画は，サン＝シモン主義者たちを散々

目次

屋根裏部屋の王女

現在パリで最も活気に満ちた街ヴォージラールも、一九世紀のはじめ頃は、農場や野菜畑の点在する、首都南西部のひなびた小村であった。パリの人たちにはこの閑静な村に住居を構えるものもいた。というのも、駿馬があれば、田園生活が楽しめるうえ、一時間足らずで大都会の中心にたどり着けたからである。一八〇六年、富裕な南米のペルー人ドン・マリアノ・デ・トリスタン・イ・モスコーソは、「プチ・シャトー」と呼ばれる立派な大邸宅を購入した。広大な敷地にはたくさんの付属建築物と広い果樹園もあった。彼はそこに妻と、一八〇三年四月七日パリで生まれた娘のフロール・セレスティーヌ・テレーズ・アンリエットと一緒に住んでいた。彼は娘をフロラと呼んだ。幼いフロラにとって、人生のこの最初の四年間はまったく幸福なひとときであった。両親には心配の種などいささかもなかった。五年前にスペイン陸軍大佐の職を辞していた父は、時に遅延し、戦争による混乱のため途中で奪われることがあったけれど、スペインとペルーからの送金のおかげで、とても豊かな財力を持つ身であった。

彼は、アステカの最後の皇帝モクテスマ二世（在位一五〇二〜一五二〇）につらなる大地主の家系の一員だった。征服者エルナン・コルテスの捕虜となったインディオの若き皇帝は、服従の印として娘をスペイン軍に差し出した。彼女はおそらくその後コルテスの随員の一将校だったトリスタン家の創始者と結婚したのだろう。莫大な田舎の土地、多くの奴隷と使用人はトリスタン家の子孫の所有となり、その一人がフロラの父ドン・マリアノであった。裕福なクリオーリョ〔植民地生まれの白人〕の息子の慣例に従い、教養を得るためヨーロッパを旅行し、さらにスペイン国王に仕える軍務に就いた後、フランスで自活を始めた。フランス人女性と結婚したためで、自然に囲まれたヴォージラールが気に入ったからでもあった。一八〇二年に終身の統領となったナポレオン・ボナパルト政体のもと、パリはますます多くの金持ち外国人を引き寄せていた。一七八九年の大革命の嵐はおさまっていた。ナポレオンは着実にヨーロッパの環境に順応し、個人の財産を保護するための有効な方策を採った。またアミアン条約により再びフランス領になった植民地で奴隷制も復活させていた。一八〇四年、彼が皇帝に即位すると、トリスタン大佐はそれをたたえるこうした金持ち外国人の一人であった。家族ぐるみで親交があり、同じく裕福な南アメリカ人のシモン・ボリーバル(1)とは逆だった。パリのオペラ座の踊り子を囲い、豪勢な暮らしをしていた青年ボリーバルは、当時はまだスペインの植民地支配と闘う南米の独立運動を率いようなどとは露ほども思っていなかった。しかし、すでに啓蒙主義に育まれた共和主義者で、確固たる無神論者であった。熱血漢ボリーバルはボナパルトが一七八九年の諸原理を裏切ったと公然と非難したため、保守主義者のトリスタンとの間ではげしい口論となった。後にフロラ・トリスタンは、自分の母親に若き共和主義者が送った手紙を引用しながら、パリのある雑誌でこの出来事について説明している。この他に、ヴォージラールの楽しい日々をかき乱すような争い事は、破局が訪れるまでとくになかった。

一八〇七年六月一四日、ドン・マリアノは卒中で急逝した。大金持ちのペルー人がどんな人にも「私の妻」と紹介していたフランス人女性と正式に結婚をしていなかったと知り、夫婦の大勢の友人たちは驚いた。その上、大佐の遺言状はどこを探しても――少なくともヴォージラールでは――見つからなかった。

その五年前の一八〇二年、マリアノ・デ・トリスタンはスペインのビルバオに駐屯中に、亡命フランス人女性アンヌ・ピエール・テレーズ・レネと知り合った。アンヌ・ピエールは数万人のフランス人と同じように、一七八九年の大革命の混乱を逃れてきたのだった。同国人の一人セルヴェ・トゥーサン・ロンスラン師がマリアノ・デ・トリスタンとアンヌ・ピエールの結婚式を彼女のアパルトマンで執り行った。老境にさしかかったペルーのこの大地主は、新婦の父親といってもおかしくはなかったかもしれない。すでに妊娠していた若妻を安心させてやるためだったのだろう、それは明らかにみせかけの結婚式だった。当時、この結婚式がビルバオのフランス領事館に記載されることは有りえぬ相談だった。というのも、スペイン、フランス両国間の関係はまだ正常化していなかったからであり、結婚の証書が公示されることなど絶対になかった。また大佐は、将校にとって必須であるにもかかわらず、スペイン王に許可を求めようとしなかった。もちろん、トリスタンは娘のフロラが誕生すると、認知はしたものの、マリーとの結婚に法的根拠を決して与えなかったのである。

トリスタンの死により母娘はたいへんな生活苦に陥った。パリのスペイン大使プランス・ド・マセラーノは、サンチャゴ騎士団の騎士でありペルーのアレキパ地方の騎兵大佐だったドン・マリアノ・デ・トリスタン・イ・モスコーソの死を国王に報告した。スペイン当局はヴォージラールの館を封鎖し、さらに故人の財産を正当な相続人（アレキパの親族）が自由に処分できる分まで取り上げてしまった。フロラの母は自分がトリスタン大佐の正当な妻であることを証明することはできなかった。スペインのトリスタン家の友人たち一〇名が署名した申告書しか手元になかったからである。

スペイン当局はヴォージラール邸を監督下に置き、そしてずいぶん経ってからようやく、アレキパ地方で一族の所有地を管理しているマリアノの弟、ピオ・デ・トリスタン・イ・モスコーソ(2)を相続人と認めた。一八〇一年にスペインの公証人が作成した文書では、マリアノは弟を遺言の包括受遺者かつ執行人と指定していた。いずれにせよ、アンヌ・ピエールであれフロラであれ、二人に何らかの権利を証明する書類は一切なかった。レネ夫人と娘にとって、それは貧困生活への転落を意味していた。一〇月八日に第二子マリアノ・ピオ・アンリックが誕生すると、状況は一層深刻になった。この息子はわずか一〇年しか生きられなかったが。

アンヌ・ピエールははじめの頃にはいくばくかの財産もあり、まだ余裕もあったと思われる。一八一〇年、彼女はノジャン・シュール・マルヌに二棟の建物付きの土地を購入していて、おそらくこれを借家にしたのだろう。二人はそのすぐ近くの、現在ヴァル・ドワーズ県にあるイル・ダムに住んでいる。だがフロラがちょうど一五歳になった一八一八年、このささやかな所有地を売り払い、パリ第一五区カルチエ・ラタンのファアール通りに引っ越した。サン・ミッシェル大通りとサン・ジェルマン大通りが交差するあたりで、現在ではファッショナブルな地区になっている。しかし、一五〇年前、セーヌ河岸に通じる細い路地は評判の悪いいかがわしい場所であった。当時のパリにはこれよりはるかに悲惨な地区もあったが、おそらくファアール通りの住人はみな貧しい人々だっただろう。

母娘は狭い屋根裏部屋で、思い出の品々に囲まれて生きていた。アンヌ・ピエールは亡き夫の肖像画を持っていた。軽騎兵大佐の色鮮やかな軍服を身につけた堂々たる風采の将校である。背景には豪華な金の飾り付きのガウンをまとった赤銅色の肌の男の姿が見られる。画家はアステカ人の君主モクテスマを想起させようとしていた。フロラには皇帝の血が流れ、はるか彼方の国ペルーには、山ほどの富が待ち受けていると母は語り聞かせた。いつの日か、あなたは豪華な幌付き四輪馬車に乗り、大勢の召使いを抱え、宮殿に住む日がやってくるだろうとアンヌ・ピエールは予言する。

ところが、このみすぼらしい住まいには夜灯す蠟燭も暖房用の薪も、しばしばパンさえも、なにもかも不足していた。夫の死以来、アンヌ・ピエールが数しれぬほど送っていた義弟ドン・ピオへの手紙には一度も返事がなかった。彼はおそらくその便りを一通も受け取らなかったのかもしれない。宗主国スペインの植民地権力への反逆に沸き立つ南米大陸との連絡は不確かだったからである。

奇妙なことに、植民地主義に抗する反スペインに身を投じる以前の二〇歳のころには、この夫婦の親友だったシモン・ボリーバルもまた何の反応も示さなかった。おそらく送った手紙も彼には届かなかったのだろう。というのも、彼はしょっちゅう馬に乗り、自由を叫ぶインディオ、解放された黒人奴隷、アメリカ大陸に広がるクリオーリョなどで編成された軍隊の先頭に立ち、国から国へ走り回っていたからである。心優しいボリーバルが肩車をして、ヴォージラールの公園に散歩に連れていってくれたこと、そのあいだマリアノと熱心に語り合っていたことをフロラは覚えている。「解放者シモン・ボリーバル」が少女の理想像だったことは疑問の余地がない。彼女は奴隷制廃止や地主が抵抗する農地改革など、一八一八年のフランスの反啓蒙主義的な復古王政を支持する反体制活動すらも、彼のやることなすことすべて熱烈に擁護した。

独立戦争が勃発した年にスペイン人捕囚を殺害したことを理由にボリーバルを非難する母方の兄トマ・ジョゼフ・レネと激しく言い争ったのも、ボリーバルが憧れの人だったからである。戦時には人は死ぬものなのだ。人が殺されるのは当然ではないだろうか。ナポレオン軍の元司令官で、皇帝からレジョン・ドヌール勲章を授与されたこともある伯父トマは、地位を失い、セント・ヘレナに追放されたあのコルシカ人の他の多くの将校と同じように、今は退役軍人として半給を受ける身である。限られた資産にもかかわらず、トマは妹を援助し、そのささやかな援助金が何年もの間アンヌ・ピエールの唯一の収入源だったと思われる。フロラの後年の記述によれば、退役したこの司令官は狭量で吝嗇で、妻や母の立場に満足しない女を嫌悪するような人物だった。そうではあるが、姪のデッサンの授業料は払ってやっていた。金を稼ぐためフロラは何か手に職をつけなければならなかった。

フロラはデッサンの先生宅で、少し年上で容姿端麗な魅力溢れる良家の青年と知り合うが、その彼がもうぞっこん彼女に参ってしまった。少女は一五歳の誕生日——当時ではもう十分結婚可能な年齢である——を祝ったばかりである。そこで、青年の家族はその頃の慣習に従って、フロラとその両親の身元調査をした。アンヌ・ピエールと陸軍大佐のペルー人貴族との結婚が合法的でなかったのは認めざるを得ない。フロラは私生児、当時の言葉を使えば庶子というわけだ。青年の父親は直ちに意中の女性と別れるようにと命じた。一七年後、フロラは次のように書いている。「私はこれまで二度恋をした。一度目は、私がまだほんの少女のときだった。好きになった青年は、どこから見てもそれにふさわしい人物だった。しかし、意気地がなく、残酷なまでの自尊心で私を冷たくあしらった父親に逆らうくらいなら死んだほうがましと思う人間だった」(3)。

この青年は本当に死んだのだろうか、自殺をしたのだろうか。フロラは青年の名について一言も触れていない。いずれにせよ、彼女はこの出来事をきっかけに、私生児であることが何を意味するか知ったのである。良家は一寸の隙間もないくらい扉を閉ざしていた。彼女はこのような社会的差別を許容せず、不公平を糾弾し、気弱で何の能力もない母や偏見に満ちた社会を弾劾している。しかし、大革命のすべての進歩・発展が抑圧されてしまったこのフランスにおいて、強大な差別に抗するこうした怒りの叫びが一体どれほどの力を持つというのか。

一七歳になったフロラはシモン・ボリーバルに憧れ、パレ・ロワイヤルの書店でバンジャマン・コンスタンの『アドルフ』やラマルチーヌの『瞑想詩集』を貪るように立ち読みした。裕福だった頃の名残の品である母親の銀の角砂糖挟みをこっそりと売り払い、スタール夫人の『コリンヌ』、ウォルター・スコットやバイロンの著作を買い込んだ。ロマン派の詩人たちの翼に乗って、思考ははるか彼方を飛翔する。スタンダールは小説『赤と黒』で、王政復古期の若者の気質を鮮やかに描いてみせた。反抗、挑発、気違いじみた立身出世主義、そうしたものすべてが若者にとって古臭い社会を打ち壊すのに都合がよかった。大革命やナポレオン一世の時代の普遍主義がいまでも息づいているだけに、よけい現在の狭苦しさが我慢ならなかったのだろう。しかし、スタンダールの主人公たちが中上流階級の出であるのに対し、フロラと母親は貧窮のどん底で生きていたのである。

生活費を分担できるように、是が非でも手に職をつけなければならなかった。身につけた技術など何もなかった。何とか正確に話せたものの、書いた文章の綴りといったらもう無残というほかなかった。満足に学校にも通わなかったし、母から教えてもらった経験もなかった。彼女はそうしたことについて一度も触れたことはない。それでも何か身につけたものもあった。母と伯父はフロラが絵の勉強をしたことを思い出した。二人はバスチーユ広場の小さな石版画会社の主人アンドレ・シャザルが安価な商品用ラベルの彩色工を探していることを知った。面接に出向くため、フロラは母親が簞笥にしまっていたヴォージラール時代の思い出の衣服をこっそりと持ち出した。上質の綿のドレスをまとい、綺麗な黒のイヤリングをつけ、紗のターバン帽を被った。シャザルはその優美で毅然とした態度に接して、女性の上客が来たものと思い込み、仕事場にあった肘掛け椅子を片づけたりした。まるで王女の如き上品なこのうら若き女性が、四〇スーの給金で一日一三時間もラベルに彩色する仕事に就きたいなんて、一体どういうことなのだろうか。

彼は質問を浴びせかけ、知れば知るほど崇敬の念が増した。ペルーの貴族で陸軍大佐でもあった父親は死亡し、母は零落の身である。彼は訪問者の大きな黒い瞳、端正な顔、くびれたウエスト、ほっそりした白い手から目が離せなかった。「彼女はあっという間に僕に激しい恋心を抱かせた」と後に意見書で書いている(4)。

母親と採用条件について相談することを口実に、彼はフロラと一緒にファール通りのささやかな住まいに出向いた。そこは改造した屋根裏部屋だった。シャザルは貧相な家具、母娘の日常生活を垣間見るだけでなく、モクテスマ皇帝を背景に描かれたトリスタン大佐の肖像画に気付いた。紛うことなくフロラは王の血を引く人間である。今でこそ屋根裏部屋での零落した生活を余儀なくされているけれど、正真正銘の王女なのだ!

レネ夫人はヴォージラールの館の話や、シモン・ボリーバルの思い出など饒舌に語って聞かせた。引き出しから自分宛てに送ってくれた若き解放者の手紙の束も取り出して見せてくれた。シャザルはすっかり魅了されてしまった。まるで歴史的英雄たちの会合に招かれたような気分である。彼はこの翌日に結婚の申し込みをした。母と伯父は迷わず了承すべきだとフロラに言った。何と幸せなことだ！　著名な画家アントワーヌ・シャザルの弟で、若き経営者が、一スーの持参金もないフロラとの結婚を望んでいるのだ。この結婚できっと貧困生活にも終止符が打たれるだろうと二人は考え、全力を挙げて結婚式を急がせようとした。

ところでフロラの気持ちはどうだったのか。ずいぶん経ってからこう書いている。「母は私が愛することも尊敬することもできない男との結婚を強要したのでした」[5]。どちらかといえば小柄で虚弱なアンドレ・シャザルは、長い頰髭を生やし、なんでもそつなくこなしていた長兄を真似て、画家風の格好をしていた。それまでいつも兄の陰に隠れて目立たずに生きてきた。つい最近までカフェに出かけ、身体が参ってしまうくらい浴びるように酒を飲み、賭博にのめり込んでいた。だが二三歳になった彼は、真面目に生きようと誓いを立て、石版画の会社を設立した。

それからは毎晩のようにフアール通りのレネ夫人とフロラの家に通った。「彼女は私の恋心が次第にふくらんでいくことを知って、私に身を捧げてくれたのだった」と彼は意見書で書いている[6]。その箇所には、結婚三週間前に二人で愛の一夜を過ごした後に届いた貞節を誓う情熱的な言葉に溢れたフロラの手紙も添えてある。「こんにちは、心やさしいあなた、朝になり私の心はあなたを呼び求め、目はあなたを探し求め、唇はあなたの唇を求めていました。ねえ、愛しい人、私があれほど望んだ夜、その夜はどうしてもやってこなければいけなかったのです。なぜなら、私は恐ろしいくらいの痛みを覚えているからです、とりわけ歩くとき。これではダンスのレッスンも受けられないでしょう。これは悪い面です。でも！　何て幸せな時でしょう！……一晩中私はあなたのことばかり思っていました。この世界で、あなたしか目に入らなかったのです」[7]。

この手紙はシャザルと意に沿わぬ結婚を強いられたという一八三五年の彼女の証言と両立するだろうか。おそらくフロラはお気に入りの浪漫派詩人の作品でこのような字句を読んだのだろう。だが、激しいに恋に燃えていたかもしれない。しかしこうした夫婦の愛情も、時が経つうちに徐々に変化していく。

暗黒の年月

一八二一年二月三日、フロラはパリ一一区の区役所にシャザルとの結婚届を出した。若いカップルはラテン区（カルチェ・ラタン）のとても質素なアパルトマンに居を定めた。翌年初頭、ひ弱で病気がちな男の子が誕生する。フロラは妊娠中毒症と難産から回復するのに数か月も要した。体調回復のため、床に就いている間、熱心に本を読み、世界を一変させる数々の大事件に夢中になった。たとえばジャマイカに国外追放されたものの、再び解放軍の先頭に立ったシモン・ボリーバルの冒険譚などである。

ある日、買い物に出ると、知らない人からビラをそっと手渡された。自宅に帰るや早速広げると、まだインクの跡も生々しく、一八二二年年九月二一日パリで処刑されたラ・ロシェルの四人の下士官の英雄的行為が詳しく記してあった。彼らは雄々しく死んでいったのだ。ラウルは処刑台の上で目隠しを引きはがし、グレーヴ広場に集まった大衆に向かい「自由万歳」と絶叫した。ボリーは民衆に向けて「流されるのは諸君の同胞の血であることを胆に銘じてほしい[1]」と最後の言葉を投げかけた。フロラはこれを読んで数日間床につかなければならないほどショックを受けている。しかし夫は妻の過敏な感受性を馬鹿にした。夫婦の初めてのけんかだった。こうしていさかいは次第に頻度を増し、激しくなっていった。

一八二四年六月二二日、フロラは第二子、エルネスト・カミーユを出産した。だからといって夫婦の関係が改善されることなどまったくなかった。妻にわかってもらえないと感じたシャザルは、再び独身時代の放蕩を繰り返すようになっていった。借金まみれの仕事場にいくばくか集金して持ち帰っても、それを手にすぐに酒場に向かう有様である。彼女が夫からもらう金ではもうとても家計を切り盛りできない。シャザル一家には貧困がどっかりと腰を据える。ある日の朝、執行官が部下と一緒にやってきて、ベッドと台所用品を除くすべての持ち物に封印票を張りつけた。当時はまだ負債を完全に清算するまでは牢に入らなければならない決まりだった。

だがシャザルは妙案を思いついた。ある晩、画家の兄、友人、知人、飲み仲間宅を巡り歩いて借金を懇願し続けたが実を結ばず、帰宅すると妻に緊急に必要な金をなんとしても手に入れてくるように命じた。長患いと病後の治療のため、フロラはある薬剤師にかなりのツケがたまっていた。その裕福な薬剤師は、若妻が戸口の前を通りかかるたびに、必ずその姿を道の端まで目で追いかけていた。だから、ほんのちょっと彼にやさしくしてやるだけで、借金は一挙に帳消しにできるはずではないか。それを聞いたフロラは逆上した。彼女は手元の水差しと洗面器を摑んで夫に投げつけたが命中しなかった。もう今輪際私の体に手を触れさせないわ、と彼女は絶叫した。

「シャザルは賭博の元手を手に入れるため、私に身を売れと迫ったのだ(2)」と、一八三八年夫との別居を求める訴訟で、フロラの弁護士は明らかにしている。当時の新聞類、とりわけこの訴訟を詳細に報じた『法律』紙を読み返すと、こうしたフロラの非難に裁判長や検事がまったく動じていないことにびっくりさせられる。初期の産業資本主義社会において、最貧層では売春が珍しくないことだったから、そうした態度をとったのだろう。一八四〇年に若年女子労働者の生活に関する調査報告書(3)を提出した優れた社会学者の医師ヴィエルメは、すでにその当時パリには一一万の女子賃金労働者がいたと述べている。彼女たちは一日一三時間の労働に対して平均二フランの賃金を手にした。ぶどう酒一リットルが一フラン、地味なコートが五〇フランした時代である。一家に数人の賃金労働者がいてはじめて腹一杯食べることができたのである。そうでない家庭では、しばしば売春が生計を維持する唯一の手段だった。

娼婦と学生たちの密会場所だったファール通りをよく知るフロラは、おそらくこうした習慣に精通していたのだろう。それだけに彼女の怒りは激しく、精神的動揺も大きかった。シャザルと離婚できる法的可能性はまったくなかった。復古王政は、不十分にせよ民法で定めていた離婚に関する条項を廃止してしまっていたからである。さらに大きな追い打ちがかけられる。再び妊娠したことに気付くのである。酒場にしか興味がなく、妻に売春をせがむような男に一生縛りつけられねばならないのか？

彼女はその日のうちに決断した。すでに二人の息子は田舎の乳母に預けていたから、夫が夜の酒場にくり出したのを見計らい、急いで身の回りの品々をトランクにほうり込み、ロワイヤル公園（今日の植物園）に住む母の家に向かった。数週間後、シャザルはその家にフロラと子どもたちの寝具類を運び込ませている。自分も借金取りから逃げ回る生活で、見知らぬ田舎にこっそり住んでいたので、法に認められた共同生活を妻に強制することなどできなかった。

母親はもろ手を挙げてフロラを歓迎してくれた。あれほどしつこくフロラに結婚を勧めたことをひどく後悔していた。伯父のトマ・ジョゼフはまるで違う反応をした。高圧的な態度で「おまえの母親の面倒をみてやっているのは俺じゃないか」「好きで夫のもとを去ったような女は社会から締め出されても仕方がないのだ」と一方的に決めつけた。そんな女はパリア（賤民）になるしかない。

「そうだ、私はパリアになるのだ」とフロラは決意した。彼女はこの言葉を忘れず、将来発表される処女作の書名にもそれをつけている。しかしここでは本の話はおいておこう。彼女は菓子屋の店員に雇われ、さらにその後は彩色工の職を見つけた。

一八二五年一〇月一六日、娘のアリーヌが生まれた。フロラと瓜二つで、母親のエキゾチックな美貌を受け継いだ。母娘は最初から息子たちよりはるかに強い絆で結ばれていた。しかし、生きるために子どもたちとばらばらに暮らさざるを得なかった。二人の男の子は田舎の乳母に預けている。その費用は決して安くはない。アリーヌは人ひとりを養うのが精一杯という貧しい母親の家に残されている。この貧乏一家の生活費をどうしたら工面できるのか。女一人の給金ではとても賄えはしない。後年の記述によれば、この年の終わり頃、フロラは上流貴族階級に属しているあるイギリス人女性宅に女中、つまり付添婦の職を得ている。新しい職に就くと、この女主人とともにスイスやイタリアを旅し、もちろん大英帝国にも滞在した。雇い主たちは彼女をあくまで「フロラ・トリスタン嬢」と理解していた。既婚者で子どもがおり、夫から逃げてきていると知られれば、おそらく誰にも雇ってはもらえなかっただろう。女中の被る縁なし帽や白い前掛けをしていたのだろうか、それとも付添婦兼通訳だったのだろうか。当時まだ日記もつけていなかったため、生涯のうち五年以上もこの時期に関する記録はなく、一通の手紙も残っていない。一八三九年にシャザルの刑事裁判が開かれた際、彼女は証人として出廷したが、この時期にかかわる証明書の類は一切ないと述べている。女主人の名前も明らかにしなかったし、証明してくれる人も呼ばなかった。[4] この時期は彼女にとってひた隠しにしたい年月であり、誰の目にも触れさせたくないと切に願っていたのである。

それはともかく、この仕事で食事と部屋は保証され、衣服も支給されたことだろう。給金は子どもたちの乳母への支払いだけでなく、本を買う余裕もできた。そのなかでも強く記憶に残った作品がある。メアリ・ウルストンクラフト[5]の『女性の権利の擁護』である。この一八世紀末のアイルランド人作家は貧困のなか、文筆活動で身を立てられるようになるまでは、長い間家政婦として働かなければならなかった。二人の男性とのあいだにそれぞれ娘をもうけ、三人目の哲学者で進歩主義的な作家のウィリアム・ゴドウィン[6]と結婚した。数々の政治的著作で卓越した才を発揮したウルストンクラフトは、単に女性の利益だけでなく、人類全体の進歩のため不可欠な条件として、女性の平等な権利を要求したのだった。女性が教育によって男性と平等にならなければ、知識や科学の進歩は望めないだろう。フロラは後年の著作で、少年と少女に同一の価値を与える教育原理を主張する。これは当時の社会的慣行への反逆といっても過言ではない。

年に一度くらいだろうか、フロラはパリに戻り、安宿でアリーヌと数週間一緒に過ごしている。一八二八年のその時期には夫シャザルとの財産分与を求めた裁判の判決があり、セーヌ民事裁判所の法廷に出廷した。夫は何年も子どもたちの養育費を払っていなかった。けれども、判決が出るまでは、フロラが稼いだ金はすべて夫のものであった。だからこそ彼女はささやかな給金まで差し押さえられないよう、身を守ろうとしたのである。シャザルの弁護士は、フロラが父親の遺産を期待して財産分離を要求したのだと主張している。だがその当時は、ペルーに残された父親の遺産が手に入るなど、まだ何の確証もない夢物語に過ぎなかった。

しかしほどなく事態は一変した。翌一八二九年、アリーヌを連れたフロラは、パリの賄つき宿屋の常連が座る食堂で、遠洋航海の船長ザシャリ・シャブリエと知りあい、見知らぬ遠い国々の旅の話を聞いたからである。シャブリエはブルターニュ人で、代々船乗りの家系の出だった。かつてはナポレオン海軍の士官だったが、今は伯父のトマ・ジョゼフと同じように半給士官の身である。シャブリエは昔の仲間と帆船を購入し、それに乗って南アメリカ航路についていた。船長は食堂の客たちがフロラを「マダム・トリスタン」と呼んでいるのを注意深く聞き、耳をすました。「ひょっとしてあなたは私がつい最近ヴァルパライソで知己になったドン・ピオ・デ・トリスタン・イ・モスコーソのご親戚の方ではないでしょうか」と話しかけてきたのである。

フロラは懸命に動揺を抑えた。二〇年間にもわたって送り続けた手紙に一通の返事もくれなかった父の弟が、今も生きているのだ。用心しながらシャブリエに質問を投げかけると、彼は喜んで答えてくれた。ドン・ピオ・デ・トリスタンはペルーで最も裕福な地主の一人で、アレキパ地方の砂糖黍プランテーション、製糖工場、広大な耕地、奴隷、農奴などを所有している。チリのヴァルパライソにいたドン・ピオは亡命者だったが、それもシモン・ボリーバルがペルーを直接支配していた一年間だけだった。解放者のボリーバルがスペインに勝利するや、土地所有者に税を課したからだった。ドン・ピオはこの強奪に抗議するとともに、対抗する陰謀にくわわって亡命したのである。またこの男は、金銭欲以外にどんなものも、おそらく年老いた母親を除き親族のだれひとり愛せない強欲の塊のような人物であった。

フロラはシャブリエの言葉の洪水を一言も聞き漏らすまいと必死だった。フロラはこのアレキパの大金持ちの親族の方ですかと問われても答えようとしなかった。しかし心の中には、熱い空気のように大きな希望が沸き上がっていた。ドン・ピオは生きていて、昔と変わらず強大な権力を持つ富豪で、また父の母、つまり祖母もまだ存命だし、マリアノはその最愛の息子だったのだ。とにかく危険を冒すようなことは一切口に出さないでおこう。叔父と連絡をとってみるべきではないか。独立戦争が終結した現在、南アメリカとの船便は回復しているにちがいない。彼女は長い時間をかけて入念に一通の手紙を書き上げ、ついにペルーに送ることにした。

これとは別に、彼女は新たな関心を持ち始めていた。この食堂で、学生運動で名高い理工科学校出身の技師が、哲学的な問題に興味を示す若くて美しい女性に共感を抱いたのだ。彼はフロラをサン＝シモン主義者の集会に連れていってくれた。師サン＝シモン[7]は一八二五年に亡くなっていたが、弟子のアルマン・バザール[8]とバルテレミ＝プロスペル・アンファンタン[9]がサン・ジェルマン・デ・プレ教会の近くにあるホテル・タランヌに賛同者を集めていた。そこには政治亡命者、収入のない詩人、反体制派など、あらゆる種類の正義の騎士たちが住んでいた。一八三〇年から一八三一年にかけて、この集会は第二区のモンシニ通りの別の部屋に移して行われている。一〇数年後、著書『労働者連合』で、フロラはこの集会と教父アンファンタンの信仰告白を想い起こしている。

非常に多様なこの共同体は、わずか数本の蠟燭の灯りがともる薄暗い部屋で集会を開いた。多くは理工科学校の学生や技師、実業家、銀行家、弁護士、ジャーナリスト、画家や音楽家といった芸術家などの富裕層である。女性の姿はほとんど見当たらず、労働者といえば、注意深く耳を傾けているが一言も口を挟まないキャスケット帽を被った作業着姿の数人が目に止まるだけである。

ている。フロラは友愛と「新キリスト教」の話を耳にした。「最も貧しく、最も数の多い階級」の惨状を改善すべく尽力しなければならない。彼女は賃金労働者との強固な連帯という概念に感動したが、彼らの女性論にはもっと感銘を受けた。「女性とプロレタリアはどちらも解放されなければならない」とアンファンタンは説く。「われわれは奴隷的身分に追いやられている女性とプロレタリアに手を差し伸べ、彼らに新しい言葉を啓示しなければならない。世界の救済は女性から生まれるだろう。民衆を救うのはまさしく女性なのだ」と預言する(10)。

貧しくしかも女性であるフロラはこの演説に天地もひっくり返るほどの衝撃を受けた。ここには女性の権利を擁護するだけでなく、貧困や抑圧、偏見からの人類の解放に重要な役割を担う知識人とか、銀行家のラフィット(11)のような裕福な人間もいるのだ。そうだ、もし彼らが離婚法に決着をつけてくれたなら。この法律が成立しなければ、自分と子どもたちはシャザルの横暴な支配下に置かれつづけることは間違いない。社会の主流から外れた存在であるサン゠シモン主義者はなんの影響力ももたない。憲兵が会場に乱入し、国王の名においてこの平和的な集会の解散を命じたとき、フロラももちろんその場にいたはずである。官憲は絶対的権力に疑問を持つどんな行動にも注意していたからこそ、こんな小集団にも解散を命じ、世間を驚かせたのだった。

シャルル一〇世は一八三〇年五月一六日、国会を解散した。というのも、二二一名の国民議会議員の賛成で採択された「請願書」が、亡命貴族ポリニャック公を首相に指名したシャルル一〇世の決定に異議を唱えたからであった。だが、続いて行われた国民議会選挙によって二七四名もの野党議員が誕生した。フロラは再び希望を抱いた。この強力な野党が一致団結すれば、離婚法を再度施行してくれるのではないだろうか。

国王はそうした事態を恐れているようにはみえなかった。民主主義的な抵抗運動が起きているにもかかわらず、七月五日のアルジェ占領後の国粋主義の高まりを利用し、自らの支配を確たるものとする勅令に署名した。出版の自由は全面的に圧殺され、選挙したばかりの議会も再び解散され、あまつさえ投票権も商人や企業家の手から取り上げられ、大土地所有者に限定されてしまった。銃砲に火薬が詰められた。翌日には当局の許可なしに次々に新聞が創刊された。デモ隊が生まれたが、当局の手で蹴散らされてしまった。憲兵が群衆に向けて発砲する。最初に出た死者は、デモ隊の列に置かれた担架に乗せて運ばれていく。七月二七日から二八日の夜にかけて、パリにはバリケードが立ち並んだ。ノートル・ダム寺院の上には三色旗がたなびき、大聖堂の大鐘が鳴り始める。反政府派は数時間でパリ市庁舎、兵器庫、ド・ムーラン弾薬工場、大砲保管所などを制圧してしまった。

母親の家に住んでいるが、その日たまたまパリにいたフロラは、大砲がとどろき、反政府派の撃つ小銃の発射音を耳にした。通りに出てセーヌ川を渡ると、突然市庁舎に向かう群衆の波に引きずり込まれてしまった。どこを見ても、急ごしらえの三色旗がうち振られている。屋台では、フリッターやウブリ〔円錐形または丸く巻いたゴーフル〕を売っている。まるで庶民のお祭り騒ぎのような雰囲気である。「ねえ、あんたも国王の勅令に反対かね」と人に問われる。勅令の本質をたった今知ったところだが、もちろん彼女は反対だ。誰もがお互い砂糖菓子や果物を差し出している。

隣接する通りからは、国王の騎兵隊が駆け廻る音や銃撃戦の音や負傷者の叫び声がまだ聞こえてくる。

けれども、市庁舎前で止まった数千人のパリ人の行列は冷静沈着で決然たる態度を示す。フロラは彼らのなかですっかり安心感を覚える。後にこう記している。「私は一八三〇年七月の日々に参加し、民衆のヒロイズムに熱狂したけれど、身の危険などいささかも感じはしなかった(12)」。

武器を持ち、火薬で両手を真っ黒にした一人の男が、リボリ通りから飛び出し、国王の部隊はもうすでに打ち負かされたと叫んだ。グレーヴ広場で、フロラは喜びに湧く民衆の真ん中で、勝利の味をかみしめた。

それはピュロスの勝利〔引き合わぬ勝利〕である。革命家たちはまだパリの街頭の主人であるが、銀行家ラフィットのサロンでは、怯えた三〇人の代議士が「パリ市委員会」の名の下に、真の臨時政府を建てようとしていた。老将軍ラファイエット(13)がこの陰謀に関与している。かつてラファイエットは北アメリカ独立戦争の志願兵になり、一七九一年には国民衛兵の司令官としてシャン・ド・マルスで革命派の群衆に向けて銃を発射した人物であるにもかかわらず、民衆はいまだに共和主義者と思い込んでいた。彼は再び司令官の地位に就くと、今度はオルレアン公ルイ・フィリップを即位させようと画策を始めた。

数千のパリ人がチュイルリー公園に乱入し、スイス人衛兵によって排除されながらも、にわか作りの楽団に合わせて踊り、革命の勝利を祝った。だがラファイエットは同時に秩序と治安の遵守を促すビラも各所に貼らせた。政治にいかに疎いとはいえ、フロラも他の多くの人々と同じように、民衆の希望など実現されないだろうということがわかった。

七月三一日、オルレアン公は市街戦の瓦礫が残る街路を抜け、馬に乗って市庁舎に入った。出迎えたラファイエットが、その手に三色旗を渡し、バルコニーに連れていき、抱擁する。ルイ・フィリップは

「フランスの王」ではなく、「フランス人の王」――新体制によってもたらされたわずかな変化の一つ――となる。民間人から一八〇〇人も犠牲者を出した七月の「栄光の三日間」は、すでに歴史上の物語となった。

フロラは絶望的な心境だった。離婚法が当分の間復活しないことは確実である。シモン・ボリーバルの個人的な友人だったラファイエットも明らかに大革命の裏切り者となった。モンシニ街のサン＝シモン主義者の集会で、人間性に溢れた社会についてあれほど確信を込めて語っていた銀行家ラフィットも、率先して民衆の不満を抑圧する側に立っていた。あの熱狂的な日々が期待外れの結果に終わってしまった。いくら考えても、答えは見出せぬままだった。

しかし差し当たっての悩みは、個人的な心配事である。相変わらずフランスでは、子どもを養っていける仕事が見つからない。一八三一年初頭、またもイギリスで働くことにした。実際どんな仕事に就いたのか。はじめてイギリスで働いたときと同様、それについてははっきりしていない。少なくとも一八三二年四月まではイギリスに留まっている。

その後パリに戻った。契約が終了したのだろうか。それとも休暇をとったのだろうか。日記も書簡も第三者の証言もそのことに触れてはいない。長男はその年の初めに亡くなっている。第二子のエルネストは母の家に預けた。アリーヌはどこかの寄宿学校に入っている。

債権者からの長期間の逃亡生活と、借金返済不履行による牢獄生活の後、シャザルが再び姿を現した、と伯父のトマから知らせが入った。夫が執拗に面会を望んだため、しぶしぶではあるが承諾している。面談はその当時パリ北東の郊外ベル・エールにある伯父のアパルトマンで行われる手筈になった。下院は目下離婚法の再導入を審議中であった。弁護士はフロラに今度こそ離婚できるだろうと言ってくれた。こうした状況で、なぜシャザルと話し合わなければならないのか。

フロラの母親とレネ少佐の立ち合いの下で、話し合いは順調に始まるかのようにみえた。誠意を示すため、フロラはあらかじめ数週間前に息子のエルネストを夫の家に送り届けていた。シャザルは申立書に署名し、「妻の要求には誠心誠意応えるし、夫婦別居については現行法のいかなる要求にも従う用意ができており、……またゆくゆくは離婚にも応じるつもりでいる[14]」と約束している。シャザルは二つの条件を提示した。フロラが裁判にかかる費用を全額負担し、その見積りを事前に代理人に提出すること。エルネストは父親のところに残ること。気は重かったが、フロラは息子との別離を受け入れた。しかし彼女の心の拠りどころで、頼みの綱でもあった娘はしっかりと手許に置いて手放そうとはしなかった。娘のアリーヌの寄宿学校の住所を夫に教えることだけは断固拒否している。シャザルはにやにやしながら、いつか必ずその住所も娘も手に入れてやると言い放った。夫婦が和解の書類に署名した途端、状況はすぐに緊迫する。後にフロラはこう述べている。「それまでの夫の会話と同じように、口調は次第に激しくなり、彼は思わず椅子で私を殴りつける仕草までしました。ところがシャザルの主張は正反対だった。私が皿を摑んで投げつけたのもそのときです。でもそれは彼に当たりませんでした[15]」。ところがシャザルの主張は正反対だった。「彼女は私の顔を目がけて皿を投げつけ、見事命中させました。妻はこれほど激情に駆られましたが、私は精一杯冷静に応じました。ところが調書を取られたのは私のほうなのです[16]」。

シャザルは翌朝八時にエルネストと一緒にパリに戻ることをレネ夫人との間で取り決めた。フロラは一〇時の馬車に乗ることにした。そこで母親に、出発時間は絶対夫に漏らさないようにと約束させた。

て恐怖に駆られた。明らかに何かを仕出かそうと待ち構えていた。「これは私と妻の問題だ。妻は私から娘を奪い、いまだにその住まいもわからないのだ」と叫んだ。「彼は私が我を忘れて取り乱してしまうことを望んだのでしょう。神の教えに従い、私は自制することができました(17)」とフロラは七年後、夫の裁判で証言している。彼は三〇分以上にもわたって後を付け回し、傍にくっついてセーヌ川を渡り、カルチェ・ラタンに入っていく。「頼む、見ていてくれ、そいつは俺の妻なのだ、私のものを盗んだのだ！」と大声でわめいている。セルバンドーニ通りまできて、死に物狂いで彼の手から逃れようとしたけれど、彼はコートを摑み、さらにフロラが必死に抵抗したため、ホックが外れて若者たちのほうにぱったりと倒れ込んだ。二人とも仰向けにひっくり返り、フロラはその真ん中に投げ出されてしまった。彼女の言葉でその続きを述べておこう。「その青年たちは急いで私を助けにきてくれました。彼らはシャザルから私を守ってくれようとしたけれど、そのとき夫は大声で次のように叫んだのです。「彼女に触れるな、それは私の妻、妻なのだ！」「残念ながらそれは本当です」と私は言いました。男性たちは法科の学生でした。彼らはこう答えました。「もしあなたの御亭主なら、我々にはどうしようもありません。でも御亭主でなかったら、彼がそうしたように、我々は彼に女性を遇する仕方を教えてやるでしょう(18)」。彼らの周りに人だかりができた。一人の青年が彼女を辻馬車に乗せてくれ、こうして恐怖心で生きた心地もしないまま、彼女は弁護士のデュクロ氏宅に連れていってもらった。

翌日母親に会いに行き、激しく非難の言葉を浴びせた。どうしてシャザルに馬車の時間を漏らしたのか。これまで事ある毎にフロラの夫に対する態度を高慢だと言い続けてきたアンヌ・ピエールは力なく弁解し、フロラの言い分をほぼ認めた。憤怒のあまりフロラは以後二年ほど母親に近づこうとしなかった。

翌月から、母娘はシャザルによる裁判所の出頭命令にしつこく追い回され、フランス国内を逃避行する。幾度か当局に阻まれるが、おそらく原則的に別居に同意したシャザルの署名入りの申立書を見たからだろうか、警察署長は釈放してくれた。アングレームで彼女は病気になってしまった。下宿の家主ド・ブルサック夫人は、フロラが回復するまで、やさしくアリーヌの世話をしてくれた。幼い娘は、この親切な女主人とずっと一緒に暮らしたいとせがんだ。フロラは下宿の支払いを済ませ、女主人に娘を預けることにした。「危険な長旅から万一戻ってこなかったら、アリーヌは私が育てましょう」とブルサック夫人は決心する。

フロラはそれを聞いて安堵する。南米の父方の一族に遺産の分け前を請求するため、海を渡ろうと考え始めていた。パリのレストランの食堂で船長シャブリエが、大地主の叔父がペルーで存命中であると話してくれてからというもの、その思いが付きまとって離れようとしない。ペルーと聞いただけでもう莫大な富が頭に浮かんできた。そこにいけば、今抱えている問題はすべて解決されるのではないか。もしある程度の財産が自由に使えるようになれば、なんの庇護もないまま、夫の前に出なくてすむだろう。シャザルの暴力やパリの路上で受けた屈辱的な場面を思い出して、彼女は新世界に向けて危険に満ちた長い航海に出ようと決心した。一刻も早くフランスや夫、人生の暗黒時代に別れを告げたかった。

ドン・ゴエネシュの邸宅で

ペルーの叔父に手紙を書き、何とか援助してほしいと乞う前に、フロラはこの計画をじっくり頭で練り上げていたことだろう。夫の下から逃げ出した二人の子持ちの既婚女性は、アレキパの有力者に自分の現状をどう説明したらよいのだろうか。もちろんパリアなどというよりも、既婚者といったほうがいいかもしれない。孤独な若い女性のほうがもっといいかもしれない。彼女が選んだのは後者の策である。一八三〇年六月二日の手紙では、結婚に失敗したとは書いたものの、息子のエルネストと娘のアリーヌについては一言も触れず、おまけにフロラ・トリスタンと署名しているから、それを読んだ叔父はきっと彼女を独身女性と思うに違いない。無邪気さと慎み深さがない混ぜになったその手紙は、父親の遺産請求という目的については驚くほど正直に本心を明らかにしている。両親の結婚が法律上の婚姻でなかったことについては率直に認め、夫の突然の死により、養わなければならない二人の子どもを抱え、何の生活資金もないまま残された母親についても語っている。

彼女は叔父の心の気高さにすがり、謙虚に自分の要求を述べる。「あなたの正義と善意に期待しております。よりよき将来を願い、あなたにおすがりします。叔父さまに当然ながら思慕の念を抱き、私にも愛情をかけていただければと切に願っております。かしこ」(1)。

誇り高い年若い女性がこのような手紙を書くことがどれほどつらかったか、想像するに余りある。母親や船長シャブリエから聞いた話だけでは、どう考えても叔父の全体像がつかめなかった。当時五七歳のドン・ピオ・デ・トリスタン・イ・モスコーソは、アレキパ地方の最も裕福な地主というだけではない。彼は一八二四年の独立戦争勃発時に植民地軍の指揮官を引き受け、スペインに仕える最後の総督だった。土壇場でシモン・ボリーバルの側に寝返る離れ技を演じた人間でもある。一八五〇年からは、陸軍大臣に、さらに外務大臣にもなっている。ペルーの地主たちの反動的な勢力の代表者として大きな役割を果たしている。このような人物が、たとえ取るに足りない金額であれ、資産の一部を手にする権利があると主張する、見ず知らずの女性に心を動かされることなどあり得ない話だ。一八三〇年一〇月六日、フロラに送った素っ気ない返事は、おそらく顧問弁護士らを交えた協議の結果だろう。

この手紙に「未婚の愛しい姪へ」とあり、マリアノの友人ボリーバル将軍を通じ、一八〇七年に兄が亡くなったとき、娘が一人いると知ったことは認めている。だがその後すぐに始まったスペイン独立戦争があり、ついで南米独立戦争があったため、ようやく一八二四年ボルドーの卸売商人シャンジュール氏に、兄の遺産とフロラと母親の住所を探すように依頼できたのだった。「あなた方を八方探し回りましたが失敗に終わり、そのときの請求書だけが私の手に残ったのです。兄の死から二〇年、あなた方母娘のなんの情報も得られぬなかで、あなたがまだ存命であると一体どうすれば想像できたでしょうか」(2)。

姪からの手紙はすぐ届いたのに、フロラの母親がそれまで出し続けた手紙がことごとくどこかに消えうせたというのは、この件に叔父が無関心だった証拠だろう。

「通常、結婚証明書には司祭と三人の公証人の署名が必要なのに、司祭の署名しかなく、それが本物である証拠はないし、三人の公証人も疑わしく、彼らの署名もなかった」として、フロラがマリアノの私生児であることを示す洗礼証明書は認めるものの、亡き兄の正式な妻だったというフロラの母親の主張ははっきりと退けている。もしアンヌ・ピエールが法に適った正当な妻であったなら、フランスのスペイン大使マセラーノ公は、マリアノの財産を差し押さえることなど決してできなかっただろう。おまけに、マリアノは隠し事が一切なかった弟宛てのたくさんの手紙でも、この結婚については一言も触れていなかったのである。「したがって、あなたが兄の私生児であることは認めましょう。でも、だからといって、思いやりと優しい愛情を受けるに値しないというわけではありません(3)」。

亡き兄の資産に関して、フロラには「曖昧な権利」しかなかった。おまけに、一八〇一年から凍結されていたマリアノの財産では、生きていくこともままならなかった。叔父は一一年後にはじめて知るが、マリアノの資産は不運な投機により一切合才使い果たされてしまっていた。しかし幸いにも、存命のあいだに一族を喜ばせようと、当時八九歳の祖母が生前贈与をし、フロラの名義で三〇〇〇ピアストルを残してくれていた。手付金として、弟はボルドーの法定代理人で仲介業者であったベルテラ氏を通じ二〇〇〇フランの手形を送った。ドン・ピオはさらに、自分はヨアキナ・フロレスという名の姪と結婚し、八歳、五歳、三歳の三人の娘がいると知らせている。そしていつかあなたがペルーに来て、娘たちに挨拶ができる日が来てほしいですねと述べている。

それはペルーにいらっしゃいという招待状ではない。フロラはパリの弁護士宅で、ペルーの弁護士から聞いた話として、叔父がそっくり手にした父の財産は一〇〇万ピアストルという巨額に上ると教えられた。さて闘いを放棄すべきだろうか、それとも開始すべきなのか。「この返事を受け取ったとき、それまで私は人間を善なる存在だと信じていたけれど、叔父には何一つ期待してはならないと理解した。でも私にはまだ優しい祖母が残っており、こうして私のすべての希望は彼女に向けられた」(4)。

とはいえ、フロラが南米にでかけたのは父親の遺産相続に期待したからだけではなかった。彼女は日記をつけ、ペルーに行こうと決心して以来、身辺に起きた出来事は全部丹念に記録するようにしている。自分の数々の冒険を後で一冊の本にまとめようと考えていたのだ。とりわけフランスから遠く離れた未知の国々の風土や人間の描写は、一九世紀前半では非常に珍重される読み物であった。三〇歳に手が届くフロラは著作を執筆できる身になっていた。イギリス人貴族の奥方に仕えて経験したヨーロッパ旅行の時期、彼女は大いに読書し、たくさんの知識を獲得していた。古代の歴史や神話、ルネッサンスの芸術や哲学、さらにフランス大革命の歴史的出来事も学んだ。政治的視野が驚くほど広がり、当時の習慣にあるように、旅行記を通じて何らかの自己主張を伝えられると考えた。

フロラは何年も前からフランスの民主的、革命的な集団の動きを注意深く見守っていた。子どもを連れて夫婦の家をとび出したことで夫から責め続けられ、裁判所からの出頭命令を逃れようと国内を転々としている間、新聞でサン＝シモン主義者たちへの訴訟の記事を読んでいた。プロスペル・アンファンタンは重罪裁判所での尋問時に、自身の職業を「新しい信仰の指導者」と告げていた。支持者たちは「信徒」と公言している。指導者は聖書の言葉を使い、その神秘的で浪漫的な思想を解説した。それは次の二つの主要な概念に基づいていた。当時偏見の目で見られていた手仕事の尊重と、女性の解放と敬愛である。

一八三二年八月三〇日の『法廷』紙を見たフロラは、悲しみに心を締め付けられる思いがした。被告らに一年の懲役刑と機関紙『地球』の出版禁止の判決が下されたことを知ったからである。アンファンタンは、自分たちの事業はとりわけ女性の関心を惹くだろうと宣言し、弁護士の代わりに信徒のセシル・フルネルとアグラエ・サン・ティレールを補佐人に指名した。けれどもこれまで女性が弁護士席に着いたことなどないと伝える裁判長により、この二人の女性は拒否された。

フロラはここではまだ事件の注意深いひとりの観察者に過ぎない。この運動の主張には全面的に共鳴したけれど、これに身を投じようなどと思っていなかった。だがすでに有産者階級への憎悪、民衆の生産的労働への敬愛、女性解放の緊急性というサン゠シモン主義の原理は掌中にしていた。勇敢なフェミニストで、一八世紀末女性の自立と、さらに著作を通じて民衆のうちに確かな支持を得ていたメアリ・ウルストンクラフトは、彼女にとって最高のお手本であった。

フロラはドン・ピオの法定代理人ベルテラ宛ての手紙で、サン゠シモン主義への共感や文学的野心のことなど一切触れていない。はじめて手紙のやり取りをしたのは、叔父からわずかな送金しかもらっていないと非難するためだった。ベルテラは、独立軍の勝利のため故国を離れなければならなかった六二歳の富裕なペルー人で、ピオの従兄にあたるドン・ペドロ・デ・ゴエネシュのボルドーの邸宅で暮らしていた(5)。

自らペルーに行き、叔父の寛大な心にすがろうとするフロラの目論見にベルテラもゴエネシュも心を動かされなかった。ドン・ピオがフランスの代理人たちに姪の渡航を後押ししないように頼んだ可能性は大いにある。ようやく親戚のゴエネシュにはペルー旅行に賛同してもらうことができた。こうして、一八三三年一月、旅の準備のためにゴエネシュの大邸宅にやってきた。

ペドロ・デ・ゴエネシュはドン・ピオ宛ての手紙で、フロラを知的で魅力的で好感のもてる女性といい、旅を中止するよう説得できなかったと述べている。アレキパに着いたら手渡すようにと託したこの手紙には、さらにこう書いてある。「この手紙を持参した女性を見て、君はきっとびっくりするでしょう。彼女をもっとよく知れば、喜びもさらに大きくなるでしょう。……二か月前はじめてフロラ・ド・トリスタン嬢に会ったときの僕の驚きを想像してください。思わず彼女を穴の開くほど見つめてしまいました。姿形が君のあれほど愛する兄さんとびっくりするほどよく似ていたからです。……

親愛なるピオ、この娘さんの素晴しい知性、危険に満ちた旅行をしようという強い意志をわかってやってください。彼女は何が何でも航海に出るのだと固く決意してパリからやってきたため、どうやってもその考えは変えられませんでした。……僕は彼女に必要な忠告は全部伝えました。けれども彼女はそれに実に巧みにまた断固たる態度で言い返してきたため、思い止められなかったのです。彼女にとってこの計画がとても重要であるのはわかっていました。……君の愛情、公正さ、歓待にすがりたいと思って、僕のところに来たのです。どうかそのすべてを与えてやってください。彼女が望んでいるのは自分の権利だけです。……彼女がここに滞在している間、まるで実の子のように接してやるのがほんとうに楽しみでした。僕はどんなことにも手助けになってやり、また喜んでそうしたのです。言葉の違いはあったけれど、善良で優しく、何よりも気高い人だとわかりました。いま大きな心配事や苦しみを抱えているると話してくれましたが、勇気と忍耐力があり、物事に拘泥しない女性であることははっきりしています」(6)。

フロラはボルドーの親戚宅で、謙虚で素直な娘という役をなんの迷いもなく演じていたわけではない。ペドロ・デ・ゴエネシュの偏見や偏狭な信仰心を心得ていたから、自分の本当の立場を明かさなかったのである。だが、彼にすべてを話し打ち明け、旅行をあきらめ、この邸宅で二人の子どもと一緒に住まわせてほしいと言おうか、何度も考えた。しかしそんなことをしたら、共和国樹立後もスペインの王権に協力したため祖国ペルーを去らなければならなかったこの超保守主義者が、どんな反応を示すだろうか。社会の慣習に逆らい、自ら夫の下を飛び出た二人の子持ちの母をどう考えるだろうか。社会から飛び出た人間には誰であれ批判の目を向けるゴエネシュの冷厳な姿に接すると、心の内を曝け出そうという気持ちはすっかり消えてしまった。また、フェリペ・ベルテラに家族の事情を打ち明けてみようかという決心もつきかねていた。ゴエネシュより偏見は少ないとはいえ、親戚でもない人に私的な問題で心を悩ませたくなかったからである。

ドン・ゴエネシュが一八三三年二月六日付の『港湾案内』の記事を読むようにと知らせてくれた。そこには「二本マストの大型帆船メキシカン号が、シャブリエ船長指揮の下、ヴァルパライソとリマに向かうため、三月一〇日から三月二〇日の間に出帆の予定」とあった。これを読んだフロラの衝撃はいかばかりだったろうか。同船にはまだ約三〇トンの積み荷と、乗客を何人か受け入れる余裕があった。乗客には立派な食事と上級船員用の部屋が用意されるとあった。

この船長とは、パリの食堂で知り合い、未亡人のフロラ・トリスタンと自己紹介したときのシャブリエのことだろうか。そうだとしたら、作り話などすぐばれてしまうに違いない。

それでもデ・ゴエネシュが助言してくれたとおり、船長に会いに行こうと決心した。シャブリエは会うとすぐあのときの女性であるとわかった。フロラも彼を率直で誠実な人間と感じたから、娘のアリーヌを連れてパリで会ったことを忘れてほしいと懇願し、その理由を説明すると、心優しいシャブリエはすっかりほだされ、手を差し伸べ、こう言った。「勇気を出してください、お嬢さん、何もかもわかっていますから。出発を早めましょう」(7)。

しかしコレラがハンブルグからボルドーにまで拡がり、船は検疫のため隔離された。船は港を離れることができないのだ。出発は延期になった。どこかで顔見知りに会うかもしれないという心配から、ドン・ゴエネシュの家から外に出ようとしなかった。

一八三三年四月七日、ついにメキシカン号は錨を上げた。悪天候のせいで、危険がいっぱいのガスコーニュ湾から抜け出すのは困難を極めた。帆をきる風の音、激しい波の音が嵐の襲来を告げていた。身の毛もよだつような夜になるかもしれない。船長は凪を待ってようやくジロンド川近くの港に戻ることができた。高波で甲板に繋いであった生きた羊や、また別の高波で野菜篭も流されてしまっていた。長い航海に不可欠の食料のため、新たに別の食料品と交換しなければならなかった。船大工が嵐で受けた被害箇所を修理した。四月一〇日ようやく船は再び沖に出ることができた。風は収まっていなかった。今にも壊れそうな船の乗組員と乗客は、フロラにはまるで高い山のように感じられた大波の真っただ中にいた。船長は三日間一瞬も甲板を離れようとはしなかった。

狭苦しい船室で五人の乗客はひどい船酔いに苦しんでいた。フロラが長い間決行しようかどうしようか躊躇していた船旅の出だしから、もう散々な有様である。「私は水上に浮かぶこの家に入って一時間もするともう船酔いに襲われたような気がした」と日記に書いている。絶え間のない苦しみ、生の中断である。「船酔いはその苦しみに襲われた不幸な人間から知能と感覚器官の働きを奪ってしまう恐ろしい力を持っている。過敏な身体の人は、この船酔いのもたらす残酷な結果を他の人よりも強く感じてしまう。私はといえば、一三三日間の航海で、そうでない日は一日もないほど絶え間ない強烈な船酔いに悩まされていた(8)」。

二人の子どもをフランスに残して航海の苦難や危険と立ち向かうのが分別ある選択だっただろうか。絶望感に苛まれ、船酔いに苦しめられながら、彼女はこの決断を後悔した。しかし海が凪いでくると、たちまち楽天主義が顔をのぞかせた。

乗客の船室や共同寝室は狭苦しく、嵐はほぼ毎日といっていいくらいやってくるのに、旅の仲間たちはいたって陽気である。フロラは五人の乗客と一四人の乗組員のなかで唯一人の女性である。全員敬意と思いやりをもって彼女を扱ってくれ、彼女もまたその自著で生き生きとその人物描写をし、感謝の気持ちを表している。

だれよりもまずは、中背で頭の禿げかかった三六歳の船長ザシャリ・シャブリエである。陽光で傷めた小さな青い目からは、いたずらっ気と横柄さと厚かましさなど、曰く言い難い表情がうかがえる。怒るとぞっとするような厚い唇も、子どものような笑顔をみせると、とたんに魅力に満ち溢れる。歯もびっくりするくらい魅力的である。声は嗄れて不明瞭だが、ロッシーニの一節やヨーデル、センチメンタルな恋唄を歌い始めたとたん、澄みきってみずみずしくなり、聴く者に無上の喜びを与えてくれる。彼は職業を誤ったのではないかとフロラは思ったりする。オペラのテノール歌手だったら、きっと数千人もの観客を熱狂させただろう。親切で、誰にも思いやりがあり、船員にさえも愛想がよかったが、時として些細なことですぐかっとなったりする。ひとたびそうなると、ぶっきらぼうで無愛想になり、実に辛辣な皮肉を投げかけて仲間の感情を害することも厭いはしない。

二番目は、シャブリエと同じロリアンの生まれで、船長と同じ歳の年齢のルイ・ブイエである。彼もまたかつてはナポレオン皇帝の将校で、親衛隊に所属していた。ナポレオンが失墜後、祖国に失望し、悲しみが癒えなかったためスペインの植民地で一旗上げようと考えた。船長として迎えられ、また他の船主に代わって航海をした。口数も少なく、仕事は精力的にこなし、そして兵士に向ける将校特有のあの乾いた口調で船員に指示を出した。背も高くスタイルのいい美男子である。思いやりがあり、女性に優しい性格ではないが、船上では誰にも情愛に満ちた気配りをみせている。

三四歳の航海士アルフレッド・ダヴィドは生粋のパリっ子で、世界じゅうを巡り歩いてきた。不良少年で数々の問題を起こしたため、両親は一四歳で学校を退学させ、インド行きの大型船に乗せてしまった。カルカッタに着くと、船長はこの手に余る若者を厄介払いしようと陸に降ろしてしまった。彼はこの運命を勇敢に引き受け、水夫、語学教師、外交員などさまざまな職を転々とした。こうしてまたフランスに戻ったが、そこでも安定した職に就けなかったため、商人になろうと一念発起し、ペルーに移住したのである。シャブリエと知り合い、親交を結んだのはペルーであった。彼は毎日髭の手入れを怠らず、髪に香水をふりかけ、詩を諳んじ、英語、イタリア語、スペイン語を流暢に操る愛想のいい洒落者だった。だが、感情の深みに欠ける男というのがフロラの評価だった。皮肉屋で、どこの港であれ、肌の色に関係なく、かわいい女の子のことしか頭になかった。彼はフロラにそれほど関心を向けなかったが、夢のようなことを言っていないで、もっとしっかり社会を見つめるようにと応援してくれた。

メキシカン号は船長、副船長、航海士三人の平等の所有物である。

乗客もまた親切で善意の持ち主だった。一八〇八年の反ナポレオン戦争の老兵で、二年前からパリに在住する高齢のスペイン人ドン・ホセは、死ぬ前にもう一度イベリア半島の祖国を見ておきたいと望んでいた。フロラの筆によれば、彼は「知力において傑出した」年若い甥セザリオを連れて帰るところであった。三人目の乗客のペルー人フィルマン・ミオタは、一六歳の時にパリに送り出され、そこで教育を受けた青年だった。当時二四歳であった。従弟で一七歳のドン・フェルナンド(9)を伴っていた。

この小さな共同体は船の居住可能な場所にこれから長期間にわたり詰め込まれるのだ。諍いが起きることも当たり前である。フロラは揉めごとをおさめ、理性的な調停者と皆から認められていた。彼女は、乗客の船室は鎧戸で仕切られているだけだから、毎朝、部屋で洗面の最中にあまりはしたない言葉で罵らないようにとか、見習い水夫をしょっちゅう叩くのを止めるようにと、ダヴィッドを諌めている。フィルマン・ミオタには、ペルー人の悪口を耳にするたびに気が狂ったように怒らないようにと忠告した。

船員までも彼女のところにやって来て、大なり小なり不満を打ち明けている。なかには自分の境遇を嘆くものもいた。仕事に不適格と宣告されれば、最寄りの港に放り出され、生きていくため物乞いしなければならなくなるからだ。

セニョール・ミオタは船酔いにさほど苦しんでいないときは、いつもフロラに彼の敬愛する作家のバイロンやヴォルテールなどを読み聞かせてくれた。ダヴィドは汲めども尽きぬほどたくさんの詩を暗唱してくれ、また次第にフロラに特別な愛情を寄せ始めてきたシャブリエと一緒に、ラマルチーヌやウォルター・スコットやヴィクトル・ユゴーを読むこともあった。

みなで一緒にとる昼食時には、政治や文学や芸術や哲学などについて議論が交わされた。結婚していることや子どものことをうっかり口に出してしまうのではないかという心配から、そうした会話に乗らないように細心の注意を払った。日曜日には、冷肉とボルドー酒を添えたご馳走が出た。デザートになると、しばしばシャブリエに唄をせがんだ。するとその美しい声が部屋に響き渡り、ロマンチックで切なげな旋律がしばしの間長い航海の危険と不便さを忘れさせてくれた。

航海に出て二五日目、カナリア諸島沖で、乗組員らは船の浸水に気づいた。危険な状態ではなかったが、それでも船長は次に目に入る最初の港で、船の亀裂を塞いでおこうと決めた。それがポルトガルの植民地ベルデ沖諸島〔カーボベルデ共和国、アフリカ大陸の西方の島嶼国家。一九七五年ポルトガルより独立〕の首都プライアである。

プライアの奴隷たち

カーボベルデ〔緑の岬〕の名から連想されるように、メキシカン号の乗客は緑豊かな岬を期待していたのに、見渡すかぎり乾燥し、黒々としたこの島を見て、すっかり幻滅した。「湾全体が大小の岩礁に取り囲まれ、波がごうごうとうなり声を立てながらこの岩礁に当たって砕け散っている」とフロラは書いている。「湾の中央に、馬蹄形の高い岩々に囲まれた大きな台地が広がっている。この台地の上にプライアの町があった(1)」。港湾施設はまだ未整備である。メキシカン号は湾でも最深部に投錨しなければならず、ボートに乗り、岩と波の飛沫を抜けて、ようやく陸地にたどり着く。いったん上陸しても、町までは、厳しい暑さに耐えながら、石ころだらけの階段状の道をよじ登らなければならない。最初のうちは、いつも足下で揺れていた船から解放されて喜んでいたフロラも、しばらく歩くと精も根も尽き果て、船を離れたことを後悔し始めていた。しかしプライアでも一番美しい建物の北米アメリカ領事館に入ると、船長、ダヴィド、フィルマン・ミオタ、フロラなど乗客の到着を今か今かと待っていた。人なつこいダヴィドは、もう領事と気安い仲になった。冷たい飲み物、ハム、チーズ、ケーキなどが提供されたが、どれもニューヨークからの輸入品だった。教養人である館の主は愛想がよく、もてなし好きだとわかった。

数日後二度目の訪問をした際、最初がとても好印象だっただけになおさらだったが、この外交官のぞっとする一面を目にして、大きなショックを受けた。一国を代表するこの男は、好人物から野蛮な奴隷の主人へと一変していた。メキシカン号の乗員たちは、領事が天井の低い客間で顔中血まみれの大柄な黒人を、こん棒で何度も打ち据えている場面を見たからである。意を決し、フロラは前に出て、虐待者と犠牲者の間に割って入り、語気荒く領事に事の次第を説明してくれるように要求した。奴隷が盗みを働いたのに白状しないからだ、と彼は落ち着き払って説明した。フロラは怒りをあらわにして次のように記している。「泥棒でも最大の泥棒は、奴隷が犠牲者になっている奴隷制ではないか！　主人になんの借りもないのに、奴隷は意思表示の権利さえ一切奪われているのだ！」(2)。

船に戻る道すがら、町役場の前で、兵士が黒人を思いきり打ちすえている情景を目にした。それは黒人が今し方犯した過ちを理由に、主人が兵士に依頼した残酷な刑罰だった。

船に戻ると、ダヴィドとミオタがデッキの夕食会に風変わりな男性客を連れてきていた。それはプライアで唯一人のフランス人のタップ氏だった。彼もここに住んでいるヨーロッパ人と同じように、奴隷所有者で売買商人でもあった。カーボベルデでは金持ちになるにはそれ以外手段はないのだ。

かつてバイヨンヌ近郊のラパスの神学校の生徒だったタップは、厚い信仰心から、植民地の住民をキリスト教に改宗する伝道師に指名された。アフリカ大陸への伝道の旅の途中プライアに立ち寄ったところ、この地では奴隷売買に専念すればあっという間に一財産手に入ることがわかった。こうして彼は奴隷商人の鞭と引き換えに、聖なる使命を放棄したのである。ウェルギリウスやホラチウスをラテン語で引用できるこの男は、前菜と子羊の腿肉の間に、所有する自分の「群れ」を構成する黒人の男一八人、女二八人、子ども三人について冷ややかな口調で語った。「群れ」の規律を保てるのは、もっぱら苛烈な懲罰だけである。とはいえその仕事に危険がないわけではない。例えば、この女たちを料理人には使えないと言った。「この下賤なものたちはとても底意地が悪く、毒を盛られる危険があるから、食事の世話なんて到底できない相談ですよ(3)」。召使いの奴隷が食事に毒を混ぜたせいで、危うく三度も死にかけたこともあった。これに懲りて、今では選んだ一人を妻と決め、どの料理も食べる前に、その女に試食するように命じている。貯まった金でフランスに帰る日が来たら、女をここに残していこうと決めていた。女は二人の間でできた混血児など簡単に売り払ってしまえるから、金に困ることなど絶対にないだろう。

フロラは怒りと憤怒に満ちた調子で奴隷制を描いている。けれどもその明快な態度表明からわかるように、奴隷の所有者や奴隷商人を粗野な野蛮人と見なしているだけではない。知識、教養は人並み以上で、洗練され、女性にも心優しい領事や元聖職者のタップは確かに非難さるべきだと言いながら、こうした生き方以外に選択の余地のない奴隷制の犠牲者でもあると考えているのだ。けれども、被抑圧者たちも理想化せず、数年後のアメリカ人女性ハリエット・ビーチャー・ストウ(4)のように、アンクル・トムを探し出すことはなかった。彼女は被抑圧者に対して抵抗と解放の正当な権利を認めているのである。

カーボベルデ諸島やペルーでの奴隷制について述べたフロラの記述は、同時代のフランス人の意識に影響を与えたことは間違いない。彼女は後にフランスの植民地における黒人売買の廃止の指導者ヴィクトル・ショルシェール(5)と頻繁に会っている。民主主義を信じるこの代議士の名は、『労働者連合』出版の醸金者名簿の先頭に載っている。

この重要なプライアでの奴隷制の記述に続いて、船上での牧歌的な昼夜も描かれている。船は赤道とホーン岬の間の快晴地帯を航行している。フロラは日没の風景にうっとり見惚れている。「そうだ、熱帯地方の日没以上に崇高なもの、神々しいばかりに荘厳なもの、目も眩むほどに美しいものを見ることはできないだろう！　その最後の一筋が雲や波上に生み出す光の魔術的な効果を描こうとどれほど努力しても、到底私にはできないだろう(6)」。

これに対して、熱帯の夜の気持ちの良い素描もある。「美しい日没の後、夜のひととき、私は甲板に出ているのが好きだった。船の縁に腰を下ろし、そこでシャブリエと語り合いながら、波動で生じた燐光の描く絵姿をうっとりと見つめていた。船の後に生じたきらきらと輝く彗星の何と美しいことか！このおびただしい波動の中に何とたくさんのダイヤモンドが踊り狂っていたことか！　私はまた、広大な海を明るく照らし出す燐光の長い烽火を背後に残していく一群のネズミイルカが船の傍にやってくるのを見るのも好きだった。次に、月光が徐々に暗黒の世界に広がっていった。きらめくダイヤモンドは深淵の奥底に戻っていき、そして幾筋もの星光の浸み込んだ波は反射して眩しく、まるで天空の星のようにきらめいていた(7)」。

シャブリエとフロラが長く語り合ったのはまさにこの夢のように美しい雰囲気の中だった。船長は美貌の船客に一目で恋に落ち、そしてフロラがためらい、慎重な態度でいればいるほど、恋の炎はいっそう燃え上がっていった。こうして、パリの安宿の食堂で、娘のアリーヌを連れた「既婚女性」として出会っていながら、どうして「トリスタン嬢」と名乗ったのか、いよいよ説明しなければならなくなった。

結婚の件については一言も触れないまま、男に惚れ、結婚の約束までしたのに、その後手のひらを返すように弄ばれたと説明している。フロラを哀れに思い、またその魅力に心を奪われた船長は、愛を誓い、結婚を申し込み、カリフォルニアかどこかで新しい生活を始めようと提案する。不幸な出来事のせいで失った社会的地位を取り戻してやりたいと思ったのである。

フロラが船長に感じたのは男と女の友愛であり、恋愛感情ではない。熱帯地方の魅惑的な夜の光景にもかかわらず、彼女は落ち着きはらい、シャブリエの激しい恋情を、船員や乗客が何か月にもわたり狭い空間に閉じ込められた船上生活がもたらした特別な感情であると解釈している。「私たちそれぞれの置かれている一風変わった立場、彼からみて私が謎に包まれていること、私が彼に示す強い友愛の感情、それが重なりあって、別な状況だったらおそらく動かされなかっただろう感情を持ったのだ(8)」。彼女は自分の過去を洗いざらい話してしまおうと考えたが、それで何が起こるかを非常に恐れていた。そんなことをしたら、すぐさま彼は、自らの意思で夫と別れてきた二人の子持ちの既婚女性をパリア（賤民）と見るのではないだろうか。友愛の感情で十分なのに、彼の方ではあくまで恋愛感情を優先し、なんとしても結婚しようという思いを変えようとしなかった。

甲板上のロマンチックなランデヴーは、ホーン岬を通過するときの急激な天候変化のため、突如終わった。帆船は嵐と滝のような雨や雹と雪の下で悪戦苦闘し、それが六週間も続いたのだ。どんな危険な状況でも、シャブリエは昼夜をわかたずいつもブリッジに立っていた。船室に入っても、この荒れ狂う暴風雨を逃れられたものなどひとりもいない。「船の激しい揺れ、襲いかかる波の恐ろしい唸り声は、何か一つのことに集中する気力をすっかり奪ってしまう。本を読むことも、あちこち歩くこともままならず、眠ることさえできなかった(9)」。

乗客は苦しみ喘いでいるが、船員はさらに地獄のような苦しみを味わっていた。この七月〜八月でも、気温は零下四度、さらには零下六度にまで下がってしまう。日中はわずか四時間しか日が差さない。吹雪はなかなか止まず、索具は厚く積もった雪に覆われてしまう。メキシカン号はいつでも補強用斜材を入れて航行しなければならず、いかに屈強な船員といえども、しばらくすると疲労や病気に負けてしまう。乗組員の間で皮膚病が猛威をふるうようになる。甲板上の操帆具から落下するのも何名か出てくる。こんな凍り付くような寒気でも、大部分の船員には暖かい衣服もなければ、船乗り用の防水カッパもない。フロラは書いている。「ああ！　こんな苦しい情況のなかで、人間の受ける最大の惨事ともいえる出来事を目にした。寒さで麻痺した四肢に張り付いた氷の摩擦で傷を負い、身動きが一切できなくなった水夫の姿を見たのである。哀れにも、水夫たちの船室は水に浸り（しけの際、船尾楼ではいつでも起きるのだ）、休息できる場所はどこにもなかった。なんてことだろう！　こんな苦しい状態に追い込まれた人を見ることとくらい辛い経験はなかった！(10)」。

しかしたんに憐憫の情に止まってはいなかった。現実的な改善策を求め、さらにもう一歩先を踏み出す。このときはまだ船主と交渉する権利の要求ではなく（結局数年後には要求するが）、悲惨な出来事を避けるための具体的な改善策である。「海軍大臣なら、主計官に命じ、各港で上陸前に船長と協力し、古着の点検を行い、水夫の厳しい日常生活が原因の不幸事を未然に防ぐことができるだろう。規則はその厳格な実施を保証する手段がない限り、どんな場合でも無力である。国の船に乗り組めば、水夫の古着はしょっちゅう点検の対象になる。水夫には規則上保持すべき衣服は支給されるが、返却の必要はなく、給与からその分の金額が差し引かれる。商船の場合も、なぜこれと同じ措置がとれないのか[11]」。

ボルドーを出帆してから五か月、メキシカン号はついにヴァルパライソ湾に入港した。フロラは当時三〇〇〇人、今日では三〇万人の人口を擁するチリのこの港町についてほとんど記述を残していない。「私はヴァルパライソにはほんの四日しか滞在しなかったので、町の外観を素描することくらいしかできない[12]」と書いている。けれども、その短い描写から、町には立派な庭園を構えた豪邸が何軒かあり、先住民は取り囲む山々の峡谷の名と同じケブラダスと称する一種のゲットーに住んでいることがわかる。

ダヴィドの手配で、フロラはマダム・オーブリエというフランス人女性の経営する宿に身を落ち着けた。ずっと前にプライア港を下船して以来、フロラははじめて横揺れを感じずに、固い大地の上を歩くことができた。立派な家具調度の備わった寝室の窓からは海岸が臨める。しかし、フロラには快適な生活を満喫するより先に、心配の種が山ほどあった。そこで、長い船旅で親しくなったペルー人のフィルマン・ミオタに、町の住民からアレキパや叔父のピオの情報を町で集めてきてほしい、とくに祖母が存命なのか、是非とも知りたいと頼んだ。

フィルマンは翌日に戻ってきたが、改めて問いただす必要はなかった。その表情から、悪い知らせとわかったからである。祖母は偶然にもフロラがボルドーを出発したちょうどその日に亡くなっていた。「気力を失った気がした。祖母が亡くなり、その死は私の唯一の避難場所、唯一人の庇護者、最後の希望を奪ってしまったのだった[13]」。もう全面的に叔父ピオの思いどおりになるしかないのだろうか。ピオが寄こした手紙を見ても、フロラが主張する父の遺産に関して、彼が自分の利益を守ろうと固く決意しているのは明らかだった。

二日後、大型帆船エリザベス号がフランスに戻るため港を離れようとしていた。彼女は何もかも放り出し、この広々とした大型船の船室を予約しようかと思ったが、すぐに気力を奮い起こす。「いや、そんなことはしない。とにかく叔父と会い、是が非でも自分の考えをはっきりと伝えなければいけないのだ」。ペルーへの出発を早め、アレキパからそれほど遠くないイズライ港に向かい、九月一日に出航する三本マストの北アメリカ船籍レオニダス号の乗船を予約する。ヴァルパライソの商人向けの積み荷を売り終えるまでなど待ってはいられない、とフロラはシャブリエに伝えている。金銭上の余裕がなく、一刻も早く親族のところに行かなければならないのだ。

船長はフロラが別の船に乗って旅を続けようとしていると知って、びっくり仰天した。彼は結婚の申し込みにはっきり返事をもらいたいと懇願した。承諾の返事がもらえなければ、別離には到底耐えられないだろう。フロラはその切なる願いに譲歩したが、シャブリエの傍で生涯を送れない身であることもはっきりわかっていた。愛する男性の願いに応じられないというより、醜聞を起こしてはいけないという気持ちにせき立てられ、こう説明している。「結婚できないと幾度繰り返してもわかってはくれなかった。けれど苦しむ船長の姿を目にするのは本当につらかった。苦悩を抑えきれなくなるのではと心配でたまらなかった。そして胸を裂くような表情に心を動かされ、また涙にくれている姿をダヴィドたちに見られることも心配で、思わず妻になってあげましょう、アメリカに行き、幸せも不幸せも分かち合いましょう、と約束してしまった(14)」。

ところがその数週間後、フロラはシャブリエをもっとつらい目にあわせ、恋の炎が完全に消えてしまう行動に出た。それは世間で決して認められるようなものではなく、「残酷」と表現しても過言ではなかった。その方法は弱点や過ちを素直にあらわしていて、その点では偉大なお手本の一人だったジャン＝ジャック・ルソーと比肩できるかもしれない。彼の想いを徹底的に挫いてやろうと考え、今度アレキパに来るときには、私を愛している決定的な証拠を見せてくれと要求したのである。メキシカン号で語り合ったとき、彼がカリフォルニアに宣教師の友人がいると言ったことを思い出し、フロラは遺産相続を請求するために必要な両親の偽の結婚証明書を手に入れてほしいと頼んだのだ。

こんな恥知らずな頼みを聞いて、シャブリエはまるで茫然自失になり、要求された卑劣な行為に激しく抗議した。彼女のためなら何でもしよう、命を捧げても惜しくない覚悟もできていたのに、詐欺に加担するなどとてもできない相談だった。「暑さで頭がおかしくなっているのではないですか。遺産に目がくらみ、自分が何を言っているかわからなくなってしまったのではないですか。何ということですか！　私にこんな犯罪をさせようと考えているのですか[15]」と怒りに駆られて、激しい言葉を投げつけた。我を忘れて吐いた彼の最後の言葉はこうだった。「あなたを心底愛していただけに、今はもう憎しみの気持ちでいっぱいです」。

その後二人が会う機会は訪れなかった。ほどなく、メキシカン号はボルドーと南米とを結ぶ新たな航海に出て、海に沈んでしまうからである。生存者は一人もいなかった。

ヴァルパライソからイズライに向かうフロラの旅はなんの支障もなかった。海に出て一週間後、レオニダス号はペルーの港に錨を下ろした。ボートに乗って港湾長と税関史がやってきて、慣例どおり船に乗り込んできた。パスポートの提示を求められ、フロラがそれを見せるや、税関の人たちの間に驚きの声が上がった。ひょっとしてドン・ピオ・デ・トリスタンの縁者の方ではないでしょうか、と丁重に尋ねられた。そうですと答えたとたん、この国の著名人をもてなす際の最高の敬意と気品をもって接せられるようになった。港湾長は叔父のかつての部下で、現在の職も恩人の寛大な配慮のおかげであると教えてくれた。この偉大な人物は現在アレキパの邸宅には暮らしておらず、一か月前から家族全員でイズライから四〇リュ〔昔の距離の単位で、約四キロ〕離れたカマナのプランテーションに出かけていた。彼女は港湾長に、ボルドーから携えてきた、税関管理人とイズライの海軍司令長官およびその他叔父の信頼する人たち宛ての推薦状を渡した。こうして荷物を積んだ別のボートに乗り移り、上陸した。

町の有力者の税関長ドン・バジリオ・デ・ラ・フエンテと海軍指令長官ドン・フスト・デ・メディーナは、アレキパへ出発するまでの間滞在するようにと、競って申し出た。フロラがメディーナのアパトマンに決めると、早速彼女の意向を汲み、立派な部屋が用意された。ひと財産こしらえようと、有り金はたいてペルーにやって来たフランス人医師ヴィクトール・ド・カスティヤックが、丁重に迎えられたフロラの余得にあずかろうと、彼女の傍について離れようとしなかった。この医師もメディーナ邸にひと部屋支給され、そしてフロラの庇護者役としてアレキパまでの旅に同行する。

それまで貧しい生活のなかで育ち、女工、店員、召使いなどの職を転々としてきたフロラは、生まれて初めて上流社会の女性として扱われた。受けた丁重なもてなしの描写からは、素朴な驚き、すこしばかりの自尊心、と同時にちくりと投じる皮肉などが感じられる。イズライに休暇をとりにきた町の有力者や御婦人方は、この勢力家の姪に敬意を表そうと続々とメディーナ邸にやって来た。「このお屋敷に出入りする大勢の人たちを見てびっくり仰天し、かれらが不安気で気忙し気な様子をしていることに気付いた」(16)。

夜、メディーナは素敵な晩餐会を開いてくれ、そして客を大歓迎する習慣で、土地の楽士や踊り子を呼んで舞踏会を催した。舞踏会は夜更け過ぎまで続いた。疲労でくたくたになったフロラは、倒れ込むようにベッドに入ったが、たちまち何百匹という蚤の大群に起こされてしまった。「ペルーのどこでもこの虫に汚染されている。イズライの通りを歩いていても、この虫の跳ね回っている様子が目に入る。蚤から完全に身を守ることなどとうてい不可能である。けれども、この国がこれまで以上に清潔になれば、蚤に悩まされることもずっと減るだろう[17]」。

翌朝五時、カマナと反対方向の、四〇リュも離れたアレキパに向かうため、ラバの背にまたがり出発した。エスコート役として税関事務所の担当官を務める従兄弟のバルタザールとホセ・デ・ラ・フエンテ、言うまでもないが、フロラ専属の「お付きの医師」の三人が付き添ってくれた。少し進むと早くも暑さが強烈になり、砂は動物たちのひづめの下で溶けてしまうほどだった。しかし、はるか彼方の地平線上には、陽光の下できらきら輝くコルディリエール山脈の氷河がくっきりと浮かび上がっていた。

日中の大草原はまるで竈のように暑いが、反対に夜になるとしんしんと冷えてくる。動物たちに水を飲ませる泉も川もない。一行がしばしの休息をとった粗末な宿のベッドではイズライよりさらに多くの蚤の襲来を受けた。さらに狭い峠の続く、標高数千メートルものケブラダス山脈を越えなければならない。道沿いには、痩せこけた動物の死骸や、長旅の苦痛で死んでいった旅人の墓が点在している。最初から激しい頭痛に襲われたフロラは、へとへとの状態でアレキパ手前の最後の山頂にたどり着いた。ドン・バルタザールはくりかえし彼女を励まし、勇気づけ、疲労で転げ落ちないようにと、ポンチョで彼女をラバにつなぎ留めてくれた。四〇時間以上も続いた長旅の終わりころには、自分の馬の後部にフロラを乗せてやったりした。

アレキパから数リュのところになるともうそこは平原で、フロラを出迎えようと、親戚たちが馬に乗って待っていた。従兄弟の一人ホアン・デ・ゴエネシュが自宅に泊まるように申し出たが、同時にまた、フロラの従姉にあたり、ピオの姪で知事夫人でもあったドーニャ・カルメン・ピエロラ・デ・フロレスから預かってきた手紙も渡された。手紙には、フロラがドン・ピオの館以外のところに滞在するなんてとても我慢できないと書かれていた。ドーニャ・カルメンはまた、一頭の駿馬、二着の女性用乗馬服、短靴、手袋、別便で送ったトランク類が届かない間、必要になるかもしれない身の回りの品々も送ってくれた。

これら貴重な品々を運んできたのは一八歳の従弟エマニュエル・デ・リヴェロだった。フロラはたちまち彼と親しくなった。彼はまるで弟といっていいほど自分とそっくりで、フランス語を完璧に話すことができた。学業を積むため、フランスで一〇年間も過ごしたからである。エマニュエルの父は莫大な財産を蕩尽し、家族を貧困に追いやったが、叔父のピオは、この若者が学業を終えるまでのたった三年間の寄宿費ですらビタ一文も払わないときっぱり断わった吝嗇な人だった。彼は叔父の吝嗇漢ぶりをありのまま語ってくれ、フロラはこれから父親の財産の保有者と始めようとしている交渉に悪い予感を抱きながら、話に聞き入った。

並んで馬を走らせながら、見渡す限りきれいに耕され、ほとんど誰も住んでいないようなみすぼらしい小集落が点在する畑の前を通りかかると、エマニュエルはその全部が自分たち一族のものであると教えてくれた。ペルーは共和国であるにもかかわらず、トリスタン家とゴエネシュ家はルイ・フィリップ時代のフランスの王族よりはるかに巨大な富と影響力を持っていた。「わが一族はこの国の帝王なのです。でも所有する権力ほどには愛情がなく、すべての人々にとっては、それこそまさに残念なことなのです[18]」と語ってくれた。

フロラたちの一団が標高二四〇〇メートルの台地にあるアレキパに着いたのは、ちょうど夜になりはじめたころだった。サント・ドミンゴ通りにある一軒の不格好な豪邸が、壁に取り付けた松明の灯りで明るく照らし出されていた。それがドン・ピオの住居であった。奴隷や召使いたちが中庭で待ち受けていた。従姉妹のドーニャ・カルメンは盛装して玄関の入口まで進んできて、礼儀作法にのっとってフロラを出迎えた。

大きなシャンデリアとたくさんの枝付き燭台で明るく照らされた応接間では、イズライと同じように、町のお歴々たちが挨拶のために列をなしていた。トリスタン家に恩義があるサント・ドミンゴ修道会からは修道院長をはじめ、修道士たちも何人か来ていたし、役人や地主、上流社会に属する男女たちもいた。「まったく真の感情を表しているところなど微塵も感じられない、尽力いたしますという仰々しい言葉遣いで、よろしくと挨拶を述べた。もし止むを得ず助けが必要になっても、決して彼らなど当てにしてはならないこと、彼らの言葉はドン・ピオ・デ・トリスタンの姪に対する卑屈な敬意に過ぎないのだとわかった[19]」。

ドン・ピオとの対立

フロラは父親が幼年時代を過ごした館で最初の夜を迎えた。自由に使ってと二部屋用意され、黒人奴隷の少女が召使いについた。部屋は豪華というにはほど遠かった。オーク材でできた大きな整理箪笥をのぞけば、家具はどれもこの上ないほど質素だった。壁は漆喰塗りで、周りに地図を貼りめぐらした丸い天井の部屋だった。最初の部屋は、天井の十字形に仕切った小さな窓からしか光は入らない。それよりさらに狭い二番目の部屋は、鉄製のベッドが置かれ、丸天井まで届かない仕切り壁で仕切られ、最初の部屋と通じていた。まるで地下墳墓そっくりだった。ドーニャ・カルメンがこの二部屋をあてがってくれたとき、この邸はあまり居心地よくないかもしれないが、ここでは親類や友人を迎える唯一つの客間なのですと話してくれた。ドン・ピオの吝嗇ぶりは一目瞭然である。「これこそ叔父という人間をよく表している特徴だ」とフロラは日記で述べている。「大家族の長であり、その高い職責と私的な功績にふさわしい高雅な品々を備え、莫大な資産を有するドン・ピオともあろうものが、親戚や友人を泊めるのに、昼間でさえ灯りが必要で、暗くじめじめした地下墳墓とも言えるような部屋しかないとは！　恥ずかしさのあまり、私は思わず赤面してしまった(1)」。

ピオの不在中、邸の管理を任されていた従姉のカルメン・ピエロラ・デ・フロレスとはすぐに心を許しあえる良き友になった。四〇歳くらいで、天然痘のため醜いあばたが顔にのこり、がりがりの痩せっぽちだった。けれどもおしゃれ上手で、服も粋に着こなしていた。いつも丈の短いドレスだったが、唯一自慢のできる足と足首を見せたかったからである。彼女は何でも打ち明けられ、物わかりのいい親友ができて有頂天だった。ドン・ピオの従兄とごく若いころに結婚した。この男は大枚な持参金に誘き寄せられたのである。愛想のいい美男子だったが、遊び人の放蕩者で、自分の財産どころか妻の財産までも愛人につぎ込んでしまった。ドーニャ・カルメンは何年間にもわたって夫から耐え難い裏切りと辱めを受けてきたのだった。家族にそのつらさを訴えると、お前のように醜い女が美男子を夫にできたことだけでも幸せに思いなさいと諭されるのが常だった。「これこそ離婚を認めない制度のせいだ(2)」とフロラは述べている。「従兄の存命中、この女性がどれほどひどい苦痛を味わわされたか、この最初の会話で十分想像できた。フランスと同じように、この国でも女性は結婚のせいで不幸にされているのだ。結婚で抑圧され、神が女性に授けてくれた知性も生かせず、無気力にされているのだ(3)」。

従兄は良き妻の鑑ともいえる介護をカルメンから受けながら、性病のため、ゆっくりと惨めな姿をさらしながら一二年前に亡くなった。以来彼女は、製糖工場の経営者で吝嗇な叔母の援助と、たまにもたらされるドン・ピオの施しにすがりながらつらい日々を送ってきた。フロラは従姉からスペイン語の講義を受け、アレキパの風俗習慣を教えてくれる知的で感受性豊かな女性であるとわかった。

所有するサトウキビのプランテーションや工場をじっくり視察中のドン・ピオは、煩わしい要求をもってきたフランス人の姪に会うために、急いで帰宅しようなどとは考えなかった。

そこで叔父が戻るまでの時間を利用して、フロラは町をみてまわり、スペイン統治から解放されて一二年経った庶民の暮らしぶりや独裁政治の有様を観察している。しきたりに則り、ドン・ピオ邸にお偉方を迎えたり、彼らの招待に応じていた。従姉に誘われ、町の娯楽場も体験した。教会前の広場で行われる聖史劇や芝居小屋での綱渡り芸、場末の闘鶏などの娯楽は、パリ育ちのフロラには、田舎臭いっぱいの見世物であった。

聖職者の手で企画されたメルセド広場での宗教劇の上演についても、フロラは詳細に書き残している。おびただしい数の人が熱狂的どころか、狂信的と形容してもよいほどの観客となっていた。ぞんざいで嘘で塗り固めた筋書きにフロラは怒りの声をあげている。それは中世の十字軍の劇だった。ユダヤ人とアラブ人が修道会の騎士の剣力に降参してキリスト教に改宗しないと、彼らに似せた藁人形が台上で燃やされ、野蛮な異教徒のように描かれている。「民衆は熱狂していた。彼らは手を打ち、小躍りして喜び、力の限り叫んでいた。イエス・キリスト万歳！　聖母マリア万歳！　我らの主君ドン・ホセ万歳！　我らが領主制〔セニュウリシム〕万歳！　ヴィヴァ！　ヴィヴァ！　ヴィヴァ！……」

私はいつも運命の手で導かれた社会の幸福に強い関心を抱き、そこで暮らしている民衆の痴呆状態を本当に悲しく思っていた。民衆の幸福など放置され、政治家の策謀の対象になることは決してなかった。もし政治家が真の共和国を作ろうと考えたなら、教育の力で、社会の最下層まで市民としての美徳を行き渡らせようと努めただろう。しかし、公務を司る政治家の目的が、自由ではなく権力そのものだったから、当然のように独裁制を受け継ぎ、さらに搾取と服従を確実にするため聖職者と結託し、民衆を迷信と偏見のうちに抑えつけていた。この国は二〇年にわたる内戦で引き裂かれ、今はもう目も当てられぬ状態になっていた。それでいながら、民衆は豊かな財力で社会の最上位を占める富裕階層に公正な国の将来を空しく託していた(4)」。

フロラは当時四万人が暮らしていたアレキパの町をあぶりだす。半分はインディオ、四分の一は黒人奴隷、四分の一は白人である。標高二四〇〇メートル、火山の麓に作られたこの町は、つねに地震があるため、平屋の家しかない。そのため、どの部屋も寝室もすべて丸天井になっている。公共の大きな広場は広々としていて、大聖堂を別にすれば、その周辺の建物は全部アーチ形である。歩廊の下にはさまざまな商品を並べる商店が見られる。

スペインから独立前、どこの教会にも純銀の燭台、欄干、祭壇を支える列柱、さらに金の装飾品があった。しかしこれらの貴金属は植民地期末以降の政府によって徴発されてしまった。信仰心は富を守ってくれないのだ。「大統領や政党の幹部たちは、戦争でペルー共和国の予算を使い果たし、教会の金銀財宝さえ臆面もなく奪い去った。祭壇の正面、列柱、支柱は溶かされ、兵士の給料の支払いや将軍たちの悪行の肥やしとなった(5)」。

この数か月後、二つの党派による内戦の最中に、フロラは首飾りやダイヤモンドが聖母マリア像からもぎ取られる様子を目撃する。

アレキパには病院、精神病院、たくさんの捨て子のための孤児院があった。フロラはこれらの施設の不十分な管理を批判しているが、とりわけ孤児の悲惨な状況を厳しく糾弾している。「裸で痩せ細った不幸な幼児たちが放置されているひどい有様は見るも哀れだった。子どもらの弱り切った命をつなぐほんの一握りの食料を差し入れるだけで、慈愛の義務を果たしていると思っているのだ。子どもらには一切教育も与えず、どんな職業訓練も施されていない。生きのびることができたとしても、浮浪者になるほか道はない(6)」。

この町にはまだ馬車はない。奴隷とインディオは裸足で歩き、白人は馬かラバに乗るか、大革命前のフランスと同じように人力車までも使っている。叔父の邸にもそれが一台あった。ドン・ピオが病気のときに使うという。

フロラは支配階級の生活について詳細に描写している。ペルー人の食事には怒りを露にした。祖国フランスの洗練された料理と比べ、この国の料理は野蛮としかいいようがなかった。午前九時にごはんに玉葱と羊のロースト肉を添えた朝食をとる。その後でココアを飲む。三時に、ごはん、数種類の野菜と果物を添えた牛肉、油身、ゆでた羊肉という雑然としてちぐはぐと彼女の形容する寄せ集めの料理が供される。続いてトマト、ザリガニのマリネ、唐辛子を使った魚料理が出る。八時の夜食のメニューは昼と同じである。今聞けば魅力がないとはいえないこうしたエキゾチックな料理も、どんな料理にもいやというほど使われている唐辛子に悲鳴を上げ、フロラから厳しく糾弾されている。彼女が唯一美味しいと思ったのは、修道女の作ったお菓子と生菓子である。修道女との友好的な交際のおかげでそうした菓子には事欠かず、自室で滋養に満ちたおやつを食べることで、大嫌いなペルーの名物料理の栄養を補えた。

料理には我慢ならなかったが、男も女もペルーの人間は大いに気に入った。「アレキパ人は一般に生来の才知を豊かに備え、弁舌さわやかであり、恵まれた記憶力を持ち、陽気な性格で、態度物腰も気品がある。……アレキパの女性もリマと同様に、男性より優秀なようだ。品格があり堂々とした女性の態度振る舞いには畏怖の念を抱いた。一見したところ、冷たく、他人を見下しているように感じるかもしれない。しかし、その人となりを知れば、いかめしいその風貌の裏にある繊細な気質に気づきびっくりさせられる。……この国の女性は自分の服飾品は自作しているが、それもフランスの服飾商もびっくりするほどの完成度である。女たちは優美にしかも慎みをもって踊り、音楽を非常に好み、その才能を立派にみがきあげている。みずみずしく、歌うようなその声なら、パリのサロンでも賞賛を浴びるに違いない女性を私は四～五人知っていた[7]」。

カーボベルデと同様に、ペルーにも奴隷制があり、フロラは吐き気を催すほどの不正義で、経済的にも甚だしい浪費であると厳しく糾弾している。一見、民衆のうちでも特に重要な部分を構成する土着民インディオとはほとんど交流がなかったように思える。しかしアメリカ先住民に関する彼女の記述はすべて現場で集めた情報に基づいており、当時広く流布していたさまざまな偏見から解き放たれていた。インディオのうちに、白人支配との戦いで示した美質もはっきりと認めている。「我々ヨーロッパ人には滅多に見られない、死によって抑圧から解放されるという精神を、ペルーのインディオはごく当たり前にそなえている（その事例には事欠かない[8]）」。後に彼女の叔父は、ペルーでの二〇年にわたる戦い、とくに独立戦争では、大河や断崖にぶつかるたびに、スペインに味方するくらいなら死んだほうがましだといって果敢に前進し、激流や断崖に身を投げ、多くのインディオの兵士が亡くなったと語ってくれた。だがこれとは別に、ボリーバルの解放軍の志願兵となったインディオは、その勇猛果敢ぶりで有名だったといわれている。

従姉のカルメンはアレキパのサロンやちょっとした気晴しの申し分のない案内役だったが、フロラはこの地方の中心都市アレキパの社会的・政治的状況を教えてくれる人をもうひとり見つけることができた。それはフランス語を完璧に話し、工兵隊将校として長年フランス軍に仕えてきたドイツ人のフォン・アルトハウスである。この元職業軍人は一七歳から、ナポレオンとヨーロッパの同盟軍のあらゆる戦闘に参加してきた。一八一五年にナポレオンの帝政が瓦解すると、ドイツ軍に入隊したが、スペインからの解放闘争を知るや、すぐさま南アメリカに移住した。生粋の軍人としての誇りからか、駐屯地で休養さえとろうとしなかった。彼には軍務こそ他の何にもまして重要であった。アルトハウスは戦闘に興味があるから軍務を遂行しているのであり、紛争の原因となった主義主張には無関心だとフロラは批判している。しかし、彼の豊かな経験とその公明正大さも高く評価している。二人はすっかり意気投合した。

一八二五年、アルトハウスはボリーバル陣営の一員としてアレキパを訪れ、ドン・ピオ邸に部屋を借りることになった。彼はそこでドン・ピオの妹の娘マヌエラ・デ・フロレスと知り合い、二人は一目惚れし、なんとか結婚の承諾をしてもらった。こうして孤児だったマヌエラの後見人役になっていたドン・ピオの莫大な持参金を手にいれることができたのである。「アルトハウスは人として誇るべき徳性を数多く備え持っている。彼はそうした徳性を心の底から、また受けた教育を通して受け継いできた。同時にその持つ美質とは相容れないように見え、長年にわたり従事してきた職業に起因する欠点も併せ持っている」(9)とフロラは記している。要するに彼はペルーという国を必死に知ろうとし、また理解したいと願っている年若いフランス人女性に共感を覚えた一人の知的な傭兵であった。

アルトハウスは新生ペルー共和国の複雑な国内事情を教えてくれた。後に彼女がドン・ピオと対立し、もめたときは、全力を挙げて彼女に味方してくれた。フロラはまたアルトハウスの妻マヌエラとも親しくなっている。優美で、身だしなみもよく、いつもパリの最新流行の衣装に身を包んだ女性であった。フロラの祖国の政治的な事件にも強い関心を抱いており、特にパリで出ている刊行物を読めるようにとフランス語を学んでいた。

フロラが暮らしはじめてからわざと帰宅しないのではないかと思われていた叔父が、三か月も留守をしてようやく帰宅を知らせてきた。ペルー南部の所有地を視察し、その疲労回復を図るため、彼は長い休息をとっていた。だがそこから直接アレキパの自邸には戻らず、近郊の第二の別荘で再度小休止した。一月三日にフロラが呼ばれたのはその別荘である。そこで従兄弟のアルトハウスとエマニュエルを伴い、馬に乗って別荘に向かった。

はじめて顔を合わせると、たちまち互いに心を惹かれたこの感動的で非常にロマンチックな出会いの場面を、フロラは次のように描写している。「私たちは町から一リュ半のところにある美しい別荘……に向かった。フロラは別荘が近くなると、エマニュエルとアルトハウスが私の到着を告げにいった。すると一人の騎乗者が全速力でこちらに向かってくる姿が見えた。私は大声で叫んだ。あれは叔父様だわ！　馬を急がせ、すぐにたどり着くことができた。そのとき私がどう感じたか、十分に言い表せないでしょう。私は彼の手をとり、愛情込めて握りしめながら言った。「ああ！　叔父様、どうしてもあなたの愛情が必要なのです！」……「何を言っているんだ、お前はもうとっくに手にしているではないか。私はお前を実の子のように愛している。お前は私の妹も同然だ。お前のお父さんは私の父親代わりをしてくれた人なのだから。ねえ！　かわいい姪よ、あの可哀そうな兄の面影がこれほどそっくり残っているお前の顔を見つめられて、なんて嬉しいことだろう。フロリータから感じるのは、あの敬愛する兄マリアノの姿そのものですよ」。叔父は私を引き寄せ、私は乗っている馬から落ちる危険を百も承知で、その胸に頭をうずめ、そのまま長い間じっとしていた。涙で顔をぬらしたまま私は身を起こした。それが喜びの涙なのか、苦しみの涙か、それとも思い出の涙なのか、私にはわからない……。あまりに動揺し混乱していたため、その理由をはっきりと表現できないくらいだった(10)」。

フロラが感情を昂ぶらせたのは、トリスタン家の莫大な財産の一部が手に入るかもしれないという期待も一因だったのだろう。差し当たり、父の遺産相続の件について触れずに、ドン・ピオに謝意を表すため、自身の魅力を存分に示そうとしている。フロラが描く人物像からは、エレガントで教養があり親切な上流社会のこの男性に対する賞賛の気持ちがはっきりと伝わってくる。中背のピオは、もう六五歳だというのに、まだ元気そのものだった。年齢より若くみえ、白髪などほんの少ししか見当たらない。驚くべき記憶力を持ち、どんな問題も理解し、対応できる能力にはフロラはいつも驚嘆させられた。人生のうち二五年の歳月を、厳しい野外の戦場を駆け巡ってきたとはいえ、貴族の洗練された態度物腰も十分に備えていた。フランス語を流暢にあやつる彼との会話は、いつも話し相手の心を豊かにした。フロラの人物描写は称賛の念で満ち溢れているが、また彼のほうでも、自分に備わる美点を決して過小評価しなかった。「叔父は絶対王政下の総理大臣にうってつけの人である。あの困難な時代であれば、卓越した手腕をふるい、最も評判の高い政治家をもはるかに凌いだことだろう。ネッセルローデやメッテルニヒも、叔父と並べたらきっと色褪せてみえたことだろう。そのため叔父は、立派な王国を指導する才能が十分あると思っているのに、ちっぽけな共和国を導くため、密かに策をめぐらす己の悲運をしばしば嘆いてみせた。たびたびこうも言った。四、五〇歳だったら、すぐにでもマドリッドに行き、ほんの二か月もあれば聖イル・デフォンソの黒幕連を失墜させ、全権を掌中におさめられたでしょうね、と[11]」。

才気煥発でユーモアに富んだドン・ピオは政治や芸術、さらにはアステカ皇帝モクテスマに始まり今日のアレキパの子孫に至るまでのトリスタン家の歴史などを物語ってくれた。

しかし姪を虜にした魅力も、肝心要のお願いを慎重に訴えたとたんに打ち砕かれてしまう。フランスには財産も有力な親族もいないのです、とフロラは叔父に語りかける。それこそ祖母に助力と保護を求めてペルーまで大旅行をしてきた理由なのだ。ヴァルパライソに寄港したときに祖母の死を知って以来、希望はすべて叔父の愛情、正義感、寛大さにかかっていた。

ドン・ピオは態度を一変させた。ほんの一瞬で、愛想のよい話し好きの叔父から、頑固な商売人に変身したのだ。その言葉をフロラは逐一忠実に書き留めている。「彼はこう言った。フロリータ、仕事では私が重要視するのは法律だけで、他のいかなる理由も考慮しません。自分を公正に扱ってほしい、あなたはいま要求しましたね。どうすべきかを決めるのはあなたの持ってきた法的証書なのです。あなたが嫡出子であると書かれた洗礼書の写しを見せてくれましたが、お母上の婚姻証書は見せてくれていませんし、また戸籍謄本もあなたが私生児であることを立証しています。こうした理由で、あなたには父上の五分の一の権利しかないのです。だから私はあなたにお父上が残し、また私が管理してきた財産の勘定書を送ったのです。父上がフランスに渡るはるか前に、スペインでつくった借金を返すのにギリギリだったことがわかったでしょう。私たちの母親の相続財産に関して言えば、フロリータには何の権利もないことはご存知でしょう。あなたがどこから見てもあなたの母親と私の兄との結婚を証明する法律に適った正式な証書を提示してくれない限り、私はあなたに何もしてはやれないのです[12]」。

ドン・ピオは今後もこの姿勢をまったく変えることはないだろう。ドン・ピオが父親のように思い、崇敬の的だったという長兄への思慕に訴えても無駄だろう。私生児である限り、父方の遺産の権利は制限され、ほとんど無に近いといってもいいだろう。トリスタン家の主は何度も繰り返した。しかも拒絶するにあたり、フロラが偏狭で信心に凝り固まった女性と描写しているピオの妻ヨアキナからも強力な後押しも受けていたのである。

だが自分を愛してくれている友好的な他の親類縁者の話から、ピオの主張とは裏腹に、実際にはペルーに数百万ピアストルにも上る父の遺産があると彼女は確信した。自分に支払われて然るべき金額のわずか八分の一、五〇〇〇フランの年金しか要求していないではないか。叔父はたちどころに残額を計算し、そして憤怒の叫び声を上げた。「フロリータ、じゃあ、いったいおまえはこの問題をどう思っているんだね。二万ピアストルもあげられると思っているのですか。途方もない金額ですよ！……二万ピアストルなんて！[13]」。

そんな約束を絶対に履行してくれないことはフロラもよくわかっていた。それでも思わず我を忘れ、ピオに向かってけちで冷酷で亡き兄の思い出に対する裏切りだと非難してこう言った。「もうあなたになんか何も期待しません。今晩から私はあなたの邸を出ていくつもりです、そうすれば明日には町中の誰もが、兄の名を出せば必ず涙を流すあのドン・ホセがどれほど恩知らずかわかってくれるでしょう……[14]」。

ドン・ピオは原則的なところは一切妥協しなかったが、同時にまた自身の名声を損ないかねないスキャンダルはどんなことがあっても回避しようとする人だった。フロラは何人かの弁護士に相談したが、彼らは判決が金で買えるようなペルーで裁判を起こすこと、しかもこの地で一番の有力者を訴えるなんて無駄だし、絶対に止めるようにと口をそろえて説得した。裁判する前から彼の勝ちに決まっているのだ。そこで彼女は邸を出るのをやめ、また叔父を法廷に召喚する考えも思いとどまった。しかし叔父に宛てた怒りに震えた手紙で、フロラは最後にもう一度だけ、自分をすげなくはねつけ、どこの誰ともわからない女のように扱ったと書き、彼をきつく断罪している。

従兄弟のフォン・アルトハウスはフロラに、表向きはドン・ピオの主張を受け入れ、お世辞を並べて厚意を受けられるよう努めなさいと諭してくれた。そうしてチャンスが来たらもう一度頼んでみるといい、でも今はへりくだって、懇願するほうがよいと。誇り高い彼女にとってこんな戦略は絶対に受け入れられなかった。気が重くなりながらも、叔父と交渉を再開し、とりわけ二人の我が子のことを思い浮かべて、二五〇〇フランの年金という妥協案に同意した。

こうして金銭上の問題が解決すると、ドン・ピオはまた持っている魅力を前面に押し出し、友好的で礼儀正しい態度をとった。彼はフロラを全面的に信用し、関係する数多くの事業について必要な助言を求めようと、執務室に招いて長時間にわたって相談した。こうしてはじめの頃の友好的な関係は元に戻ったかのようにみえた。

しかし、まもなく衝撃的な事件が起こり、マリアノ・デ・トリスタンの遺産をめぐる不毛な論争を脇へ押しやった。新たな内戦がペルーで勃発したのである。首都リマでは、野心家で暴君のような夫人のフランシスカ・ズビアーガにけしかけられたガマラ将軍[1]が、選出されたばかりのオルベゴーソ大統領[2]を解任し、妻がお気に入りのペドロ・ベルムーデス[3]をかわりに就けようとしていた。両陣営は権力の座を求め、大地主の資金援助を受けた武装グループが各地に生まれた。

ヨーロッパに帰国する準備に取りかかっていたフロラの計画は内戦という災難のせいで予定が狂ってしまった。海岸に通じる道路は不穏であるどころか、危険がいっぱいだった。ドン・ピオまでも状況が落ち着くまで出発を延ばすようにと姪に助言してきた。だがフロラは滞在が延びても、少しも苛立つ素振りをみせなかった。複雑なこの陰謀の秘密を必死に解き明かそうと、出版物に目を通し、親族や友人たちに質問を浴びせた。彼女は日記にこう記している。「私はどこにいっても、人間や財産を保護する政権がいまだにできていない、スペインの影響が色濃いこの国を嘆かずにはいられなかった。……スペイン系アメリカ人が戦っているのは、主義主張のためではなく、同胞から略奪してよりたくさんの報酬ない。そのとき、過去の災禍を想い起こし、血にまみれ、略奪にあけくれる同胞を恐怖の目で見つめ直すことができるだろう」(4)。

しかし、フロラは触れていないが、両陣営には政治的見解の相違があった。アレキパで勝利したオルベゴーソ派は、メディアやアルトハウスやピオも支持者はみな確信に満ちた共和主義者であるのに対し、ガマラ派は「カウディリスモ」〔地方政治のボスによる政治体制〕と呼ばれる指導原理を掲げていた。彼女はその点に言及していない。だがそれは大した問題ではない。この内戦で民衆から金を強請り取り、自分の懐に入れた手口はどちらも同じであった。その意味では、この戦いに関するフロラの判断は的確である。彼女は内戦の中心人物たちの策略や言い逃れを透徹した目で観察した。また叔父のピオや従兄弟のアルトハウスは、フランスからきたこのみすぼらしい親戚の女性が、優れた助言者であると知ってびっくり仰天している。多額な損失を避けるためにはどちらの陣営に与すべきか、自発的にかつ遅滞なく金を誰に援助したらよいのか。フロラの見解は周囲の状況とそれぞれの指導者の批判的分析に基づいている。ドン・ピオとアルトハウスはその適切な助言に深く感謝したが、これはフロラの自尊心をいたくくすぐった。同時に、事件の凡庸な主役たちのもくろみをいとも簡単に暴き出したことに本人もいささか驚いたようだった。いっとき自分も戦いに加わり、混乱を利用し、周囲の人々と同じように権力を求め、貪欲になろうと考えたこともあった。チャンスがあれば、ドーニャ・カルメンのように、自分を出世に導いてくれそうな将校もいるのでは、と思ったりしている。野心の手助けになってくれそうな人を見つけようと、叔父宅に出入りする将校や、アルトハウス宅で言葉を交わす人間の考察に取りかかっている。

日記によれば、幾日も眠れぬ夜を過ごし、良心の呵責に耐えかねて、この計画は取りやめた。「私は良識をすべて投げすてて、権力への道に入っていこうとは思わなかった。一人になると、不安感に襲われ、必死に権力をつかんだのに、これを保つためどれだけ多くの犠牲者が出るのかわかったからだ。……喉をえぐられた敵の魂が、立ち上がり、私に向かってくる姿も目に入った。女性的感情があふれ出し、恐怖で髪は逆立ち、こうして良心の呵責に苛まれ続けた」(5)。権力への誘惑は予想以上に強かったかもしれない。後に見るように、フロラは再度その試練を受けている。彼女はその計画をどれ一つとして実行しなかった。けれど、その密かな思いを率直に吐露した箇所は、結果的には、数年後に行われる夫の裁判のときに、フロラの人物像に影を落とし、その道徳性にかなり大きな疑念を抱かせせた。

アレキパではまた、首都で活動する陣営に味方しようと、有力者のグループが結成された。彼らは親玉（カウディーリョ）のガマラに対抗して、共和制を掲げる大統領オルベゴーソを選択した。「アレキパの人がオルベゴーソを支持したのは、公益への愛ではなく、この大統領が相手側より役に立つと踏み、また権力を奪い取って財を手にするチャンスがあると認めたからで、こう結論すると、急いで彼を支持したのである」(6)。

ドミンゴ・ニエト将軍(7)がこの地方の司令官に任命された。彼は地主の息子から将校を、高い給料に誘き寄せられた貧しい百姓から兵卒を募集し、軍隊をつくろうとしていた。政治の指揮は、もと修道士で、フロラが叔父と争ったときに意見を求めたアレキパの弁護士バルディヴィアに任された。首謀者が誰であれ、自分の腕前を発揮する機会を逃さない従兄のアルトハウスがニエトの参謀長として雇われた。こうしてトリスタン家一族は権力者候補の陣営に片足を置き、そしてアルトハウスも、町の近郊に陣を敷く約二〇〇〇の部隊を維持することで、自身の親族たちから大金を搾り取られるのを防ぐことができたのである。

馬を何頭も所有していたアルトハウスが一頭を貸してくれたので、フロラは毎日軍の野営地へ散歩に連れていった。ニエトはいつもこの若いフランス人女性を歓迎してくれたが、バルディヴィア(8)は、自分たちの計画を彼女がよく思っていないことはお見通しのようだった。野営地に集まっている部隊はまったくお粗末の限りであった。凝って贅の限りを尽くした軍服を身に纏った将軍は立派な黒馬に乗っている。どんな時も修道服を着用していたバルディヴィアは、どちらかと言えば白毛のロバのほうがお好みだった。金やごてごて羽根飾りに身を包んだ多数の将校連もまた彼女の目には滑稽の極みに映った。

歩兵隊は始まったばかりの雨期をかろうじてしのげるだけの白い布のテントで寝起きしていた。戦術的に見て、野営地は敵軍の襲来に対抗するには劣悪な場所に設営されていた。騎兵隊はおそろしい混乱状態のなか、統一のとれた行動をとるべく必死に訓練を重ねていた。ところがニエトは自分を軍事的な天才と思い込み、数多くの戦争体験に支えられたアルトハウス男爵の助言をすべて威厳に満ちた態度で黙殺した。

野営地のすぐそばの一軒家に司令部は設けられたが、賭博場と化していた。カーテンで二つに仕切られた大広間は、片方は将軍と上級将校が、もう片方は下士官が占拠していた。従兄に案内され、フロラは窓越しに、大金を賭けてファロ〔親が銀行を務める古い賭けトランプ〕に興じているニエトと将校たちの姿を認めた。民衆から税金として徴収した金がテーブル上の葡萄酒やリキュールの瓶の脇に山積みにされていた。バルディヴィアは賭けトランプには加わってはいなかった。彼は部屋の中を行ったり来たり歩き回りながら、賭けに興じる男たちを憤怒に満ちた眼差しでにらみつけた。

フロラは内戦のまったく別の側面である「ラヴァナス」に関心を持った。どんな武力紛争にも必ず一緒についてまわる軍の補給組織のことで、南米で数世紀来の歴史がある。兵隊が設営するテントの奥には、インディオの従軍女性商人「ラヴァナス」が野営テントを張っていた。火の上にかけた鍋で食事を支度し、兵士たちの下着を洗濯して干したり、繕ったりしている。大勢の半裸の子どもたちが縦横無尽に走り回り、大声で叫び声をあげ、それが身振り手ぶりを交えて大声でしゃべったり歌ったりする女たちのすさまじい騒音を一層もりたてる。この女たちがいなければ、兵士らは飢え死にしてしまう。

フロラによると、ペルーでは補充兵は望むだけの女を連れているという。それも、料理女や洗濯女や愛人など四人も連れている兵士がいる。女たちは大きな集団を形成し、食料を調達して煮炊きし、さらに野営をしっかり準備するため、部隊より数時間先を進む。ラバの背にテント、鍋、幼児などを乗せ、裸足で雪に覆われた高い山々をよじ登り、一～二人の子どもをおぶったまま大河を泳いで渡ったりして、とてつもない距離を移動するのである。

女たちはいつも武器を携行し、村を見つけたら、食糧を徴発する。進んで差し出せば何の危害も加えない。しかし抵抗しようものなら、まるでライオンのように襲いかかり、勇猛果敢ぶりを発揮して常に勝利を収めてしまう。あらゆるものを略奪し、踏み荒らし、住居を焼き払い、ぶんどった品々を野営地に持ち帰り、仲間同士で分け合うのである。この女たちは成し遂げた仕事や奪った食糧に決して対価は求めない。報奨として手にするのは、何の咎めも受けず自由に盗みができることである。危険と苦難に満ちたその生活を知れば、インディオがどれほど悲惨な境遇を強いられているか推し量れる。

しかし、南米大陸に生きるこうした気丈な母親たちに、フロラはまったく別の視点で、女性の優位性をとらえた。「ラヴァナス」の大胆不敵さと強烈なエネルギーに女性の優越性を認めたのである。「民衆がまだ未成熟の国にあって、女性の優越性を示すこれ以上にはっきりした証拠はない。もし両性に同等の教育が与えられれば、進歩した文明国でも、これと同じことが起きるに違いない。実験でそれが証明されることを信じている(9)」。

ニエトの集めた部隊は三か月以上もの間、アレキパ地方にガマラの権力を押し付けようとする、リマからやってきたサン・ロマン将軍(10)の部隊を待ち構えていた。両陣営の前衛部隊間に生じた小競り合いにまだ何の決着もついておらず、町の有力者らは暴行から身を守ろうと、修道院や僧院や教会などに避難した。

身の安全よりも、日記のための情報収集を優先していたフロラは、真っ先にピオの邸に戻った。トリスタン宅の屋上テラスに陣取り、ニエト軍決戦後の潰走する様子を目撃する。「嵐のように大規模で悲惨な情景が目に入った。私は一八三〇年の七月革命を経験したが、当時は民衆のヒロイズムに鼓舞され、危険も顧みなかった。ところがアレキパで私の見たものは、今にも町に迫ろうとしている数々の災難だけだった(11)」。

山の頂に、ニエト軍の先陣である騎兵部隊が敗走していくのが見えた。彼らは馬に鞭を当て、谷間に向かって死に物狂いに駆けていた。その後には、ラバやロバの背にまたがった、各地の村で徴用された百姓が、さらに銃や軍装を投げ捨てた裸足の兵卒が続いた。しんがりは、幼子を背にくくりつけ、角のある家畜や羊の群れと、テントを積んだ雄ラバを追い立てる「ラヴァナス」だった。軍隊の移動に従う酒保の女〔カンティニエール〕が通ってから一時間後、まだ歩くことのできる負傷者がのろのろとした足取りでやってくる。沿道は、この哀れな行列のなかに肉親や仲間の姿を見つけて涙ぐむ住民で溢れた。

従兄のアルトハウスが疲れきった馬にまたがってトリスタン邸の中庭に飛び込んできた。普段はエレガントで見だしなみのよいこの将校も、今は別人のような有様だった。体中泥と血にまみれていた。顔は腫れて、目が充血していた。皮膚は擦り切れ、いたるところに打撲傷を負い、両手は火薬で真っ黒になり、言葉も聞きとれないくらいかすれていた。

フロラは目に涙をためて言った。「なんてことでしょう！　いくら戦争がひどいといっても、こんな姿のあなたを見るなんて想像もしませんでしたよ。昨日からいろいろ経験したけれど、兵士がこれほどひどい目に遭うなんて酷すぎるわ(12)」。

アルトハウス参謀長は、ニエトの命令で、大砲を使用できなくするため一息入れただけだった。彼はフロラに、家にある身の回りの品々をまとめ、脱出路に運ぶように頼んだ。「私は急いでアルトハウス宅に走った。殴りつけなければ命令に従わないほど怖気づいた黒人奴隷の手を借り、ベッドや身の回りの品々が詰まった大型トランクをラバの背に積み込んだ。私のサンバ(13)は、叔父ピオの黒人奴隷を連れて、アルトハウスの脱出がスムースにできるようにと、ラバといやがる黒人奴隷を先頭にして進んだ(14)」。事実をありのまま描写しているこの場面は、フロラが奴隷所有者と同じ言葉で黒人奴隷について語った唯一の場面である。五年後の裁判では、フロラの進歩主義者としての信念が疑わしい証拠として、何人もがこの箇所を引き合いに出して非難を浴びせた。

サン・ロマンの部隊がアレキパに着いたのはわずか二日後のことである。町はまるで無人の砂漠だった。どの家の扉も窓もしっかりと塞がれていた。避難所と化した教会や修道院から出ていく住民など一人もいなかった。敵軍の将校たちがこの地方で一番の金持ちであるドン・ピオとの会見を望んできたとき、ピオの家で目にしたのはフロラだけだった。彼女は信頼を寄せていた若いサンバと一緒に、日々の出来事を日記にしっかりと書きとめておこうと家に戻ってきていたからである。このサンバは彼女にこう言ってくれた。「お嬢様、何も心配することはありません、もし兵卒や「ラヴァナス」が略奪にきたら、私も同じインディオで、言葉も同じですから、こう言ってやりますよ。ご主人様はスペイン人ではありません、フランス人です。だから危害は決して加えないでください、と。そうすれば、ぜったい危害など加えたりしないでしょう。彼らが攻撃するのは敵だけですから(15)」。

この女奴隷が主人のために交渉する必要はなかった。勝利を得た部隊の将校たちはみな礼儀正しく育ちもよい人であることが判明したからである。彼らは戦闘の最中に死亡したサン・ロマンの後任である指揮官エスクデロと、町の有力者ドン・ピオの面会を望んでいた。戦勝者の要求は住宅の開放、負傷者の治療、食料の供給だけだった。

フロラは従兄の司教が暮らす大聖堂の内部に身を隠していた叔父に自宅に戻るよう説得した。新しい支配者の要求は法外なものではなかった。ピオは醵金を申し出、さらに親族一同にも足並みをそろえるように勧めた。そして、アレキパでもよく知られ人望も厚いエスクデロと数回にわたって友好的な会談をした。大佐はピオにサン・ロマン亡き後、代わりにガマラ軍の総司令官を引き受けてほしいとまで言ってくれたが、彼はきっぱりと断わっている。フロラには叔父の考えが理解できなかった。「叔父様、こうした困難な危機にあるときこそ、あなたのような人物が才能や経験で援助の手を差し延べるべきではないでしょうか」。叔父は戦術上の策略から出た教訓を示してこう述べている。「フロリータ、あなたが政治家でなくて本当に幸運です、献身は必ず身の破滅になるからです。あの無知な輩たちに奉仕してやろうなんて馬鹿げた話で、彼らを窮地と困難に陥れてやるのが一番です。そうなればなるほど、私が必要になるのです。そうして、彼らが私に懇願し、哀願しにきたら、そのときこそ私の条件を突きつけてやるのです。私は叔父をじっと見つめ、こう言う以外になかった。哀れなペルー人よ、と」。[16]

ドン・ピオは抜かりのない策略を首尾良く成功裏に導いていく。幾度か危機にあいながらも、一八三四年にはアレキパの地方総督に選ばれている。それは海軍省と外務省で昇進する一ステップに過ぎない。死の間際には、北部ペルーの大統領にまでなっているのだから。

ガマラの上級将校たちはアレキパの名士宅で毎日夕食をとった。みな教養豊かでお喋り上手な人々だったが、特に才気煥発で豊かな想像力を備え、陽気な性格のエスクデロがフロラの目に止まった。中背で地中海人の典型ともいうべき三三歳の彼は、この国の紛れもない女帝セニョーラ・ガマラの友であり、親密な助言者だった。ひと財産こしらえようと、スペインからラテンアメリカにやってきた人物であった。リマでの政治的派閥闘争に加わった彼は、軍人、ジャーナリスト、商人などを、ときには兼業したり渡り歩いたりした。彼には大いなる前途が約束されていた。

出会った最初の日からフロラと意気投合したエスクデロ大佐は、毎日欠かさずといっていいくらい新しくできた女友達に会いに来た。自分たちの陣営の秘密をたくさん打ち明けてくれたので、フロラは、彼が絶対的な支配権をふるう女帝の強いる枷にほとほとうんざりし、今はひたすらそこから逃れる口実を探し求めているのだとはっきりと感じとった。「女大統領」ガマラに倣い、大佐はフロラの跳躍を導く将校になるのか。「この男と一緒なら、不可能なことなど何もないように思えた。彼の妻になれば、私はとても幸せになれただろう。互いの政治的立場で苦しむことがあっても、彼はきっとサラマンカの学生時代と同じくらい自由闊達な精神で私のためにロマンスを歌い、ギターを弾いてくれるだろう。……優しい眼差しと憂いを含んだ微笑は私の心を捕えて離さず、高雅さと詩的雰囲気をまとっていた(17)」。彼女が恋におちてしまったのは間違いなく、当時のロマンチックな理想的男性像をあまねく体現したこの魅力的な男性から解放されるには、全精力を振り絞らなければならなかっただろう。なぜ彼女は恋の情熱に身を委ねなかったのか。それは叔父を含め権力の座にある人たちを遠ざけるため、必ず犯す犯罪的行為へのためらいがあったからである。また既婚の件やフランスに残してきた子どものことも含めて、過去をカバンに入れたまま、ペルーで政治家の道を選ぶのは不安だったはずだ。

フロラは悪天候の季節に航海するのを避けるため、フランスへの出発を早めなければならないと親族に伝えた。叔父ピオ夫妻は口では出立を悲しんではいるが、本心では、遺産の横取りに無言の非難を浴びせるこの煩わしい姪を厄介払いできて喜んでいることなどよくわかっていた。ピオはもったいぶった態度で年二五〇〇フランの終身年金を送ってあげると約束し、ボルドーの代理人ベルテラ宛てにその旨をしたためた手紙を渡してくれた。

フロラはヨーロッパに向かう多くの帆船が寄港するリマに行くため、イズライで船に乗ろうと考えた。海岸沿いの復路は、苦痛と危険に満ちた一年前の旅とは似ても似つかぬものだった。馬に乗って峡谷をぬうのさえ今度は楽しい山歩きとなった。仕事のため首都に行かなければならないイギリス人商人のスミス氏が同行を申し出てくれた。彼は高山でもどこでも、休憩を楽しい娯楽の場にしてしまう腕のいい経験豊かなチリ人の従僕を伴っていた。叔父は信頼できる部下を一人リマまで同行させてくれた。さらに、この小隊はならず者や「ラヴァナス」からも守られていた。道中で不意打ちをくらわないよう、中尉一人と竜騎兵二人を寄こしてくれたからである。

イズライでは、連絡済みのイタリア人船長が二人を待っていた。首都のカラオ港までは二四時間少々かかった。船が接岸するより先に、壮麗なアンデス山脈を背に、丘の上に建つリマの町が目に入ってきた。印象的な教会の鐘楼をいただき、庭園やオレンジやバナナのプランテーションに取り囲まれたこの町は、小道に沿って植えられた高いヤシの木々やとこしえの春という理想的な気候とともに、雄大で夢のように美しい光景をみせていた。しかし、実際には、リマはこのようなイメージとぴったり一致した町ではないことに気づくだろう。にもかかわらず、フロラはリマで過ごした二か月間について、「人生のうちで、悩みも苦しみもなかった唯一の時だった(18)」と書いている。

リマの女たち

それは数頭の馬に牽引され、カラオからリマまで二時間で乗客を運ぶ馬車だった。ボルドーを一年以上前に発ってから、フロラは馬車の旅をしたことがなく、貧弱な駅馬車でも、これから文明社会へ帰還する象徴のように感じられた。港から半時間も進むと左手に、ヨーロッパ人の征服者が到着する前の、インディオの壮大な廃墟が見えてきた。「スペイン人がこの国を征服したとき、町はすでに廃墟で、その痕跡すらなかった。町とその破壊の原因を知ることができる手段は、インディオの伝承しかないだろう。しかし、この民衆の歴史を知れば、今日まで統治者が彼らの歴史研究に少しも関心を払わなかったことがわかる(1)」とフロラは記している。以来、フロラの好奇心をかきたてたこれらの廃墟に少しずつ調査の手が入った。ペルーの古代文明の最も古い時代の遺跡である。五世紀から八世紀にかけて、インカ族に支配されていたケチュア族が、現在のペルー北部に侵入すると、かつて征服されたチャラコス族の進んだ文明の証であるマランジュやボカネーグルなど巨大な城塞を打ち壊してしまったに違いない(2)。

旅人が町に入る門には、独立戦争中に切り裂かれた歴代スペイン国王の紋章の残骸が今もこれ見よがしに掲げられていた。リマは遠くで見たときほど壮麗には感じられない。家々の正面も貧弱に思えたし、窓には窓ガラスではなく鉄格子がはまっていた。町の中心部でさえ歩行者も馬に乗った人も馬車もほとんどいなかった。

馬車は一軒の立派な外観の建物の前で止まった。帆船レオニダス号の友人たちが強く勧めてくれたフランス風のホテルであった。所有者の大柄で太ったドニュエル夫人は来客を愛想よく迎えてくれた。シャブリエとダヴィドの二人から耳にしていた情報から、夫人はフロラをわが家に迎えることができて本当に嬉しそうだった。同胞を歓迎しようと、客間にはリマ在住のフランス人のほぼ全員が集まっていた。その数十人以上のフランス人が彼女を温かく迎え入れ、彼女の語るアレキパの内戦の模様に食い入るように耳を傾けていた。

夜、アヤクチョ地方の支配者の叔父ドミンゴ・デ・トリスタン卿の妻である叔母マヌエラが、フランス人の姪の姿を一目見ようとホテルにやってきた。フロラはマヌエラの輝くばかりの美貌についてかねてから耳にしてはいたが、現実はそうした噂をはるかに超えていた。端正で古典的な顔立ちと惚れ惚れするような胸をし、白く繊細でなめらかな肌で、栗色の濃い絹のようにきらきらと輝く髪の毛が両肩に落ちかかっていた。いささかぽっちゃりしていたけれど、背はすらりと高く、女王のように堂々としていた。称賛の気持ちでいっぱいだったフロラは、名高いパリの仕立屋から手に入れたに違いない叔母のエレガントな服装を実に詳細に描写している。カラフルな薔薇の刺繍のついた小さなボタンが散りばめられている、胸も露わな白いモスリンのドレスで、サテンで裏打ちされた青いビロードの大きなコートが両肩から下に落ち、その目は黒いヴェールの奥に隠れている。耳からは長いイヤリングが垂れ下がり、真珠のネックレスが首を飾り、半貴石のはめ込まれた金のブレスレットは両腕のえも言われぬ曲線を引き立たせていた。フロラによれば、この美貌、完璧といってもいいほどのこの優美さには素晴しい知性と駆け引きの才が認められたが、同時にまた他人への冷淡さと無関心ぶりも伴っていた。じっさいこの二人の女性が心を許す友になることはないだろう。

マヌエラは南米人特有の陽気な態度で姪を迎えてくれた。アレキパの親族から受け取った手紙で、民衆の置かれた社会的状況へのフロラの飽くなき探求心を心得ていたから、リマの状況を何から何まで教えてあげようと言ってくれた。もちろんマヌエラはフロラに広い屋敷に泊まっていってはと勧めてくれたが、フロラはその申し出を丁重に断わっている。フロラは少したってドヌエル夫人から、マヌエラの夫は常時アヤクチョに住んでいて、彼女はもう何年も前から南米人の愛人を囲い、女友達や知人の付き合いを用心深く避けていることを聞いた。自分の考えが間違っていなかったと知り、すっかり満足した。フロラは叔母と揉め事を望んでおらず、また叔父の家での生活に順応するのに何か月もかかったため、今度こそ何があっても自立したいと思って、ホテル住まいにした。

しかし、フロラは叔母のもとを離れ、財布の中味を計算してみると、約二か月後に次のヨーロッパ行の船が出発するまでのホテル代に約二〇〇ピアストル足りないと気づいた。マヌエラの好意を辞退したことが悔やまれた。ドン・ピオは四〇〇ピアストルの信用状をくれたが、それは乗船の一日前に支払われる約束で、もっぱら船賃に充てるお金であった。リマで七週間過ごすには、少なくとも二〇〇ピアストル必要だったが、手元にはわずか二〇ピアストルしかなかった。手持ちの衣装一式はささやかなものだったが、それでもペルーの女性から見れば、疑いもなくモードの中心地と認められたパリ渡来の服やフィッシュ〔レースなどの三角形のスカーフ〕であった。そこで彼女は持っている装飾品を一つ一つ計算し、総計いくらになるのか見積もった。すると、ホテル代には十分すぎるほどのお金になるとわかった。こうしてリマ滞在の不安はなくなった。

フロラは何の心配もなく、マヌエラをお伴にしょっちゅう町を見学し、上流階層とも交際するようになった。叔母の美貌、トリスタン家の名声、フランス人という国籍から、どこへ行っても歓待された。マヌエラのサロンでは、共和国の新大統領オルベゴーソと知己になった。取り巻きの将校連はもちろん、オルベゴーソも取るに足りない無価値な人間とみなした。彼女によれば、策士と噂の高い司祭ルナ・ピザロにもそれは当てはまった。彼がオルベゴーソ派になびいたのは、内戦に乗じ、トリスタン家の掌中にあるアレキパの司祭職を自分に任せてもらいたいという一念からだった。マヌエラ宅ではまた、ペルー政府に仕える軍事顧問だったイギリス人のミラー将軍とフランス人のソワーニュ大佐とも顔をあわせている。

一番圧倒されたのは、総督の宮殿と市庁舎近くのアルメス広場に面した大聖堂だった。彼女は聖堂内部の造作、巨大な祭壇を取り囲む純銀製の手すり、優雅な二棟の鐘楼、純バロック様式のファサードなどを事細かに描写している。中央に見事な噴水がある広場は四六時中活気に満ち溢れていた。水運搬人や、アイスクリーム、果物、お菓子などを売り歩く行商人がせわしなく立ち働き、旅廻り芸人が芝居や踊りで観客を楽しませていた。

訪れたエンカルナシオン修道院は汚れて手入れも不十分で、修道女の瞑想所というより安ホテルに近かった。修道女は賄い付きの滞在者も受け入れ、フロラはこの修道院で、夫が商売で中米に旅に出ている間ここで暮らしている、五歳の娘を連れた二六歳の年若いフランス人女性と知り合った。修道院では、町全体とその近郊が見渡せる高い鐘楼だけがフロラの関心を引いた。眺望は壮観だった。近くには二つの城塞と小さなサン・ロレンゾ島のあるカラオ港が、はるか彼方には雪に覆われたアンデスと太平洋が見わたせた。町自体の景観はさほど目立たなかった。何の装飾もない灰色の土壁の家々は、村の掘っ立て小屋そっくりだった。反対に、修道院やたくさんの壮麗な教会は立派な石造りで、思わずはっとさせられる崇高さと、風雪にも負けぬ堅牢さを備えていた。「国民のなかにもこうした不均衡はあるはずだ。いずれ庶民の住居がいまよりずっと立派になり、宗教施設が豪奢な建物でなくなる時代が必ずくると本能的に感じた」(3)。

リマには劇場が一つあるが、当時は中世スペインの詩人ロペス・デ・アヤラの戯曲や、翻訳でねじ曲げられたフランスの軽演劇を演じる下手な劇団があるだけだった。ホールは小ぶりだがなかなか美しかった。

一方、闘牛場は途轍もなく巨大だった。どの興行にも五〇〇〇人以上の観客が見物にきていた。ボックス席を所有する叔母に懇願され、フロラはしぶしぶ出かけた。だが、闘牛士が勇敢に立ち向かう前に、棒に柄のついた鎌で武装した男たちが牛のくるぶしを切断して、牛の体にパンデリーリャ〔闘牛で牛の首や肩に突き刺す飾りのついた槍〕を突き刺し、それを幾度も繰り返した挙句、まるで肉屋の見習小僧のようにその場で殺してしまう情景を、怒りを露にして描写している。くるぶしを切断された闘牛が血の海にばったりと横倒しになっているかと思えば、牛の角でざっくりと腹を切り裂かれた馬が腸を引きずりながら砂の上を歩いている光景に拍手を送る観客を見たフロラは、怒りに身を震わせ闘牛場を出ていってしまった。マヌエラは姪のか弱い感受性がまったくわからなかった。これから一番面白い場面が始まるというのに、どうして闘牛場を出ていってしまうのかと。

また、かつて異端審問だった牢獄も訪れている。陰鬱なその巨大な建物は数年前に博物館になった。ペルーが独立するまでは、さまざまな拷問部屋、狭い独房、地下牢、高い天井の薄暗い法廷などがあり、異端審問の役目を十分に果たしていた。「そこに足を踏み入れたとき、私は無意識のうちにある恐怖感を覚えた」(4)とフロラは書いている。

今はもうその壮大な建物は、博物館用の部屋とスペイン人渡来以前の過去の時代のコレクションが置かれているだけだった。展示物はささやかなものだった。四体のインカ人のミイラ、数羽の小鳥の剝製、貝殻と鉱石のサンプルなどである。なかでも特にフロラの目に止まったものは、装飾の施された不思議な形をした、コロンブスの大陸発見以前に民衆が使っていた大きな壺のセットだった。フランスで暮らしたことのある教養人の博物館の館長ドン・リヴェロは、共和国の国家予算はこの組織を維持する資金に一銭も出そうとしないと嘆いた。

フロラは徴収された税金が何に使われているか知ろうと、コングレと呼ばれる国会を数度見物した。古い議事堂が狭くなりすぎたため、一〇年前から上院議員は新しい議事堂の建築案を何度も提案してきた。しかし、国の予算はいつも陸軍省に吸い取られ、有益な事業に充てられるのは極めて限られていた。フロラは美しいスペイン語を鮮やかに操る議員たちの雄弁に強い印象を受けている。しかし、献身と愛国心に満ち溢れた彼らの仰々しい演説は中味にそぐわなかった。「誰も自分の懐のことしか頭になかった。……この議会にあるのは、国家の資産をどうやって自分のものにできるか、絶え間のない陰謀だけだった。どの人間も、頭の奥にはこの目的が隠されていた。美徳が演説を鮮やかに彩ってはいるものの、現実の行為には、卑しいエゴイズムが現れていた」(5)。

フロラは国会の審議を見物するたびに、見学者用のバルコニー席で新聞を読み、政治についてあれこれ喋っている多くの女性を目にした。女性は全員リマでしか見られない伝統的な「サヤ」を身にまとっていた。リマの女性の風俗習慣、また女性の自立に大きな影響を与えているこの独特な服装について、フロラは詳細に記録している。「サヤ」の特徴は、顔全体を覆うヴェールにあり、これをはおるとどこの誰かわからなくなってしまう。これに身をつつみ、こっそり恋人と逢いに行く女性をタパーダ(ヴェールの女)と呼ぶ。

フロラはこの「サヤ」を手放しといっていいくらい褒めているが、リマの女性が着ているサヤをペルーの首都での最も重要な発見とみなした科学者の客観的な証言がなければ、いささか誇張のし過ぎではないかと思うかもしれない。それはフロラ・トリスタンに遅れること一年、壮大な踏査探検の途中、リマで休憩したチャールズ・ダーウィン(6)である。一八三五年七月二九日、彼は日記にこう記している。「リマでは旅行者の話題に上るものが二つあった。貴婦人または「タパーダ」――ストールもしくはマンティーラ〔スペイン女性が頭にかぶる絹またはレースの黒いスカーフ〕で身を包んだ女性――と、チェリモヤ〔熱帯アメリカ産のバンレイシ科の果樹、花は黄または茶色で香りがよい〕と呼ばれる果物である。チェリモヤはえもいわれぬほど美味しい果物で、タパーダもこれと並んで美しい衣装だった。細いスカートは体にぴったりまとわりつくから、小股で歩かなければならず、言葉にならぬほど優美な身振りもそこから生まれる。こうすると白い絹のストッキングと美しい足はむき出しになってしまう。腰はしっかりと締め、頭は黒い絹のヴェールで覆っている。顔の前でこれをしっかりと摑んでいるから、片方の目しか見えない。だが、その目は黒くきらきらと輝き、驚くほどの表現力を備えている。その余りの変身ぶりに、まるでセイレン〔半人半魚の海の精で、その美声に魅せられた水夫たちは命を落としたといわれる〕や未知の動物に出くわしたと思うくらいびっくりした。実際、リマの教会や建物を見るより、彼女たちの姿に見惚れるほうがはるかに有益だろう」。この科学者は果実のチェリモヤに関しては、サヤを着た女性ほど詳しく触れていない。「それはとても美味しく大きな果物である(7)」と報告しているだけである。

「サヤ」は、スカートと「マント」と呼ばれる肩、腕、顔を覆う一種の袋状のものでできている、とフロラは的確に説明する。通常サヤを一着作るには一五〜一八メートルのサテンが必要である。上から下まで全体に、縫い目がわからないくらい規則正しく、小さなプリーツが入っている。上流社会の女性は黒いサテンの服を着る。ときには、縞入の紫色、栗色、緑、濃紺なども選ぶが、娼婦の好む明るい色は決して選ばない。上半身をすっぽり覆い、片目しか出さない「マント」は常に黒である。「サヤを着たリマの女性は自由で、自立した生活を思いのまま楽しんでいる。どんな女性も、思うまま自由に行動し、体から自然に湧き上る欲求に安心して身を任せている。どんな状況に置かれようと、リマの女性は常に自己を失わない。他人からの強制に決して耐え忍んだりしない。娘の頃は、服装のもたらす自由によって、両親の支配を逃れることができる。結婚しても、夫の姓を名乗らず、自分の姓をそのまま使い、また家庭にあってはつねに一家の主である。家事にうんざりすれば、サヤを着、男のように帽子をかぶり、男と同じ自主独立の行動力を発揮して家から外にでていく。……彼女たちは娯楽やお祭りが何よりも好きで、また人の集まりを求め、大金を賭けて遊び、煙草を吸い、イギリス流でなく、男のように幅広のズボンをはいて乗馬を楽しむ。海水浴にも熱中し、泳ぎもとても上手である。娯楽についていえば、ギターを弾き、唄は下手だが（なかには上手な人もいる）、踊りは言葉で表現できないくらい魅力たっぷりに踊ってみせる」(8)。

フロラが作中で描いているリマの女性の牧歌的で称賛に溢れた姿は、明らかに彼女が知りあった上流社会の女性たちそのものである。だがペルーには、そうした女性ばかりでなく、多くの庶民やインディオ、アフリカから運ばれてきた黒人労働者もいた。少数の女性が優雅で自立した生活ができたのは、こうした女性たちが生産する富があったからである。マヌエラの周りの貴婦人たちの自由奔放な生活を手放しで礼賛しているとはいえ、フロラは、「サヤ」も着ず、一切の自由を奪われて生きるペルー女性の生活が目に入らぬほど盲目ではなかった。フロラはヨーロッパに戻る直前、プライア港のほかにも、再度奴隷制の地獄を考察し、胸をうつような記述を残している。

アレキパの元地方長官だったラヴァジェ氏が所有する、ヴィラ・ラヴァジェというその地方で最大の製糖工場を訪れている。それは七〇〇人の成人の黒人と二〇〇人の少年奴隷を使っている巨大な建物だった。ドン・ラヴァジェは教養もあり、もてなし好きの人物で、綺麗な公園でも案内するように、工場を見せた。水力でサトウキビを押し潰す四台の水車があった。水を工場に導く水路の建設には大金を使ったに違いない。大釜で砂糖が煮つめられ、精製タンクの砂糖から糖蜜が滴り落ちている。ドン・ラヴァジェはこの全装置を据え付けるための技術上の創意工夫を誇示し、さらに多くの改良点についても卓抜な考えを持っていた。だが今は、黒人奴隷売買に反対するヨーロッパ列強の協定が効力を発揮し始め、それに代わる労働者の確保が困難になっていた。「奴隷の不足は全製糖工場の破産を招くだろう」とドン・ラヴァジェは嘆いている。「我々はすでに奴隷を多数失っており、黒人の子どもの四分の三は一二歳になるまでに死亡している。かつて私の工場には一五〇〇人の黒人がいたが、今ではもう、ごらんのとおりあの弱々しい子どもを含めても、九〇〇人しかいないのです(9)」。

フロラは地主と懸命に議論を交わした。奴隷の労働より自由な人間の労働のほうが質に優ると語った。鎖に繋がれた労働者は自分の腕でつくった製品に関心など持たないものだ。黒人の長時間労働を半分に減らし、巨額な稼ぎの半分を放棄するのが、工場主にとって良識的な方策といえないだろうか。黒人は空いた時間に、自分の消費する食料を生産できるし、そうなれば過酷な境遇も緩和されるからである。

ドン・ラヴァジェはこのような人道主義的な考えにまったく心を動かされなかった。「ねえ、あなたは黒人をフランスの博愛主義者と同じように語りますね。でも、残念ながら、黒人を動かすには鞭より他に手段がないのは明白ですよ。……我々宣教師が集めたインディオにすこしばかり土地を耕作させることができたのも、体罰という手段を使ったからです。黒人にも同じことが言えますよ(10)」。

フロラはこう答えている。「もしそうなら、正直に言って、製糖業など破産したほうがいいし、また私の願いもほどなくかなえられるでしょう。数年もすれば、甜菜がサトウキビに取って代わる時代がくるでしょう。……甜菜糖はあなた方の製造する砂糖と同じくらい優れているし、おまけに、それは植民地の砂糖の価格を下げるという最高の利点があるのです。確信していますが、こうした状況があってこそ、黒人奴隷の運命の改善と奴隷制の廃止が生まれるのです(11)」と。

地主と一緒に黒人奴隷の働く納屋を通りかかると、お告げの鐘がなった。全員仕事を止め、まるで地面にひれ伏すかのように跪いた。フロラはなかの数人と話をしようとしたが、冷淡で無関心な仕草で、「はい」と「いいえ」という二つの答えしか返ってこなかった。フロラは奴隷を使う工場なら無くてはならない「監獄」をどうしても見たいと頼んだ。「二人の奴隷女が閉じ込められている独房に入った。彼女たちは授乳を止めて子どもを死なせてしまったのだ。二人とも裸同然の姿で片隅に縮こまっていた。一人は生のトウモロコシを食べていた。若くてとても綺麗なもう一人は大きな瞳を私に向けた。その視線はこう訴えかけているようだった。「子どもはあなたのように自由の身になれないとわかっているから、死なせたのです。奴隷の身であるよりも死んだほうが幸せだと思ったのです！」。私の胸は痛んだ。このように黒い肌の下に気高く誇り高い魂を持つ人に出会うことができるのだ。黒人は生まれついての自立した生活から、突如として奴隷の身分に落ちたのであり、そのなかには、責苦に耐え、抑圧に屈することなく死んでいった不屈の魂の持ち主もいたのである(12)」。

フロラのリマの滞在はこうして過ぎていった。思考の幅を大きく拡げ、社会的・政治的状況を新たに発見させた一年以上にわたるこの国での滞在は終わった。一八三四年七月一五日、彼女はカラオ港でイギリスの帆船ウィリアム・ラシュトン号に乗船する。ヨーロッパへの帰路は南米への往路よりはるかに困難だった。「私は大洋の真ん中でたったひとり投げ出され途方に暮れていた！　病気がちで、いつも恐ろしい死の危険に晒され、……あの野卑な船員たちの嘲りの的になり、気分はいらいらしっぱなしだった。ひと言で言うなら、女性が体験するなかで最もひどい目に遭ったのだ！(13)」。

フロラがこの新たな大西洋横断の旅について語るのは、ようやく一〇年後の、フランス横断講演の旅について記した日記のなかである。彼女はこの何週間かを生涯で一番つらい時期の一つと言っている。

パリで最初の成功

一八三五年初頭、フロラは大好きな町パリに戻った。彼女は八歳になった娘アリーヌをアングレームに引き取りに行った。二人は最初シャバネ通り、次いでシェルシュ・ミディ通り、最後にバック通りというように、セーヌ左岸の質素だが立地のよいアパルトマンで一緒に暮らすことになる。けれども、パリ市の古い文献のどこにも、二人が転々と移り住んだアパルトマンの跡は見当たらない。フロラは住居を警察に届けていなかったからである。夫に見つからないように、弁護士で友人でもあったデュクロが、フロラの借りたアパルトマンの名義を全部グラディスにしていたからである。フロラは、法の保証する権利を行使すべく、いつ姿を現すかもしれぬシャザルから絶えず身を隠していなければならなかった。借金取りから逃れる長い逃亡生活の末に身柄を拘束され、パリのサント・ペラジー監獄に収監された後、シャザルは首都に戻ってきていた。彼は少なくとも二年前にボルドーで乗船してから姿を見失っていたフロラを見つけ出し、手元に置こうと思い、前にも増して執拗に付きまとうことになる。

今はまだ妻の逃亡先を知らない。フロラにとってこの時期こそ、ペルー旅行の疲労からゆっくり体力を回復する安らかな日々であった。彼女には叔父ピオがくれた年金の一部の数千フランの前払い金があった。ぎりぎりの貧乏暮らしをくぐり抜けてきたフロラにとって、その金は豪勢な暮らしを保証してくれる金額といってもいい過ぎではない。彼女はすぐさま何年来の夢であった活動を開始する。執筆することだ。一冊の本を書き上げるため、航海の間メキシカン号上で丹念に書き留めた日記の控えや、アレキパやリマでの冒険的行動に関するノートに手を加えた。彼女は二年間にわたりこの仕事に専念している。これが彼女の作家としての出発点になる。

同じころフロラは三〇頁あまりの小冊子を書き、後にその冊子に『見知らぬ女性を歓待する必要性について』という題名をつけている。女性の権利に関するエッセイであるが、そこで示されている明晰な見解でひと際抜きん出た作品といってよい。彼女はそのなかで、長期にわたる旅行の体験をいくつか語り、一人で旅する女性が受ける嫌がらせや試練から身を守るための宿泊施設の設立を提案している。これらの宿泊施設は公の寄付金で運営しなければならない。この実践的な提案に加えて、女性の平等を求める組織的な運動の必要性に関する構想の素案も提示した。いまだに劣等な人間とみなされている女性は一つに団結しなければならない。どんな時代であれ抑圧された人間はすべて、団結の力によってのみ生き延びてきたことは、歴史がはっきりと証明している。フロラは支えてくれる人間など一人もおらず、財力もない、一人ぼっちの孤独な女性の置かれた立場を、あたかも終わりのない地獄のように描いた。そして、サン＝シモンを受け継ぎ、分断され悩み苦しむ現実社会に平和と愛を取り戻すという神聖な職務を担うのは女性以外にないと、アンファンタンとバザールがモンシニ通りの集会場でなんども語った思想を繰り返している。最後に、「人類愛の名において」自身をインターナショナリストだと宣言した。「私たちは唯一つの家族をつくり上げなければならない。イギリス人、イタリア人、フランス人という前に、人間ではなかったか[1]」。

このパンフレットの主要な概念がサン＝シモンやその後継者たちの学説の受け売りだとしても、フロラは未来社会に到達するための道筋を考えない甘美な夢想家とは一線を画そうとしていた。「私たちの時代はあまりに一般化し過ぎるのが欠点だ。このやり方では実現の手段が見失われてしまうだろう。完璧ではあっても、二世紀後にしか実現できないような社会体制を夢想しているのだから。本書の目的は、あるべき社会を描いて輝かしいユートピアを示すのでなく、普遍的なエデンの園に到る道筋を明らかにすることである。私たちは段階的な改善策を望み、それを基にして、人類が受ける不幸の一部を考察しているのである[2]」。

フロラはこの最初の小冊子をパレ・ロワイヤルの本屋のデローネー書店から自費で出版した。評判をよんだこの小冊子は、あっという間に書架からなくなってしまった。編集者と出版社は、検閲官の要求する節度を守りながら、知識人や芸術家に広くいき渡っていた斬新な思想を、検閲官の要求の範囲内で説得力をもって表現できるこの新人作家に注目した。以降フロラの論文は著名な雑誌に次々と掲載されるようになる。その雑誌のほぼすべては、ジャーナリズムの偉大なオーナーであるエミール・ド・ジラルダンの支配下にあった[3]。

有名な将軍の私生児で、偽名を使う三〇歳になるかならずのこの作家兼ジャーナリストは、家族の支えもなく生きている私生児たちの惨めな運命——それはまさしく自身の運命でもあった——を描いた作品の出版で有名になっていた。それがまたフロラと近しくなった理由かもしれない。いずれにせよ、『ヴォルール』『ルヴュ・ド・パリ』『アルチスト』『ジュルナル・デ・デバ』など、彼が経営し、支配下に置いていた新聞の学芸欄を彼女のために進んで開放してやっている。当時のフランスの最大の日刊紙『ラ・プレス』のほか、その他多くの機関紙も彼の傘下にあった。彼は配下の新聞に著名な詩人や作家の作品を続き物として載せた。拡大するその出版グループは多くの著作家を必要とし、常に新しい才能の持ち主を探し求めていた。

エミール・ド・ジラルダンは一八三一年、パリの浪慢派の作家の女神となる若き女流詩人デルフィーヌ・ゲー(4)と結婚した。彼女はそのサロンに、オノレ・ド・バルザック、ウージェーヌ・シュー(5)、アレクサンドル・デュマ、ヴィクトル・ユゴー、ジュール・ジャナン(6)など、夫の文学上の協力者を招いている。間もなくこの評判のサークルに、フロラ・トリスタンも才気煥発で魅力溢れる女性としてだけでなく、尊敬に値する作家として迎えられた。彼女が論文で表現した思想、同時代の因習への果敢な論戦は、大きなショックを受ける人もいたかもしれないが、大きな関心を持った人もいたに違いない（そのうち何人かはジラルダン夫人のサロンですでに名をはせていた）。

フロラは『アルチスト』紙に掲載された論文で、造形芸術に関する持論を展開した。彼女は当時ごくわずかな人しか認めていなかった芸術の社会的、経済的、文化的重要性を訴えている。「芸術作品を時代の不可欠で貴重な証言とみなさなければならない」と。重要なのは作品の内容であり、芸術家の技量だけではない。「芸術のための芸術をつくるのは、作者や作品から切り離されることになる」。彼女によれば、芸術とは「民衆の知的進歩の反映」である。付け加えてこう述べている。「芸術家の功績はその想像力と実践的な技術的熟達度によって決まるが、同時にそれが時代の支配的観念に影響されることは疑う余地はない(7)」。

『ルヴュ・ド・パリ』紙には、ペルーについての著書の抜粋を渡した。未来の読者は当時にあって驚くほど公正にその南米旅行が報告されている『リマの女』と『アレキパの修道院』に次第に馴染んでいく。また『ヴォルール』紙の長大な論文にもこの地域に関する箇所がある。彼女は青年ボリーバルがラテンアメリカの解放運動に参加する前、彼女の両親に宛てた手紙を発表し、これに解説を加えている。それは歴史への一つの重要な寄与となった。ボリーバルは八年前に亡くなっていた。それまでこの国民的英雄の知られていなかった活動の諸相が明らかにされているからである。ボリーバルは八年前に亡くなっていた。フランスの民主的な野党勢力には、彼の示した外国の支配や南米の保守反動勢力との激しい闘争の手本はいまだに息づいていた。発表された書簡からは、ボリーバルの活動の源泉がどこにあるかがはっきりと読み取れる。それは一八世紀啓蒙主義哲学とフランス大革命の思想である。ラテンアメリカ諸国の解放運動の指導者の座につくまでのボリーバルも、所有する財産によってヨーロッパで裕福な日々を送るクレオールではなかった。同時代の批判的観察者であり、共和主義者で無神論者であった。第一統領ボナパルトなど総裁政府の有力者やパリ上流階層のお歴々も出席していた夕食会の席で、ボリーバルは公然とボナパルトの統治政策を告発した。それはまさに社交界での一大スキャンダルだった。「出席者は皆歓談していたが、その喧噪の彼方で、自由の大義を裏切り、圧制を欲し、国民の権利を侵害し、宗教的権力の組織化により、これを仕組んだボナパルトを断罪するボリーバルのよく通る声が響きわたってきた。彼は革命の闘士を共犯者、その説教師を背教者といって強く非難した。民衆の信頼をかち取れず、圧制の共犯者になった聖職者を思いの限り罵倒し、銃剣を後ろ盾にして進んでいくこの新しい宗教を嘲弄したのだった(8)」。

さらにまたこれらの手紙から、フロラの父マリアノ・デ・トリスタンが友人のボリーバルの進歩的な考えに少しも与していなかったこともわかる。

一八三七年一一月、フロラの著書『ある女パリアの遍歴』がアルチュス・ベルトラン社から出版された。これは物書きとして、彼女の人生でもとりわけ重要な出来事であった。大地主への痛烈な批判、南米の社会状況の臨場感に溢れた描写で、事情に精通する読者に巡り会えたからである。アレクサンダー・フォン・フンボルト(9)がフランス人博物学者エメ・ボンプラン(10)とともに行った、中南米横断の大旅行について著した三巻の学術書『新大陸赤道地方紀行』は、気候や地理学上の発見だけでなく、奴隷制と土着民殲滅政策に対する厳しい断罪で大きな関心を呼び起こしていた。フンボルトとボンプランはさらにスペイン支配下の状況も報告している。一二年後、今度は社会分析、哲学的省察、ルポルタージュ、自伝的告白を巧みに織り交ぜたフロラ・トリスタンの著書が世に送り出され、この作品で、マドリッドの支配に代わる現地人の寡頭政治となっても、ペルーの国民大衆の生活にほとんど変化がなかったことを読者は知らされる。内戦の騒乱状態の生き生きした描写は読者の心を捕えたが、同時に作者の体験した大胆な行動にも読者は大いに興味を惹かれた。シャザルとのトラブル、メキシカン号上での船長シャブリエとのやりとり、ペルーの社会情勢の物語などがパリの新聞雑誌であれこれと話題にされた。フロラの確固とした信念は保守的な雑誌から批判を浴び、他の新聞も彼女の私的な判断に中傷を浴びせた。しかし、彼女の描写力を否定するものはおらず、また報じられた事実や出来事の真実性を疑うものもいなかった。

『アルチスト』紙は「彼女の成熟した才能は広範囲にわたる哲学的素養を感じさせる(11)」と、その熱意と強い意志を評価した。

一八三八年一月一〇日付の『ジュルナル・デ・デバ』紙は、著者のフロラ、世のすべての改革者、南米さらにはスペイン人までも揶揄中傷し、そして結婚制度擁護論を展開した。フランス人女性は現在の結婚制度に十分満足しているではないか。リマの女性の享受している自由をあれほど称賛したフロラも、すぐにでも隷従の国フランスに帰国したいと思ったではないか、と。『ガゼット・デ・ファム』紙はシャブリエに真実を語らなかったとフロラを非難している。フランスで貧しい暮らしなどしなくとも、彼と一緒にメキシコやカリフォルニアに渡り、幸福な生活が送れたではないか、と。

初版本がペルーに届くや、彼女の親族や寡頭政治を司るメンバーの反発ぶりは常軌を逸していた。叔父のピオ・デ・トリスタンは、それまでボルドーの法定代理人ベルテラを通じてフロラに送っていた年金を即座に停止した。フランスでしか入手できない本にもかかわらず、同書はすぐさまペルーで発禁書のリストに載ってしまう。その締めくくりとして、フロラ・トリスタンそっくりの人形が、リマの劇場の前とアレキパの大広場で燃やされる事態になった。フロラはこの一連の出来事に怯むどころか面白がり、むしろ興味をそそられ、これをネタに一本の連載小説にまとめようと考え、パリのジャーナリスト、ルイ・デノワイエにそう伝えている。

『ある女パリアの遍歴』はフランス人読者の間で確かな成功を収めた。間をおかず第二版が出たからである。民主的で反体制的な作家のあいだでフロラの評価は不動のものとなり、それまでの人生でも、また仲間内でも疎外感を味わわない初の経験だった。しかし、彼女はそれだけでは満足しなかった。サン＝シモンとその後継者たちの周囲に集まった人々との緊密な関係を求めた。フロラはもう何年も前から、女性差別に反対するパンフレットのほか、資本主義の欠陥、社会の安全と調和を訴えるシャルル・フーリエ[12]の著作を読んでいた。一八三五年八月にはすでに彼と面会も果たしている。かつては裕福だったが、一七九三年のリヨンの反革命運動で破産の憂き目を見たこの元商人は、今ではパリのサンティエ通りのある会社の会計係として糊口を凌ぐ身であった。だが彼が精力を注いだのは、同時代の社会を批判し、人間同士のより正しい、より平和的な関係を強く求める、驚くほど明晰なエッセイや哲学論、経済分析の書を執筆することであった。彼の思想はヴィクトル・コンシデラン[13]の下に集まった弟子たちに絶大な影響を与えた。

フーリエは、自分の構想する豊饒な世界観を偏見なく受け入れてくれたこの魅力的な女性を気持ちよくもてなしただろう。最初の出会い――それが行われたのは確かである――から数週間後、この哲学者の構想する壮大なプロジェクトに自分も参加したいという思いを込めた手紙を添えて、出版されたばかりの仮綴じのパンフレット『見知らぬ女性を歓待する必要性について』を謹呈している。「私はあなたの理論の崇高さを日々確信し、さらにまたそうした理論を表明している方と今すぐにでもお近づきになりたい気持ちでいっぱいです。……私には一つの能力しかありません。それは仕事、つまり人の役に立ちたいという欲求、本当に純粋な気持ちで、私たちの熱愛する大義に仕えたいという強い思いです。どうか私を使ってください！　そうしていただけたら心底幸福です」。

このとき以外にもフーリエとフロラに接触があっただろうか。弟子たちから師と呼ばれていたフーリエは、フロラに面会を求め、少なくとも一度はその住まいに足を運んだかもしれない。残念ながらフロラはその直前に引っ越して会見はかなわず、後に彼に新住所を手紙で知らせている。しかし、仮にそれ以外何度か話し合いがあったとしても、革命的組織で何らかの役割を果たしたいというこの女性の願いはフーリエでは満たされなかっただろう。民衆の貧困とその現状改善を時代の決定的な問題と考える才気煥発で無私無欲なこの思想家は、どんな形であれ政治的結社など根底から信用していなかった。彼は己の思想の普及と、構想するファランステールと称する模範的な労働共同体の拡大以外に進歩の可能性はないと信じていたからである。この共同体をつくるには莫大な資金が必要なのだ。毎日、正午になると決まって、師はパレ・ロワイヤルのレストランに足を運び、己の信念に賛同してくれないかと、四〇〇〇人もの金持ちたちを一人ずつ招待していたのである。そうした人は誰も来ることはないだろうが……。

フロラは批判的精神に溢れたこの偉大な思想家に、ファランステールの手本を乗り越えて具体的な行動をとるよう促すことはできなかった。ヴィクトル・コンシデランについていえば、さらに好結果は得られなかった。一八三六年八月、彼女は創刊直後の機関紙『ファランジュ』の編集長コンシデランに、フーリエの思想をわかり易く解説する長文の手紙を送っている。「今日まで御社は社会批判という活動しかしてきませんでした。もしこのやり方を続ければ、あなたたちが事細かく分析して悦に入っている社会の諸悪を、どのように解消するつもりなのかと誰しも思うでしょう。……あなたのできること、そしてフーリエ氏の言葉に従い、私たちに予感させてくれたエデンの園を実現するため何ができるか、速やかに説明するのがあなたの義務であり、思いやりでもあるでしょう」。

ヴィクトル・コンシデランはこの手紙の全文を一八三六年九月一日の『ファランジュ』に掲載した。そのなかで、彼はこの若い女性の指摘に長々と答えている。まずはじめに彼は、「社会正義への才に十分恵まれ、愛情、知性、熱誠に満ち溢れた女性」としてフロラをもち上げている。同様の趣旨でこの新聞に送られてきた数多くの手紙のうちでも、彼女の手紙は「実に明快で、また受けをねらおうとする気持ちなど少しもない」と彼は感じた。しかし、根拠ある批判と調和のとれた未来社会につづいて、その具体的な政治的行動を目にしたいというフロラの要請に応えるのは巧みに避けている。彼は『ファランジュ』に掲載した論文に不満を覚えた読者に向け、フーリエの著作をさらに深く読むようにと勧める。さらに、この新聞の展開している批判は斬新で、一般の道徳観は当てはまらないと述べている。要するに、それはフロラの提案をやんわりと回避した好意的な回答だった。

シャルル・フーリエとその弟子たちにルビコン川を渡らせ、社会変革のため彼らに組織的な行動をとらせたいとするフロラの試みは失敗に終わった。この時期はまだ、このような決定的な第一歩を踏み出すほど機は熟していなかったのだろう。しかしフーリエとの交流で、フロラは師の思想に魅了された知識人と友人になることができた。一八三五年一〇月一一日の手紙で、彼女はフーリエに「皆さんが褒めそやすコンシデラン氏や、私たちと考えを同じくする数名の女性をご紹介ください」と依頼した。フーリエははっきりこの依頼に応じている。彼女は進歩的な雑誌『ガゼット・デ・ファム』の周りに集まる女性のサークルに紹介され、またヴィクトル・コンシデランは『ファランジュ』で、後にはまた機関紙『デモクラシィ・パシフィック』で、フロラの最も重要な出版物や、さらにその戦闘的な活動までも支援していくのである。

フーリエはまたイギリスのチャーチスト運動の大物たちや、著名な改革家ロバート・オウエン(14)の支持者とフロラとの交流を図ったことは間違いない。アイルランド系イギリス人のフェミニストで社会主義者のアンナ・ウィーラーもそのひとりである。彼女の生涯はフロラとそっくりだったし、彼女もまたフロラと同様美貌の持ち主であった。アルコール中毒の地主の夫との結婚生活にすっかり失望して別れ、一八一七年からフランスで暮らしていた。ここで大革命の思想に大きく心を揺さぶられ、その後サン＝シモンとフーリエの思想を広めるために尽力した。パリでフーリエとオウエンの会談をとりもったのも他ならぬウィーラーだった。彼女はこの二人と親交があったからである。フロラは一大綿織物工場の所有者で、一八〇〇年〜一八二九年にかけてニュー・ラナークの社会共同体の指導者だったロバート・オウエンの噂を耳にし、イギリスにいた頃も彼の著作を何冊か読んでいたに違いない。ともかくオウエンがパリを訪問した一八三七年夏には、彼はすでに伝説的存在となっていて、フロラは熱烈に歓迎するひとりだった。彼の講演は多数の人々を魅了した。八月四日、ある集会で、ひとりのサン＝シモン主義者が、オウエンに味方する女性が一人もいないではないかと言って、その学説の不完全ぶりを非難すると、会場にいた女性がすっくと立ち上がって手を挙げ、叫んだ。「ここにいます」。それがフロラ・トリスタンだった。オウエンが彼女に敬意を表して会釈すると、聴衆には熱烈な拍手を送るものがいるかと思えば、激しく抗議するものもいた。その様子は会場にいたある女性参加者が回想記で詳しく述べている(15)。

その少し前の七月二八日、フロラはこのイギリス人改革家をバック通りの自宅に招いている。オウエンの日記のメモによれば、フランス人のオウエンの崇拝者で熱心に社会主義思想を説くエヴラ医師(16)とともに、アンナ・ウィーラーもその場にいた。フロラは後に、このバック通りでの会見を基に、オウエンの教宣活動を解説する。彼女はオウエンの理論とラナークでの実践に基づく社会改革に懐疑的だったが、労働者の子弟全員に先進的な教育を与えてやりたいという、一九世紀前半としては大胆な目論見には賛辞を惜しまなかった。

フロラとウージェニー・ニボワイエ[17]の交流もまたフーリエの手によって始まった。牢獄と流刑地での慈善活動を皮切りに、サン＝シモンとフーリエの思想に身も心も奪われたリヨンの上流社会出身のこの夫人は、社会問題について書かれた優れた何冊かのパンフレットで広く知られていた。彼女は一八三七年からフロラも参加したパリの『ガゼット・デ・ファム』紙の編集室で開かれるフェミニストの集会「木曜会」の中心人物だった。フロラは、潤沢な資金を有し、さまざまな出版助成をしてきたニボワイエ夫人と組んで、フェミニストの雑誌を創刊しようと計画した。しかし事はうまく運ばず、フロラが労働者の日常闘争に身を投じると、ニボワイエは距離を置くようになった。

ジョルジュ・サンド[18]と結んでいた友好的な関係が終わりを告げるのも、彼女が労働者の大義のために戦うようになってからである。両者は遅くとも一八三六年には知り合っており、当時フロラ・トリスタンは『ルヴュ・ド・パリ』紙の定期的な寄稿者で、ジョルジュ・サンドは『ルヴュ・デ・ドゥモンド』に作品を発表していた。両紙ともフランソワ・ビュロズ[19]の手で運営されていたが、編集長兼重役を務めるこの人物が論文を編集し、校正する際の高圧的なやり方に、二人の女性作家はそろって激しい抗議の声を上げていた。

二人はすでに知己の間柄だったと考えられる。一八三四年の蜂起（三四年の二度目のリヨンの蜂起）で起訴され、刑を宣告された共和派の指導者を公然と擁護するパリのサークルに加わっていたからである。

一八三七年に『ある女パリアの遍歴』が出たとき、ジョルジュ・サンドはすでに著名な作家であり、フロラはこの作家の尽力でパリのジャーナリズムに論文を発表できた。またこの二人には共通点があった。厳しい社会の掟にもかかわらず、ジョルジュ・サンドも粗暴な夫と別れ、その文学作品を土台に、フレデリック・ショパン[20]、アルフレッド・ド・ミュッセ[21]、プロスペル・メリメ[22]、さらには彼女の活動に快く資金援助をしてくれた宗教的色彩の濃い社会主義者のピエール・ルルー[23]など個性豊かな男性の友と新しい生活を始めていた。フロラと同じように、ジョルジュ・サンドも私生児の血筋で、ザクセン選帝侯兼ポーランド王アウグスト二世の庶子で、後にフランス大元帥になるモーリス・ド・サックスの庶子の曾孫娘であった。ジョルジュ・サンドは作品『ヴァランティーヌ』で、因習的な結婚よりも愛情を重んじる男女の結びつきを擁護し、また他の作品では、フランス文学史上初めて、特権階層に向けて高い道徳的な目標を掲げる労働者像を提示した。

共通するこうした特徴にもかかわらず、この二人の関係は、とりわけ終盤になると次第に緊迫していった。フロラは好意的な献辞を添えて『ある女パリアの遍歴』をジョルジュ・サンドに献呈している。サンドの名は作品中にはないが、序文でそれとなく暗示されている。フロラには「女性が何の職にも就けず、離婚できない制度によって、一生隷属状態に置かれている」社会に反旗を翻した女性がひとりもいなかったことが残念でならなかった。しかし、著者はすぐに意見を変えている。「私は間違っていた。思考の気高さ、威厳と誠実さをそなえた文体で、処女作から一躍その名を高めたその作家は、わが国の法が女性に強いてきた恥ずべき状況を白日の下にさらそうと考え、自身の悲惨な経験を織り交ぜて、小説という形で読者に伝えようとした。しかしこの女性作家はペンネームで満足するだけでなく、筆名も男性名にしたのだ。本名を隠し、ペンネームを使ったままあげた不平や不満の叫び声に一体どんな反響があるのか」[24]。

序文の前半ではジョルジュ・サンドを褒め称えているが、後半では一転してサンドを糾弾している。この評価は手厳しいというより、むしろ不当な批判と言っていいかもしれない。社会的な性格を帯びた小説が読者に大きな影響を与えていることは証明されている。一九世紀前半のフランスには、女性の解放と民主的な自由を公然と擁護する女性作家や、勇気に欠けるのではなく、反女性解放論の障壁に当たって最初から挫けてしまわないようにと、男性のペンネームにする女性作家もいたのである。フロラ・トリスタンの所属するサークルにいたもう一人の作家、ダグー伯爵夫人[25]もそのひとりだった。彼女はダニエル・ステルンという筆名で、普通選挙権を真っ先に要求し、さらに七月王政下の政局を批判する優れたエッセイも発表していた。一八四二年春、フロラは手紙で、以前約束してくれたとおり、私の本の出版資金を援助してくださいと伯爵夫人に手紙でお願いしている。これは『過去と未来』というタイトルで、信仰と宗教に悩んだフロラの大胆な試みともいうべき「神統記」だったが、原稿や執筆ノートが散逸してしまったことは歴然たる事実である。マリー・ダグーはその約束を承知してくれた。ところが後年、ジョルジュ・サンドが『労働者連合』の印刷と配布のため四〇フランもの大金を拠出しているのに、多くの予約購読者リストのどこにもダグー夫人の名はない。

フロラが労働者階級の組織化を主張し始めるや、サンドとダグー夫人はフロラとの交際を断ってしまった。この二人は何通かの手紙で、フロラの使徒にも似た布教活動をいささか熱狂的に過ぎると、要するに無益な行動だと幾度も批判している。だからといって二人は社会改革に対する政治的姿勢を弱めたわけではなかった。裕福な貴族階級の家柄の出身であった二人は、自分の属する社会階層の境界をまたいだのだった。しかし、社会改革の必要性を訴えることと、抑圧されたプロレタリアートの政治的組織化（しかも、法で禁じられていた）との間には大きな相違があった。マリー・ダグーもジョルジュ・サンドもそれを乗り越えようとは思わなかったし、そう思ったとしても乗り越えられないほど大きな溝が存在したのである。

政治評論家および作家として活動を始めた当初、フロラはこの著名な二人の仲間と、礼儀正しいけれどいささか他人行儀な関係を保っていた。それは交わされた手紙の言葉遣いからも推察できる。さらにこの二人以上に、パリ文壇の著名なメンバーとも親密な関係を保っている。例えば、メディア王ジラルダンに芝居じみた批判をし、人気作家でもあったジュール・ジャナンがそうである。彼はトール・ノン通りの大邸宅に住み、上流貴族階級の一員である美しい妻に付き添って、連日きらびやかな宴会を開いていた。アドルフ・ミシェルは「本当のパリッ子になろうとすれば、ジュール・ジャナンの開くきらびやかな大夜会で、フロラ・トリスタンと踊った経験が必要だ[26]」と、首都パリのお上りさん向けの娯楽案内で書いている。

フロラは確かに、田舎や外国からパリにきた人が出会うような美しくて知的な女性だった。例を挙げれば、ストラスブール大学医学部フェー教授の自伝をはじめ、当時出たいくつかの回想録でも彼女のことが話題になっている。フェー教授はフロラについて、次のような一〇頁にも及ぶ賛辞を捧げている。「彼女は三六歳だった。瞳も額も実に美しかった。長い巻き毛の黒髪が肩まで落ちかかり、それが一種神秘的な印象を与えたが、みなすぐに慣れた。いつも他者への心配りを忘れないその表情は一目で好感がもてた。声は柔らかで、弁舌はさわやかだった。教養と繊細さを備え、語り口は上手でしかも機知に富んでいた。情にもろく、自己犠牲、思いやり、とりわけ経験した癒やし難い数々の苦しみを語るときは、しょっちゅう涙声になった。穏やかで愛すべき性格は純朴そのものだった。波瀾万丈の人生、苦しみ多い旅の数々、女性作家としての野心、虚栄心の失墜、あっという間に過ぎ去った楽しいはずの青春時代も、こうした素晴しい気質にいささかも影を落としていなかった[27]」。

フロラの政治的信念を少しも共有していなかったジュール・ジャナンは、恋人の死後発表したある論説で、「どこにいっても女王気取りでいるけれど、どこでもついぞ女王になれなかった不幸な女性……」と述べ、いつも主役を演じたいというこの女性の疑いようのない野心を強調している。その人柄や作品に見られる明快な現実主義と、夢のようなユートピアが混在する魅力を彼はこう描いている。「彼女は次第に熱を帯びて話しているかと思うと、突如物思いに沈んでしまう……。外界を捕らえる正確な眼力がありながらも、少しすると、白日夢とスペインの城の不可思議な迷路が理性を打ち砕いてしまった」。だが、エキゾチックな魅力で相手をいかに魅了したかを示して、詩情豊かな人物像をこう書き残している。「「惚れ惚れする」と「美しい」という二つの形容詞を一緒に並べられるとするなら、フロラこそまさに惚れ惚れするくらい美しい女性であった。優雅でしなやかな体、威厳のある生き生きした顔立ち、東洋の輝きに満ちたその瞳、コートにもなりそうな長い黒髪、つややかな光沢を帯びたあの美しいオリーブ色の顔、それらが優雅な物腰、毅然とした足取り、簡素な衣装と相まって、若さと精神があらゆるものを燃してしまわんばかりのあの鮮やかな頬の上で混じり合っている。……きらきらと輝く目をして、陽光の下の蛇のように肘掛け椅子に身を埋めた姿を見れば、フロラはきっとはるか彼方の出身で、光と陰から生まれ、北国で道に迷う南国生まれの子どもかと思ってしまうだろう[28]」。

当時のパリのジャーナリズムをみると、民主的な野党勢力による政治犯釈放や、その他さまざまな権利回復を訴える請願書の連署人として、『ある女パリアの遍歴』の著者の名が幾度か載っている。一八三八年から一八三九年にかけては、連名で三四通の請願書が下院に提出されている。一八三七年一二月二〇日、フロラは単独でも議会に離婚制度回復のための請願書を送った(29)。

この時期にフロラの名が新聞雑誌に載るのは、こうした請願書の署名人や諸論文の執筆者として、あるいは書評のなかだけではない。文芸欄のゴシップ記事でも、七月王政下のカーニバルの時期に行われた社交界の仮面舞踏会に参加したと報告されている。新聞雑誌はそれをまるで舞台の初演のように詳細に伝えている。オノレ・ド・バルザックも『娼婦の栄光と悲惨』の第一章で見事に描写している。リマの女性の「サヤ」による変装を男性優位主義からの解放と考えたフロラは、誰にもわからず、無名な人間になり切ることで、厳しい社会の掟から解放されるこの娯楽に好んで参加していた。ポーランド出身の貴族だった友人のオランプ・ショズコとの書簡でも(30)、仮面舞踏会が何度も話題になっている。しかし、舞踏会にふさわしい衣装を持っていなかったフロラは、舞踏会にそれほど頻繁に足を向けていない。一八四〇年二月、ショズコ夫人にこう書き送っている。「確かに、私はあなたの心優しい仲間たちとご一緒したいという気持ちがあるからこそ、あんなぞっとする喧噪でも、どうしても一晩過ごしたいのです。でも私には多くのものがありません。フード付きマントもないのです。どなたか友達の奥様から一着拝借していただけませんか。絹のドレスに合わせれば、どうにかこうにか一晩くらいは過ごせるでしょう。正直に言って、一晩だけのためにたくさんお金を使う気になれないからです。手厳しく攻撃されるのも恐いし、話し好きでもない私は、どうやってその難局を切り抜けたらいいのかわかりません！　もう頼るのはあなたしかおりません。でも私たちと同行してくださるのはどなたでしょうか。どうかジャナンには話さないでください。そんなことをしたら楽しみも半減してしまいますから」[31]。

結局フロラはその舞踏会には行かなかった。親交の深い画家ジュール・ロール[32]が、サロンに出展する二枚の絵を予定日までにきっちり仕上げられるように、フロラに朝から晩までアトリエにいてほしいと頼んできたからである。しかもその絵はフロラ・トリスタンの肖像画であった。

一八三八年オペラ座で行われた仮面舞踏会に参加したときも新聞で取り上げられた。手紙で危惧していたとおり、被っていたルー〔仮面舞踏会で用いる黒の絹やビロード製の半仮面〕で一際魅力が増し、会場に入るやたちまち伊達男たちにどっと取り囲まれてしまった。お近づきになりたいと言って抱擁しようとした男に向かい、フロラはあたかもパリにいっとき立ち寄っただけとでもいうように、スペイン語訛りで言い返したりした。英語がわかると気づいたあるイギリス人は、まとわりついて少しもそばを離れようとしなかった。嫉妬深い夫が待っているからと言い張ったが根負けし、局留めで手紙を出すからと答え、代わりに女中のアレキサンドリーヌの名を教えてやった。そんな手紙など出すはずはなかったが。子ども騙しともいえるこんな些事も、一八三九年二月のシャザルの裁判では、証人にアレキサンドリーヌが召喚され、取り上げられている。シャザルの弁護士は女中がフロラのいわゆる不道徳性を裏付けてくれるようにと、彼女を証人として呼んだのである（アレキサンドリーヌは決してそんな証言はしなかった）。

辣腕家として名高い夫の弁護士は、この夫婦のどの訴訟でも、フロラが男に囲まれ、同時に何人も愛人を持つ性悪女だと言い張るシャザルの言い分をいちども立証できなかった。では、パリで成功を収めた頃、彼女は人を愛したことはなかっただろうか。おそらくそんなことはないだろう。これほど魅力的な女性が異性に無関心なはずはないからである。『ある女パリアの遍歴』で彼女は愛についてこう書いている。「私にとって愛とは一つの宗教でした。……愛を神の息吹、生き生きとさせるパンセ、崇高なものと美しいものを生み出す神のパンセと思ってきました。……私を幸せにする愛情とは、献身が不運となり、受けた不幸の犠牲者を偉大にし、さらに崇高へと導いていく、そうした人への情熱的で一途な愛でした(33)」。

一〇年後の一八四三年になると、フロラは以前ほど愛を空想的で神格化したりせず、自分にしっかり自信を持ち、自由な目で見つめるようになった。当時自宅のサロンで開いた集まりに参加した学生が送ってきたラヴレターの返事を読むと、それがわかる。彼の愛の告白をはねつけ、今はもう愛についてもしっかりした論理的考えができており、書物のなかだけでなく、現実の生活でもそれを実践している、と彼に伝えている。「女性の自立を説き、すべての面で完全に自由でありたいと思う私は、恋愛においても、イニシアチヴをとるのは女性であると考えています。女性は愛する男性に言うべきです。私はあなたを愛しています。あなたは私のものになりたいですか、と。この言葉で、私が女性と男性との関係をどう考え、了解しているかわかるでしょう」。

何世紀も前から法や人間の意識にしっかりと根を下ろしていた偏見をひっくり返すこの大胆な構想、当時男性だけが持っていた特権を、女性やその仲間たちのためにはっきりと要求したことは、同時代の人に大きな衝撃を与えながらも、彼らを虜にしたのは間違いない。民主的で進歩的な野党にも、こうした考えがまったく斬新だったというわけではない。女性の権利の平等という考えはすでにサン゠シモン主義者、さらにはフーリエ主義者の思潮にあった。いわゆる「社会問題」に身を捧げていた富裕階層出身の女性も、しばしばこうした考えを恋愛生活で実践に移していた。ジョルジュ・サンド、ダグー伯爵夫人、さらにフロラ・トリスタンらがそうだった。

ではフロラは一体誰と交際を始めたのか。おそらくそれは有名なドミニク・アングルの才能豊かな弟子で、フロラより三歳年下の画家ジュール・ロールであった。ロールはパリの「サロン」に定期的に作品を出していた。一八三七年、彼はそこに「マダム・フロラ・トリスタン像」を展示している。モデルに創作意欲が刺激されたのか、これ以外も数点制作している。一年後、それは『マダム・F・Tの肖像』、翌年の『マダム・Tの肖像』の二作になって実現したが、不幸にも両作品は消失してしまった。ロールは二五歳からサン゠シモン主義者たちと親しく交際していた。一八三六年、彼はフロラやその他の人たちと連名で、死刑制度反対の請願書に署名している。この時期を境にして、二人は親しくなったのかもしれない。この画家もまた女性解放運動に共鳴していた。一八三四年の「サロン」に展示された彼の女性解放を表す象徴的な作品は、雑誌『自由女性』で絶賛を浴びた。

歴史家ジュール・L・ピュエシュ(34)はフロラ・トリスタンに関する学位論文で、ジュール・ロールの未発表の手紙を検討した結果、画家は数年にわたり、この年若い人妻の愛人だったと断言している。ロールとの関係が絶たれた後も、愛する人は自分の意志で選ぶという姿勢は変わらず、彼女の信念になっていた。彼女はフランス南西地方の一連の講演会のさなかでも書き続けた日記では、一八四四年六月末に「フランス巡り」が終わって、この旅に関する新しい本が完成するまで休息は一切とらないと自分に言い聞かせている。さらに付け加えてこう言っている。「本ができ次第、私も三か月くらい休息をとるつもりだ。親しくなった人と娘を迎えにいき、イタリアやスペインに連れていってやろう」[35]。労働者への講演会では、使徒ともいえる教宣活動にのめり込んでいったが、その夢は未来の愛に向けられていたのである。さらに、親友オランプ・ショズコと交わした書簡を読むと、レスビアン的な愛とも無縁ではなかった（少なくとも心情的には）ことがはっきりする。

ペルーから帰国して最初の数年は、彼女にとって新しい発見に満ち、密度の濃い文学的活動に彩られた豊かな時期であった。民主的な作家のなかでは、彼女はもう名の知られた存在になっていた。裕福になったわけではなかったが、自分のため、またアリーヌのための生活の資も手にしていた。アレキサンドリーヌ、後にマリー・マドレーヌという女中もかかえ、彼女たちを家事に使うのはもちろん、さらに原稿や手紙を持たせて、出版社や編集局などパリの町のあちこちに使いに出していた。夜の演劇にも足を向けたが、新聞雑誌が初日の客の一人として、彼女を記事することもあった。こうして彼女は、かつてシャザルと結婚し、イギリス人奥方の付添婦として過ごした陰鬱な時代に夢見ていたのは、自立し、その活動に持っている才能をすべて投入できる生活だとわかった。彼女の発言が一目おかれ始めた。女性の解放と貧者の権利という理想のために公然と身を投じることができるのだ。もし威圧的で暴力的な夫の執拗な追跡が彼女とアリーヌの生活に影を落としさえしなければ、彼女は愛し愛されながら、きっとこの時期を幸せに過ごせたに違いない。

バック通りの襲撃

一八三五年、アンドレ・シャザルは息子のエルネストとともに、アカシア通り（後のモンマルトル）のアベス広場にあるみすぼらしい家に住んでいた。借金取りから長い間国じゅうを逃げ回り、出獄してからは、誰が見てもわかるくらい零落した人間になっていた。界隈では、酔っ払うと、一〇年も前に卑劣にも自分を棄てた妻に対してわけのわからない脅し文句を吐き散らす、どちらかといえば無害なアル中として知れ渡っていた。ずっと前からもう定職にも就いていなかった。どこかの作業場で図案家やデッサン画家として雇ってもらえる機会もなく、必要に応じて取るに足りない賃仕事をしているだけの身だった。ときどき兄の画家アントワーヌ・シャザルにわずかばかりの金をせびっていた。一八三二年以来、妻のフロラとの連絡は途絶えていた。だから、彼女が娘のアリーヌを連れてパリに戻っている事実など知る由もなかった。新聞雑誌もまだ彼女の書いたものを掲載していなかった。一八三五年七月に、公には何の反響も呼ばない『見知らぬ女性を歓待する必要性について』という小冊子を発表したくらいで、さらに当時の政治活動といえば、フーリエと手紙をやりとりするだけだった。一八三五年一〇月一五日、シャザルは家に届いた匿名の手紙に大きなショックを受けた。

「貴兄の心からの友人として、貴兄にとても重要な事実をお知らせしなくてはと思いました。もしこれを利用されれば、貴兄の立場が一変するのは間違いありません。貴兄の奥様は今月一五日にシェルシュ・ミディ通りのタヌラ夫人宅に滞在する予定です。彼女はこの夫人宅に娘さんを寄宿させるつもりでいます。裕福になった彼女は、今ではもうあなたなど怖がっていません。どこに行っても、あなたなど馬鹿だといいふらし、昔のようにあなたをこき下ろしています。この機会を逃がさず、裁判官の前で娘さんをあなたの手に取り戻してください。彼女は必死に抵抗するはずです。娘さんは彼女の愛する唯一の存在だからです。まず良い弁護士を見つけ、あなたの用件をしっかりと説明しましょう。そうしてあなたの苦しみ、奥様の不可解な行動、そして今ある資産がわかれば、あなたの依頼は間違いなく成功するでしょう。ひとたび娘さんが戻れば、彼女を返すことを条件に、奥様から一万五〇〇〇～二万フランは簡単に引き出せるでしょうし、それはまったく正当なことです。タヌラ夫人宅にいることを偶然知ったふりができる二人の息子さんも騙し取ろうとするかもしれません。奥様は娘さんとの交換を踏み台に、るよう、もう二～三日は待機してください。匿名で手紙を差し上げたのは、差し出がましいことをしたのではと思ったからなのと、奥様から敵とみなされて攻撃されたくなかったからです[1]」。

匿名の人物は長男の死について知らなかったのに、フロラについてはとても詳しかった。この人物は、フロラが身の危険を感じるほど夫の追跡が怖かったため、ほんの数人にしか教えていなかったのに、シェルシュ・ミディ通りの新住所をつかんでいた。この送り主が誰なのか今でもわかってはいない。だが、まるで下級事務官の書いた報告書のようなこの手紙をシャザルが受け取るちょうど四日前、一八三五年九月一一日付のシャルル・フーリエ宛てのフロラの手紙がある。

そこには二つの重要な情報が含まれている。まず、フーリエの思想を実現するため、彼に仕事を担ってもらいたいと強く要求していることである。調和のとれた社会を描くだけでなく、行動に移そうと提案したのだ。また、フロラは偽名で弁護士デュクロに次々とアパートを借りてもらっていたが、その手紙には正確な住所を記していた。フーリエ宛ての書簡がルイ・フィリップ政権の活動的でしかも有能な秘密警察の手で検閲されていた可能性は大いにある。関係する部局は革命運動を組織しようというフロラの呼びかけを知って愉快でなかっただろう。こうして、匿名の手紙という手段がとられたのである。奇妙なのは、どうして匿名の差し出し人はシャザルに、すぐ行動に出ず、数日待つようにといっているのか。フーリエ宛ての手紙と大きく関係する痕跡を消したかったからなのか。これを裏付ける明確な証拠はない。しかし、後に起きる出来事を知れば、それがはっきりする。

シャザルがモンマルトルの警察署長に問い合わせると、署長はアリーヌを取り戻すために協力を約束してくれた。また、法律では、子どもの居住地を決定できるのは父親であった。行動に移すときに面倒が起きれば、娘を警察署に直接連れて来てもよいと署長は教えてくれた。彼は万事滞りなく運ぶように細心の注意を払った。こうして、シャザルは一文なしで、借金取りに追い詰められている身でありながら、まるで奇跡でも起きたかのように、匿名氏の助言どおりに「良い弁護士」を見つけている。それも取るに足りない小物ではなく、通常多大な謝礼金を要求する名の知れた弁護士のジュール・ファーヴル(2)だった。リヨン生まれで、当時まだほんの二六歳に過ぎないこの駆け出し弁護士は、出世を目指してパリにきたばかりだった。自称リベラルで、時に共和主義者とまで公言しているのに、実際には、法と秩序を遵守し、労働者階級とその解放に関わることは何であれ、憎しみを込めて拒否する人物であった。

政治犯釈放を求める野党勢力の間では、死をもたらす男として恐れられていた。

一八三二年、彼は高等法院の特別法廷に召喚されたリヨンの絹織物工の弁護団に加わった。被告も支援者もほぼ全員が通常の法廷を要求していた。「しかし、高等法院は弁護士らに新聞雑誌に長大な記事が載るように取り図ってやったが、それはジュール・ファーヴル氏が依頼人をだまして特別法廷を受け入れさせたから、という噂だった。以来民主派は、この法廷のセイレンが己の名声に役立つと思ったときしか味方になってくれない人物であると知ったのである(3)」。

三〇年後、ファーヴルはパリ・コミューンを打ち砕くためヴェルサイユ政府の外務大臣として辣腕を振るう。それは彼の弁護士稼業のほんの一歩に過ぎない。彼は当初から、社会の基盤を危うくするフェミニストと真っ向から対決するのが、自分を売り出す絶好の機会と考えていた。こうしてファーヴルは依頼人の名のもと、神聖にして侵すべからざる社会秩序と、最も反動的な七月王政の法律を根拠に、悪意を込め、また当然の義務として、フロラからその持つすべての権利を奪い取ってしまえとシャザルに絶えず助言していくのである。

匿名の手紙を受け取ってから二週間後の一八三五年一〇月三一日、シャザルはこの助言を行動に移し始める。真っ先に国民軍の軍服を身につけた。当初は進歩派として登場したこの国民軍も、もうはるか前から、とりわけストライキや反乱を鎮圧するための国の補助的な治安部隊になっていた。シャザルは何年も前から納税していなかったので、国民軍ではなかった。この古びた軍服のみが、彼の持っている継ぎはぎの当たっていない服といってよかった。それにアリーヌの奪還に邪魔が入っても、この服の威力で警察や軍人の助力が簡単に得られるだろうと踏んだのである。

息子のエルネストに一緒に来るように命じ、また二人の飲み仲間にも手を貸してくれるように頼んだ。こうして四人で、タヌラの寄宿舎の女中に案内されてアサス通りの学校に登校するアリーヌを待ち伏せした。アリーヌが姿を現すと、シャザルは飛びかかり、待たせておいた辻馬車に引きずり込もうとした。女中は警察官だと言い張る二人の加担者に怖じ気づいてしまった。それまで父親を一度も見たことのなかったアリーヌは、大声を上げて激しく抵抗したが、素早く動き始めた馬車に引っぱり込まれてしまった。

夜自宅に戻ったフロラは、涙にくれる若い女中の報告を聞いて、気も狂わんばかりになった。おそらく誘拐者は夫とその加担者たちに間違いないだろう。彼女は辻馬車に飛び乗り、モンマルトルに駆け付けた。シャザルの家は母から聞いて知っていたからである。家の扉は閉まっていた。扉をたたき、名前を呼んだが、ひと言も返事はなかった。一日中泣いてばかりいたアリーヌを気の毒に思っていた隣人が、シャザルは娘と出かけたようだと教えてくれた。ヴェルサイユという単語を何度も耳にしたからである。母の兄で、退役軍人の司令官のレネが住んでいたのがヴェルサイユだった。彼女は馬車に飛び乗ってヴェルサイユに向かい、伯父のアパートでアリーヌを見つけることができた。娘はフロラの腕に飛び込んできた。アリーヌとシャザルを自宅に入れておきながら、娘の連れ去りを隠そうとしたと、フロラは伯父を激しく非難した。

フロラは娘を連れて外に出た。外は夜で、雨が激しく降っていた。国民軍の軍服を着たシャザルが追いついてきた。彼は通行人に向かって大声で叫んだ。「この女を捕まえてくれ、泥棒だ」。けれど捕まえてやろうとする人はいなかった。とうとう衛兵がやってきて、彼女とアリーヌを捕まえ、二人を署に連行した。「この女は私の妻です。でも私の言うことに従わないのです」とシャザルは署長に説明した。フロラは一八三二年にパリのセルバンドーニ通りで公衆の面前で繰り広げた夫との激しい喧嘩を思い出した。居合わせた三人の法科の学生が彼女にこう言った。「もしこの人が本当にあなたのご主人なら、我々はあなたに何もしてあげられません」と。それこそ、彼女がシャザルという人などまったく知らない人と言い張った理由である。事情を察したアリーヌも、どこの誰かも知らない男に連れ去られたと断言した。

署長はどうしていいかわからなかった。シャザルは自分の言い分を証明できなかったため、伯父のレネを呼びにやった。ボタンホールにレジョン・ドヌール勲章をつけた伯父がやってきて、シャザルは姪のフロラの夫だと断言した。フロラはこの男についてもどこの誰とも知らない人間だと懸命に申し立てた。

「こうしてようやく自由の身になった。身体の具合がとても悪かったから、施療院まで連れていってもらい、そこで可哀そうな娘と一晩過ごしたのです(4)」とフロラは夫の裁判で証人として述べている。翌日フロラはヴェルサイユに主席検察官と面会に行き、今の身分と、シャザルは間違いなく自分の夫だと述べている。検察官は、自立した生活を望んでいるこの若妻の込み入った案件を引き受ける気持ちはさらさらなかった。そこで夫婦にできるだけ早く首都に戻り、検察官に会いにいくように勧めた。「私は疲労困憊のあまり、娘を守ってやる力はもう残っていないのではと心配でならなかった。誰かが一台のゴンドラに乗せてくれようとしたが、夫も一緒に乗り込んできた。大通りの入り口で空の小型馬車を見つけたので、近づいて御者に言った。「あなたの馬車に私と子どもだけ乗せて、あの男を乗せないでくれたら一〇フラン払うわ」。御者が承知してくれたので、娘を救出できた(5)」。

パリに戻ったシャザルは急いで地区の検察官のところに出向き、娘をすぐに自分の下で保護したいと申請書を提出した。弁護士ファーヴルとデュクロが侃々諤々の交渉をした末、示談が成立した。内容は次のとおりである。アリーヌはアサス通りの寄宿舎に戻ること、その費用はフロラ一人で負担すること。両親は日曜日毎に交代で自宅に娘を連れていくことができること。

しかし、一〇歳足らずの幼い娘が、誘拐者と思われた父親といきなり親密になれるはずはなかった。アリーヌは二週間毎のシャザルとの外出を拒否した。するとシャザルはその報復に、フロラがアリーヌを自宅に連れていくのを禁止した。当時アリーヌが彼に出した手紙は、後の夫婦別居裁判で証拠に提出される。「私が日曜日にあなたの家に行かないから、あなたは私を寄宿舎に閉じ込めようとしたそうですね。でも、それにはわけがあったのです。はっきり言うけれど、もしあなたがあのときと同じ行動に出たら、私を愛しているなどと二度と口にしないでください。そんなこと嘘にきまっています」。こうしてアリーヌは条件を出している。「前もってあなたと決めた条件で、月に一度なら、日曜日にあなたの家に行ってもいいでしょう(6)」。

後に弁護士ファーヴルは、フロラがこの手紙を口述させたと主張している。彼女がこれを示唆したことはほぼ間違いない。シャザルはアリーヌの抵抗を容認せず、弁護士の助言に従い、ありとあらゆる法的手段を用いて家長の特権を行使している。また、雇った数人の使い走りや買収した門衛に、バック通りのフロラのアパートも見張らせている。彼はフロラが目下破綻した夫婦生活の経緯を語る『ある女パリアの遍歴』という書名の作品を執筆中であることを知った。出版社は相当な前払い金を彼女に支払ったようだった。シャザルはこうして妻の成功を知り、激怒のあまり錯乱状態に陥るほどだった。その後、一八三六年七月二八日にフロラはシャロン・シュル・マルヌでのフーリエ主義者の集会に参加するため、パリにいないことがわかった。

その日、彼は執行官を連れてアサス通りの寄宿舎に姿を現し、アリーヌをただちに自分の手に引き渡すように要求した。司法官は手続きの合法性を確認していた。舎監のデュロシェ嬢はその勢いに怖じ気づき、娘を二人に引き渡してしまった。シャザルはアリーヌをパラディ・ポアソニエール通りにあるエリカン修道会の別の寄宿舎に移した。その上で、母娘の外出も一切禁止する。以後母親は寄宿学校のなかで先生の同席のもとでしか娘と会えなくなってしまう。女生徒たちが集団で遠出をするときでさえ、アリーヌだけは許可が下りなかった。まるで厳しい監視下に置かれた囚人のような状況だったが、数週間後には、母親の助言に従ってそこを脱け出し、自宅に逃げ帰った。

怒りくるったシャザルは自分の権利回復を法廷に要求する。また、この機会を利用していくばくかの金も脅し取ろうと考え、指示に反して娘を逃亡させてしまったエリカンの修道女らに一万フランの損害賠償を請求する。今度は弁護士の助言を曲解し、いささか脇道に逸れてしまった感は大きい。一八三七年五月一三日、セーヌ第一審法廷はシャザルの請願を受理できないと申し渡した。なんといっても、アリーヌは自分の母親のところに逃げ帰ってきたからである。審理の過程で、フロラの弁護士は依頼人が皇帝の子孫であることについて触れているが、彼女のインディオの曾祖父について言及されたのはこの一度きりであった。後に新聞ではこう伝えられている。「シャザル夫人の弁護士キュレ氏は、この夫人がインディオの皇帝モクテスマの血を引く名門の出であると述べている。さらに氏は、彼女の不幸は、教育もなく品行もよくない男との結婚を望んだことにあり、そして母親として、他のだれよりも愛娘を大切に思っているとは語った(7)」。

シャザルはこの訴訟に勝って、負債を帳消しにしようと目論んでいたが、結局一スーの金も手にできなかった。おまけに敗訴となって訴訟費用の支払いを命じられ、二度にわたる審問で負ったかなり高額な費用の支払いも嵩んでいた。他方で、法廷は、彼の家長としての権利はいささかも否定しなかった。娘がシャザル夫人宅にいることがわかれば、彼は「何時でも好きなときに連れ戻してよい(8)」と法廷は見なしていた。

この判断を根拠に、シャザルは間もなく役人を伴い、フロラ宅の戸口に姿を現した。役人はアリーヌへの勾引状を持っていた。役人は必要とあれば力づくでも娘を父親に引き渡してやろうと考えていた。幼い娘は絶望の涙にくれ、必死になって母親の腕から引き離されまいとした。しかし打つ手は何もない。結局、他人も同然のシャザルに連れられ、モンマルトルのあのぼろ家に行かなければならなかった。

フロラは悲嘆に打ちひしがれていた。今度は自分が警察の援助を得て、アリーヌの誘拐を告訴して対抗しようとするが、裁判を起こしたところで、勝訴できないことはわかっていた。法律など妻の味方になってくれないからである。札付きのアル中患者の夫であっても、すべての権利は家長にあり、子どもの利益など一顧だにしない社会だったからである。

このような状況に置かれたフロラは、どうやって文筆業や政治活動を維持する力を見出せたのだろうか。この時期の彼女は、シャルル・フーリエと文通し、また『ある女パリアの遍歴』の編集を終了し、『ファランジュ』や『ルヴュ・ド・パリ』紙に長大な論文を発表し、『ガゼット・デ・ファム』紙の集会に参加し、さらに小説『メフィスト或いはプロレタリア』などを執筆していた。いっときも休まず仕事をすることで、深い悲しみを必死に乗り越えようとしていたのだろう。

とはいえ、アリーヌとフロラの苦しみはまだ終わらなかった。アリーヌが父親の家に行って四か月ほど経った一八三八年四月一日、フロラは絶望のどん底に突き落とされる手紙を娘から受け取った。それは助けを求めるアリーヌの悲鳴にも似た手紙だった。父親は夜ごと酔って帰宅すると、ベッドで寝ているアリーヌとエルネストの間に割って入り、おぞましいやり方で身体に触れてくるので、怖くて仕方がないという内容だった。フロラはすぐさま夫婦別居の裁判を起こし、訴状にこう書いた。「今年の四月一日、申立人は娘から、父親に無理やり何度も醜悪な愛撫をされたと訴える手紙を受け取りました。夜、父親が二人の子どもの寝ているベッドに入り、その真ん中で寝ているというのです。彼は恥知らずな愛撫を始め、それだけでは終わらなかったのです。処女の羞恥心から、父親が娘に加えるこうした行為がどれほど恐ろしいものかを本能的に察知して、娘は母親に保護を求めてきたのです……」。アリーヌの手紙はこんな文章で終わっていた。「私がどんなに幼い子どもだとはいえ、こんなことがあってはならないことくらい私は十分に承知しています[9]」。

どうしたらいいのか。フロラは、夫とのもめ事では、弁護士と相談の上でなければ何もしてはいけないという弁護士デュクロの助言を思いだした。急いで彼の事務所に駆けつけると、デュクロはまず、落ちついてできるかぎり慎重に行動するようにとアドバイスした。強制労働の刑に相当するほど重大なこうした犯罪の場合、何より大切なのは慎重に行動することです、とこの法律家は言った。とにかく、アリーヌから信用の置ける人に事の次第を説明させ、母親の下に連れ戻すべきだろう。こうした仕事にふさわしい人物とは一体誰か。デュクロとフロラの共通の友人で、税金を納め、選挙権があり、尊敬に値する地主のケルヴァン氏である。アリーヌをよく知る彼なら、親しく話しかけ、理由を聞き出し、家に連れ戻してくれるだろう。

ケルヴァンはモンマルトルに住むシャザルの家の前でアリーヌを見つけた。彼は一瞬その子がアリーヌだと見分けられなかった。母親の手元から再度連れ去られてからまだ四か月しか経っていないのに、容貌はすっかり変わり見分けがつかなかった、と後のシャザルの裁判で述べている。ボロを身に纏い、やつれきった彼女は、目には隈ができ、一匹の追いつめられた小動物のような表情をしていた。父は酔って家に帰ってくると、あれこれとうるさく責めて、私のすぐ側で寝てしまうのです、とアリーヌはケルヴァンにはっきりと証言している。「もう金輪際あんな風に身体に触らないでほしいです」と。ケルヴァンはすぐにでも彼女をお母さんの家に連れていってあげようと提案したが、アリーヌは断った。兄のエルネストが病気のため、代わりに薬を取りに行かなければならないからだ。アリーヌが母親のところに戻るのはもう少し後になるだろう。ケルヴァンは車代として幾ばくかのお金をアリーヌの手に滑り込ませてやった。

その晩、フロラのアパートの戸口をどんどんと叩く者がいた。アリーヌである。雨でぐっしょりと濡れ、汚れ、熱っぽい目をして母親の腕に飛び込んできた。風呂に入れてやり、食べ物と飲み物をもらうと、すぐに床に入った。翌朝、アリーヌは警視の問いかけるどんな質問にもはっきりと答えている。デュクロが警視を呼びに行ったからだった。そうだ、確かに父親はおぞましいやり方でアリーヌの身体に触り、愛撫した。警視は調書に、明らかに子どもらしくない言葉遣いで、こう書き留めている。「彼女は自分の手が射精の道具にされ、局部に触られた苦痛を訴えている。しかし、はっきりと暴力が行使されたとか、恐ろしい犯罪的行為が行われたという事実はほとんど立証できないように思われる」[10]と。

警視がアリーヌを尋問していると、また戸口をせわしく叩く者がいた。それは気でも狂ったように怒り、いらいらした仕草で、話もできないくらい興奮したシャザルだった。すぐにアリーヌを家に連れて帰りたい、誰か卑劣な陰謀で娘を奪っていったのだ、と早口でまくしたてた。フロラは激情で身を震わせながら、夫を外に追い出して言った。「さっさと出ていきなさい、逮捕されるわよ。あなたを警察に引き渡したくはありません」。

警視が間に入った。「もし娘さんを取り戻したいのなら、警察に相談しなさい。これからお子さんを尋問しなければならないのです」。シャザルは一瞬躊躇してから、後を振り返り、家を出ていった。またもや権力はフロラの味方でなかった。

翌日、シャザルは近親相姦の容疑で逮捕状をとられた。こうしてサント・ペラジー獄に二か月半未決拘留される。アリーヌへの猥褻行為については、シャザルは頑強に否認している。以後、彼の身を破滅に導く妻の謀略、さらに国家を転覆させる活動に参加する妻の陰謀だけが問題にされることになる。ケルヴァン氏やさらにエルネストまでもアリーヌの申立てを証明したにもかかわらず、予審判事は免訴を言い渡した。

シャザルは再び自由の身になるが、フロラは今や司法機関に夫との別居を請求できる明確な理由を手にしていた。一八三八年一月、フロラはシャザルの暴力から身を守り、二人の子どもの保護をかち取るため、民事裁判所に申請書を提出している。裁判官の手にはフロラの説得力のある証言と並び、シャザルとその弁護士たちが共同で署名した報告書もあった。この報告書には、フロラを中傷し「彼女には、上流社会の娘、妻、親族、女性から高く評価される美徳など何もない。家族の絆、社会の義務、宗教上の原理も、彼女にあっては、喜んで捨ててしまう馬鹿々々しい障壁、たとえそれが間違っていようと、言いわけでごまかし、捨ててしまえる無価値な障壁である」(11)ことを証明しようと、『ある女パリアの遍歴』が長々と引用されている。反対に、フロラの弁護士は依頼人の結婚以来の運命をこう記している。「彼女がこの男と出会った頃、結婚をきっかけに、第二の本性ともいうべき無頼な生活習慣に終止符を打とうという気持ちはまったく生まれてこなかった。身を焼く賭博熱に浸り、これを満たすため、生活費のすべてを投入したあげく、あっという間に自分と妻の生活も危うくしてしまった。浪費癖に加えて、シャザル氏が怒りっぽく、短気な性格だったことを知れば、夫人がどれほど不幸な状況にあったか、言わずとも想像がつくだろう(12)」。

一八三八年三月一四日、民事裁判所はシャザルの意に反し、別居を認める判決を下した。子どもについては、エルネストは父親に委ねられ、アリーヌは両親の合意を得るという条件つきで、見習い奉公に出される、と裁判官は決定した。この裁可は実現には至らないだろう。エルネストをいま保護しているフロラの母親が、卑劣な犯罪で起訴されたような人間に子どもを預けるなんて真っ平だと言ったからである。アリーヌはフロラの家に残ることになる。借財を背負い、生活の資にも事欠くシャザルには判決を実行に移してくれる司法官などもうどこにもいない。後の訴訟で彼が主張するように、執達吏や警部でさえ金がなければ出向いてはくれないのだ。

フロラにとってこの時期は心休まる時といってもいいだろう。彼女はその数か月ジャーナリストとして仕事をしている。またそれはバック通りの自宅にフーリエの共鳴者を集め始める時期でもあった。女性を解放し、貧者の置かれた劣悪な状態を改善し、社会を変革するため、ヴィクトル・コンシデランとその新聞『ファランジュ』の信奉者が成し遂げた以上の仕事ができるのか、というのがその集まりの主要なテーマであった。フロラはじっと耳を傾けて聞き入っていた。彼女はそこで出たさまざまな意見や考えを集めている。この時期の手紙はもっぱら何本かの論文や小説『メフィス』の着想に役立っている。しかし、一度だけ、フロラの心をとらえている問題の本質を垣間見ることができる手紙がある。フェミニストとして賛辞を贈ってくれた女性読者への返事で、こう書いている。「ようやく私たちは、有能な女性が連帯することで力と権力を持ち、万人に幸福と調和が生まれる時代になったのです[13]」。

モンマルトルのぼろアパートで、シャザルはたった一人で、連日妻の政治的作家としての成功を報じる新聞雑誌を食い入るように見つめていた。フロラは論文を何本か執筆し、自分には無縁でまったくわからない造形芸術や建築や社会問題に関する知識を披歴していた。『ある女パリアの遍歴』の作者を褒め称える記事が多くの新聞に掲載されていた。シャザルの心は次第に憎悪に満ちたヒステリーに捕えられていった。シャザルはフロラを、自分の人生を破滅させた女というだけでなく、社会の根幹を脅かす悪の権化とみなすようになった。しばしば彼の言い分を認めてくれた裁判も、もう当てにはできない。

毎晩酔っ払って帰宅した後、部屋の紙片に書き留めたメモや、家宅捜索で発見された紙片を見ると、シャザルがすでに発狂直前の精神状態に追い込まれていたといえる。一八三八年五月二〇日（書きなぐったメモの日付からそれがわかる）には、妻の墓石をデッサンしている。この墓に、彼女の墓碑銘まで入れてあった。「パリアよ。お前は逃げようとしているが、逃げられないのは当然だ。お前の邪悪な教えで道を誤った人への見せしめに、安らかに眠るのだ。悪人を罰するため死を恐れる必要があるだろうか。その犠牲者を救う必要などどこにあるだろう[14]」。

シャザルは次第に暗く沈み込むようになり、さらに自分は妻の社会転覆思想に脅かされた社会全体の守護者だと感じていく。六月一一日、彼は二挺の拳銃、弾薬、薬莢を購入する。二週間後、友人のロベールに、妻を殺そうと決心した、一週間以内に実行に移したいと打ち明けている。この殺人の計画は兄のアントワーヌの耳まで届いたため、兄は友人と連れだって弟に会いにいき、拳銃を取り上げようと試みた。拳銃の引き渡しを拒むアンドレを見て強い不安を覚えたアントワーヌは、モンマルトルの区長に面会にいった。区長はシャザルを見張っていてあげると約束したが、本気でその約束を守ってくれるようには少しも感じられなかった。

シャザルのもう一人の友達バイイはフロラの母親に手紙を書き、エルネストをモンマルトルの父親の家に戻してやってくれと頼み込んでいる。一五歳になった息子が、ひょっとしたら父親の気持ちを和らげられるかもしれないと考えたからである。フロラの助言に従い、レネ夫人はこの要求を受け入れている。ところが、エルネストは父親が毎朝ポケットに拳銃を入れ、日中ずっと身を隠していることに気づいた。日曜日になると決まって、シャザルは近くの森で射撃の練習をした。エルネストは不安に駆られ、母親に会いにいき、父親が日毎に気難しくなっている、と不安を訴えた。あの武器で何かよくない計画を立てているのではと息子に聞かれたら、フロラはこう答えただろう。シャザルなら追いつめられればありえるわ、と。アリーヌが父親シャザルから受けた肉体的な辱めを嘆き訴えたから、父の怒りはアリーヌに向けられているとエルネストは思っていた。ところがフロラは、攻撃の対象が紛れもなく自分だと承知していた。しばしば、自宅を出るときや夜帰宅するとき、教会の正面の入口に身を隠し、また家の真向かいの惣菜屋の椅子に腰を下ろしている彼を目にしていたからである。一度は、ポケットに拳銃のようなものをしのばせているのを見たこともあった。

九月四日、妻を外におびき出そうと、シャザルは文芸家協会職員ポミエ氏の名を騙って代書人に書かせた手紙を送付した。関係する仕事上の問題で、翌日一〇～一一時にポミエの事務所に立ち寄ってくださいという内容だった。翌日指定時間に、シャザルはバック通りでフロラを待ち構えていた。だが、罠かもしれないと考えて、フロラは約束の場所に一時間ほど早い九時に行ったところ、ポミエは手紙など出していないことがわかった。

フロラは外出を躊躇していた。しかし、本の出版のためどうしても反故にできない重要な約束が九月一〇日にあった。午後三時頃帰宅しようとすると、突然向かいの歩道にシャザルの姿を見つけた。彼はズボンのポケットに両手を入れていた。ポケットには拳銃の形がくっきりと浮かび上がっていた。フロラはこれから何が起ころうとしているのか、すぐにわかった。

五か月後の裁判で、フロラはこう証言している。「私は自宅に戻るところでした。近づいてくるのが夫とわかったのは、自宅まで四〇歩くらいのところでした。その表情から、私を殺そうとしているのだとすぐにわかりました。私から五～六歩のところまで何の素振りもみせず、脇を通り過ぎていきました。私は振り返り、目で彼の姿を追いました。姿が見えなくなったちょうどその瞬間、銃が発射されたのです。私は横に倒れかかりました。彼が二挺目の銃を持っているのがわかりました。激しい恐怖心で気力が甦り、急いで身を起こし、開いていた店に飛び込みました[15]」。彼女は恐れおののく店内の客の間にくずれるように倒れ込んだが、背中と口からはおびただしい血が流れていた。

シャザルは使った拳銃を投げ捨て、別の拳銃をポケットから取り出した。フロラの住んでいる家の門衛が、同じ通りに店を構える靴修理屋のマルチノーと一緒に駆けつけてきた。殺人犯は二挺目の拳銃を何の抵抗も示さずマルチノーに渡した。通行人を傷つける意図はなく、二挺目は妻を殺し損ねた場合の予備だと言った。また、自殺する気もなかった。それほど卑劣な人間ではなかったからである。裁判は眠っていたのだ、今度こそ目を覚ますだろう、とも言った。身柄を拘束され、門衛の詰所まで連れていかれ（そこで警察官の到着を待った）、大勢の野次馬の驚く様子を目にして、今はもう満足で、幸せだとまで言っている。奥さんは負傷したが、命に別状はないと知らされると、平然として、それはとても残念だと答えた。

シャザルのポケットから検事総長宛ての一通の長い手紙が見つかった。彼はこの行動を、自分の立場に無理解な裁判の決定、特に近親相姦に対する不名誉な「控訴棄却」に絶望したためであると説明していた。彼はまた自身の行為によって、子どもたちを妻の有害な影響から守ってやりたかったのだとも述べている。「検事総長閣下がこの陳情書を受け入れていただけたら、正義は成し遂げられたことになり、私は閣下の意向に従う所存でおります[16]」。

フロラは自宅に運ばれた。リフランとレカミエの二人の医師が駆けつけ、左胸部下に撃ち込まれた弾は心臓のほんのすぐ近くに止まっていることを確認した。その摘出は不可能だろう。通りの真ん中で一人の女性作家が暗殺されたという噂がパリの町に広がった。その女性とはジョルジュ・サンドなのだろうか。サンドはその晩は、オペラ座にベルリオーズのベンベヌート・チェリーニの上演を見に行っていたから、彼女ではない。翌日の新聞は犠牲者の名を明らかにし、フロラの作品に関する記事をあれこれと載せた。その日は本屋にどっと客が押しかけ、『ある女パリアの遍歴』の在庫はあっという間に売り切れてしまった。急遽第二版を出さなければならなくなるだろう。

新聞雑誌は殺人未遂事件を詳しく伝え、新聞によっては、年若い妻が瀕死の状態に陥っているとまで書いている。バック通りの住民は心を痛め、馬の足音や車輪の騒音を和らげてあげようと、犠牲者のフロラ宅の窓の下に、分厚く藁を敷き並べる人もいた。普段はとても静かなバック通りに無蓋の四輪馬車が山ほど止まっていた。作家、ジャーナリスト、友人、知人、読者らがフロラの身体の具合について情報を手に入れようとやってきた。当初の消息は悲観的なものばかりで、彼女が生き延びられるかまったく保証の限りではなかった。

パリのメディア、とりわけフロラの論文を載せた新聞は、定期的に彼女の容態を報告した。九月一五日、『ヴォルール』紙にはこうある。「銃弾で心臓近くに重大な損傷を受けたシャザル夫人の状態は、医師の懸命な手当にもかかわらず、目下憂慮すべきである……」。九月二〇日、一転して、同紙は読者を安心させている。「本紙が重体と報じたフロラ夫人の容態は、他の新聞報道によれば、まずまず満足できる状態にあるようだ」。

一〇日後には、「フロラ夫人の健康状態はすっかり安心できるものとなった。医師たちは夫人にアパートの庭に下り、さらに馬車で外出してもよいという許可まで与えている。少し経てば、仕事も再開できる見込みだ」と伝えた。

最後に、一〇月一〇日にはこう書かれている。「フロラ・トリスタン夫人はすっかり回復し、文筆活動を再開できるまでになった。『アルチスト』紙の最新号は「ルネッサンス期以降の芸術について」という表題で、学識も非常にすぐれた彼女の論文を載せている」。だが、芸術家は社会変革に加わるべきと強く主張するこの壮大なエッセイは、殺人未遂事件の起きる前に執筆されたものだった。

一二月の最初の週、メディアはまたフロラの記事を載せた。彼女が国民議会議員に向けて死刑廃止の請願書を提出したからである。社会主義系の『ジュルナル・デュ・プープル』紙は編集部の解説付きで、その全文を収録した。『法律』紙と『判決録』はこの請願書の類を見ない内容に驚いている。周到に準備した殺人未遂事件で、シャザルが裁判にかけられようとしているとき、フロラは死刑制度の全面的廃止のための論陣を張っているからである。たとえそれが卑劣で残忍な夫であろうと、自分が原因で命を失くすかもしれないと思うと、フロラは恐怖心に捕らえられたのだろう。請願書は死刑制度をとても今風に論じ、恐るべき社会状態は、労働者階級の極度の窮乏がその原因であると詳細に述べている。これこそ犯罪の原因なのだ。したがって、何よりも労働者の生活水準を向上させなければならず、加えて緊急に実現すべきものは女性の平等な権利であり、さらに暴力と犯罪を生み出す貧困への転落を防ぐため、青少年の職業教育を優先し、人々の進歩向上を図るべきである、と訴えた。

一八三八年一月三一日、セーヌ重罪裁判所で始まったシャザルの裁判は、作家やジャーナリストの業界、サン゠シモン主義思想の信奉者やフーリエ主義者ばかりでなく、パリを越えて広範な地域にわたり、多くの人の関心を呼んだ。『ジュルナル・デ・デバ』『シエクル』『ナシオナル』『法律』紙などのメディアもこの事件を報じ、また『判決録』の二月一日号は、巻頭ページをこの事件にあて、本文中でも二頁にわたり、寄稿者の非常に詳細な論文を載せている。

裁判の始まる一時間も前から、廷内はもう超満員だった。公判の一日目も二日目も事情は同じだった。傍聴席には多くのエレガントな女性の姿も見られた。メディアは口頭弁論を見ようとやってきた著名な作家、ジャーナリスト、芸術家、代議士の名前を詳しく報じている。

被告が到着すると、彼は廷内の注目の的になった。あるジャーナリストはその姿をこう描写している。「どうといって何の変哲もない顔立ちである。家主の着るような大きめのフロックコートを着ていた。落ち着き払った様子をし、被告人席の下にはたくさんの書類やメモが並べられていた」[17]。

起訴状を読み上げてから、裁判長ド・グロは被告に尋問する。被告は一八三二年に夫婦同意のもとで別居したことを認めた。彼は殺人未遂事件の主な動機は、子どもたちを不道徳な母親の悪影響から守ってやりたかったからだと述べている。ド・グロはフロラのいわゆる不道徳性について長々と彼に質問している。

裁判長：被告は一体何を根拠に、そう主張しているのですか。
シャザル：既婚者であることを隠して、何度も旅をしていることです。
裁判長：それについてあなたは何もしなかったのですか。
シャザル：必要のない限り、妻の不道徳を非難したりしません。そんなことはどうでもいいのです。私には子どもたちを手元に置く権利があったのです。私はどうしても子どもたちを母親の悪影響から守ってやりたかったのです[18]。

シャザルの弁護士ジュール・ファーヴルはフロラの不道徳性については、出版された著書を見れば明らかだと宣言した。彼は『ある女パリアの遍歴』からメキシカン号上での船長シャブリエとの出会いやエスクデロ大佐に抱いた好意、仕上げに小説『メフィス』からは若い娘が自由に夫を選ぶことを是とする次の一節を引用した。「若い女性には、相手を選ぶときには、いっときの感情に負ける前に、恋心を抱く相手についてしっかり考えさせることです。どんな強制力も働いてはならないし、世の法律に縛られるものでもありません。キリストもそれを認めてこうおっしゃっています。「神が私たちの心に燃え上がらせた恋の炎は、法律などよりもずっと正しく、父母の意思よりもはるかに神々しい」と」。今日の私たちにとっては、良識に満ちた至極当然な助言なのに、一八三九年当時のファーヴルにとっては、既成の秩序を破壊する危険思想と思えたのである。裁判長は再度シャザルの拳銃購入、発砲行為について触れ、こう質問した。

裁判長：あなたがそうした行為に及んだのはあなたの妻を撃つためだったのではないですか。
シャザル：そのとおりです、裁判長。(19)

殺人行為自体についても、被告は冷笑的な態度で、また新聞によれば、法廷に「強烈なセンセーション」を巻き起こした「信じ難いほどの沈着冷静ぶり」で自説を開陳している。「事態は極めて単純です。彼女の姿を認めると、私は労せず、楽々と、躊躇なく、彼女に近づいていった。そのまま追い越さず、そばに行き、拳銃の引き金を引きました。まったく単純で、どうしてあれこれと問いただされるのか理解に苦しみます[20]」。

仮に自由の身となっても、もう一度やってやる、と言ったという同房者の供述に質問が移ると、シャザルは断言している。「事実は誤って伝えられています。もう一度やるつもりだなどとは言った覚えはありませんが、ただ私としては、もう苦しまずにいたいのです……。もしこんな苦しみが続けば、また同じことになるかもしれません」。

審問は一時中断せざるを得なかった。証人として質問されるはずのフロラが、まだ法廷に姿をみせていなかった。彼女は高等法院に行く途中馬車のなかで気を失い、しばらく休憩をとっていたからである。彼女は喘ぎながら人ごみを通り抜けていった。道行く人の視線が彼女に向けられていた。彼女の入廷は大きな注目を浴びた。ある新聞はこう伝えている。「彼女の服はとてもエレガントだった。黒いヴェールの飾りがついたビロードの緑の帽子で、優美で端正な顔立ちがひと際目立っている。愛らしいギリシャ風の鼻、美しい黒髪、生き生きとした眼、スペイン女性特有の顔が人々の心を捕らえて離さなかった[21]」。また別の新聞には、こんな記事も載っている。「彼女は小柄で、髪は漆黒である。とりわけ美しいその眼はくっきりとした表情をもたらし、さらにその赤銅色の顔色を見れば、出身は自ずとわかる。彼女は激しく動揺しているように見えた[22]」。

フロラは彩色工としてシャザルの仕事場で働いたときから、バック通りの殺傷事件に至るまで、夫と過ごした長い苦難に満ちた生活を語った。裁判の間ずっと平静を保っていたが、たった一度だけ、フロラが法律違反の重婚を賛美していることを証明しようと、弁護士ファーヴルが『ある女パリアの遍歴』の何か所かを取り上げ、それを証拠にしたときには激しく抗議した。次席検事はファーヴルの主張を認めたように見えた。フロラは被害者でこそあれ、被告人などではないと強い口調で繰り返している。弁護士ファーヴルの悪意をもってしても、この明白な事実は覆せないだろう。「私は重婚を賛美したことなど絶対にありません。私は絶望感にとらわれて、離婚を認めない社会に抗議しようとしたのです。私が請願書を議会に送ったのは、離婚制度を確立するためだったのです(23)」。

毅然としたフロラの態度は聴衆やジャーナリストの心をしっかり摑んだに違いない。それは陪審員に対してというより、「尊敬すべき」地位にある人たちに向かってとった態度だったことは確かである。いずれにせよ、彼女がイギリス人の貴族宅で五年間召使いの仕事に従事した証拠の提示をきっぱり拒否すると、法廷は悪印象を抱かざるを得なかった。次席検事プルグルムがフロラに、叔父トリスタンから少額の年金をもらえるようになる前の一八三〇年から一八三五年にかけて、イギリス人貴族奥方の付添婦の職に就き、この夫人とともにスイス、イタリア、イギリスなどの国々を旅して廻ったことを裏付ける証明書や手紙類を提出できるかと尋ねたのは、おそらく悪意あってのことではないだろう。プルグルムはさらに付け加えている。

プルグルム：あなたの行動がまったく正当であり、そして完全な被害者であるあなたが非難の的にされるのを避けようとして、我々があなたにこの質問をしていることをご理解ください。

フロラ：転職してからというもの、私は愚かな自己愛から、つらく悲しい思い出しか残っていない職業に関する証拠類は一切破棄してしまった、と正直に申し上げます。

プルグルム：子どものためにどうしてもその職に就かねばならなかったというのなら、屈辱を感じる必要などなかったでしょう。

フロラ：そのとおりです。

プルグルム：イギリス人宅の付添婦という職を証明してくれる人が誰かいますか。

フロラ：いいえ、誰もおりません。(24)

ファーヴル弁護士はこのとき、フロラの反道徳性について陪審員が納得してくれるように祈ったはずだ。これを除けば、フロラの誠実さを攻撃しようと思えば、彼女の著書や論文を引用するしか他に手だてはなかった。七月王政の反動的な社会的慣習に基づいて立てた戦略は完全に失敗に終わったとは思えない。シャザルは死刑を免れるからである。短い口頭弁論の中で、次席検事は陪審員に向かい、シャザルの殺人未遂罪の刑の減軽を承認してくれるようにと訴えている。こうして、裁判所は以下のような判決を下した。シャザルに二〇年の強制労働とさらし刑〔別名ピローリ〕が宣告された。弁護士の訴えは却下されるが、王令により強制労働は二〇年の懲役刑に変更され、恐ろしいさらし台の刑は破棄される。ゲロンの監獄（ウール県）に一七年間拘留された後、彼は一八五六年にナポレオン三世の恩赦を受け、エヴルーで彩色工の職を見つけている。それから四年後、誰にも知られず、ひっそりと死んでいった。

判決の出た日から、フロラはようやく夫婦にまつわるさまざまな苦痛から解放された。数週間して、彼女は裁判所に、自分と二人の子どものために、姓をシャザルからトリスタンに変える許可を求め、承認された。こうして彼女は文学活動に全力を注げる身になった。裁判の始まる数週間前の一一月一七日から、小説『メフィス或いはプロレタリア』は発売された。初版はあっという間に品切れになり、すぐに第二版も印刷にまわされる。この裁判のおかげで、フロラはそれまでフロラの著作など一冊も読んだことのなかった人たちの間でも知られる著名人になった。

上下二巻の七五〇頁にもわたる大部な小説で、メフィストフェレスをもじった『メフィス』は、フロラの人生で起こったさまざまな出来事を寄せ集めてつくられた小説であることは疑う余地はない。そこでは一連の途方もない、絵空事ともいえる事件や、サン＝シモンやフーリエの描いた未来社会などが語られている。幻想的なエピソード以外に、産業家や銀行家の勢力が増していく社会、両者と封建貴族との対決、新旧富者間の闘争や貧者との共通する闘いなど、七月王政下での階級闘争の現実も見出すことができる。

『ある女パリアの遍歴』では、フロラはまだフィクションを、たとえジョルジュ・サンドのような見事な作品であっても、民衆の知的・道徳的教育には不十分と考えていた。では、女性解放や社会変革思想を広めるために、一体どうして小説を活用する気になったのか。彼女は当時フランスの作家たちに次第に重要な位置を占めてきたある風潮を注視していた。三年後の一八四二年、ウージェーヌ・シューは小説『パリの秘密』を『ジュルナル・デ・デバ』に連載し始めている。この小説は全体を当時人気の高い風俗小説というジャンルに設定しながら、首都パリの最下層の人たちや貧困階級が織りなす幻想的な情景が、博愛的な社会変革思想とともに描かれていた。ヴィクトル・ユゴーやジョルジュ・サンドもまたそれよりはるかに高次な段階で社会を批判し、短編小説や長編小説という形をとりながら、変革のための見取り図を展開する「社会小説」を何本か執筆していた。おそらくそうした小説によって、彼らは哲学書や経済学の書物、あるいは進歩的な新聞雑誌の読者層よりはるかに広範囲な読者を獲得できたのかもしれない。また検閲も、フィクションというヴェールをまといながら、政治的・社会的状況を批判することにはずっと寛容だった事実を考えれば、こうした文学ジャンルが競って選ばれたのかもしれない。新聞雑誌やエッセイの検閲はこれより幾層倍も厳しかった。こう考えると、専制権力というものは、時代の如何を問わずみな互いに似ているといえる。

その当時、進歩主義的な、また疑似進歩主義的傾向の小説は、カール・マルクスとフリードリッヒ・エンゲルスが最初の共著『聖家族』で、ウージェーヌ・シューの『パリの秘密』に一章を割くくらい大きな役割を果たしていた。二人はとりわけ、シューが当時のプロレタリアに与えた歪んだイメージを激しく攻撃した。フロラ・トリスタンの『メフィス或いはプロレタリア』についても、彼らは同様な批判を浴びせたであろう。同じ意味で使われていた「プロレテール（労働者）」という言葉は、ある階級への帰属を特徴づけるためではなく、避け難い宿命、呪われた者とか賤民（パリア）と同義語として用いられていた。貧者として生を受けた人間は、どんなに富と名声を得ようと永遠にプロレテールのままなのだ、というのがフロラの信念だった。惨めな幼年期を送り、裕福な有力者のイギリス人家庭の養子になったフランス人の画家で医者だった主人公メフィスは、信じられないような数々の事件に遭遇した後、アンダルシアの上流貴族の私生児だった歌手マレキタと結婚する。マレキタは数年間にわたり、おそらくシャザルを暗示する人物の、意志薄弱でひたすら金の亡者だったダズカル男爵の妻であった。

一定の距離を置きつつ、またフィクションの現実性を強調しながら、フロラはマレキタ・ダルヴァレスとメフィスとのロマネスクな冒険物語を展開する。メフィスがマレキタの綴った告白を読むに当たり、作者はこう説明している。「……何とたくさんの物語が作り話と呼ばれてきたことだろう。もしそうした物語を真実と認めるなら、なにを措いても、それが示す悪を正すことから始めなければならない[25]」。

メフィスのアトリエには、片方は「過去、聖職者の権力、暴力」、他方は「未来、暴力の跡を受け継ぐ知力」という題の二枚の絵が掛かっていた。フロラにとって未来とは、二枚目の絵に描かれている、民衆を幸福の頂点へと連れていく「生の源であり、進歩の原動力である、人類の導き手[26]」の完全無欠な女性である。社会を救済するのはまさしくメシアである女性なのだ。父親からは社会的正義の情念、母親からは天使のような善意の情念をそれぞれ受け継ぐマレキタとメフィスの娘がこの至上の救済者になるだろう。

物語全体は哲学的、政治的、美学的省察が混在するさまざまな主義主張や対話でごてごてと飾りたてられ、どちらかといえば不器用と形容してもいい仕方で組み立てられている。『ある女パリアの遍歴』が大きな反響を呼んだのとは対照的に、メディアによるこの小説への言及はほとんどなかった。唯一つの例外は『シエクル』紙で、その一章全部を載せていた。この作品はフィクションという形をとって自己の信念を表明しようとする作者の最後の試みになるだろう。『メフィス』の初版で予告されていたもう一つの小説『リマの娘』は出版されないだろう。しかも、作者はこの小説の第二巻で、人間の偽りなき真正な生を語った物語を賛美してこう述べている。「おそらく告白以上に読者の心を奪う読み物はない。ジャン＝ジャック・ルソーやロラン夫人のように、それが誠意を込めて真心から作られているときはとりわけそうである。こうした心を揺さぶる生き方に誰も興味を寄せずにはいられないはずだ。自己を語るその人物は私たちの心の中に生きているのだ。こうして、たとえ意見や趣味を共有しなくても、私たちは彼と一緒にその不安に苦しみ悩んだり、喜びを分かち合ったり、苦しみを味わったりするのである」(27)。

実際、自伝的な語り口、ありのままの現実に基づいて成されたルポルタージュ、これこそフロラ・トリスタンの持っている力だった。小説が出版されると、彼女は殺人未遂事件とその療養期間のため遅延していたもう一つの作品を執筆する準備に取りかかった。それは何を措いても、労働者階級の置かれた状態を考察するための新たなイギリス旅行だった。新しい体験とそこから得られる結論は、労働者階級と社会の必要な変革に関する彼女の見解を大きく変えてくれるだろう。博愛の情に満ちているけれど、どこか焦点のぼやけている『メフィス』の幻想的世界像と比較すれば、それは同時代の現実にしっかりと目を向けた大きな飛躍となる。

テームズ河岸での発見

シャザルの殺人未遂事件から八か月後の一八三九年五月一〇日、フロラはイギリスに向けて出発し、八月末までこの国に滞在している。彼女にとって、イギリスの旅は四度目になる。以前の三度のイギリス滞在に関する資料はほとんど残っていない。ただ一度、夫の裁判で証言したときに、子どもの生活費を捻出するため、裕福なイギリス人女性の召使いとして二、三度雇われたことがあると述べている。この件について、彼女は詳細を明らかにしなかった。だが、今度の旅にははっきりとした目的があった。すでに名前の知れ渡ったジャーナリストで、宗主国スペインから独立したラテンアメリカ社会の姿を鮮やかに描いたベストセラー『ある女パリアの遍歴』の著者は、イギリスにおける労働者階級の悲惨な生活やその階級闘争の実態に関する本を是非とも執筆してみたいと考えたのである。

パリの進歩的作家に属する女性にとって、それは当然の企てだった。フランスの政治的作家たち、さらには詩人たちまでもが、当時フランスよりはるかに進んだ産業国イギリスにおける資本主義の華々しいデビューに魅了され、これにすっかり驚嘆させられたからである。フロラの大好きな作家のスタンダールも「まさに我々自身の未来の鏡」という言葉でイギリスを賛美していた。彼はこう書いている。

「イギリスは賤民の国インドと同じように、階級間の区別がはっきりしている」と。彼は厳しいアイロニーを込めて労働者の搾取の様子を描く。「耐え難い言語を絶するほどのイギリス労働者の労働により、ワーテルローの戦いの恨みを晴らそうとしているのではないか」(1)。また、この国では「すべての貴族と富者が攻守同盟を結び、貧者と労働者に対抗している」(2)と断じている。

英国の社会状況を描いたのはスタンダールだけではない。詩人オーギュスト・バルビエ(3)も詩作品群『ラザール』を出版したばかりで、フロラも数度にわたり自著で引用している。バルビエは『ラザール』でイギリスとアイルランドの悲惨な状態、ベツレヘム精神病院、富者の専制、貧者の売春とアル中などを躍動感溢れる詩的イメージで描いた。その詩作品群を以下のような詩句で始めているバルビエの苦痛の叫びを、フロラは彼女流のやり方で再度取り上げた。

あの巨大な石炭船に上船するのだ
大洋の真中で煙を吐き
イギリスという名の記された汚い船腹の大帆船に
ああ、うす暗く陰鬱なる船よ
お前を水面に浮かせるには
どれほどの苦しみと悲惨な生活が必要か
これから私は見に行くのだ(4)

若くて才能豊かなジャーナリスト、ユージェーヌ・ビュレ[5]は、イギリスとフランスの労働者に関する重要な著作を仕上げつつあった（刊行直後に自殺した）。彼はイギリスを「社会研究に最適の国、世界のどの国より教示してくれるところの多い国」と定義している。そこには、「知的好奇心」がありさえすれば、誰でも必ず「社会の秘密を解き明かせる[6]」と書かれていた。ビュレの著書はフロラの初版直後に出たから、彼女は初版では利用できなかった。けれども第二版では、労働者に向けて是非この本を読むようにと勧めている。しかも当時同書は多くの人からも広く注目を浴びていた。青年マルクスが一八四四年春から夏にかけ、パリで政治経済学の研究に専念し始めたとき、とりわけ研究対象にしたのはシスモンディとこのビュレだった。

おそらくフロラはフランスで出版されたイギリスの社会・政治状況に関する本はすべて読んでいただろう。彼女の旅はどこから見ても用意周到であった。数年前から彼女はこの島国の進歩的人間たちと手紙で連絡を取っていた。友人のなかにフェミニストで社会主義者のアンナ・ウィーラーがいた。アンナはフーリエ主義者やロバート・オウエンの弟子たちと連帯しようと全力を注いでいた。一八三七年七月二八日、フロラはこの偉大なイギリスの改革家をパリのバック通りのアパートに連れていった。フロラはのちに著書の一章を丸ごとオウエンに割いている。チャーチスト、改革家、アイルランドの愛国者との多彩な交際で、フロラがロンドンで滞りなく仕事を運べたのも、このアンナ・ウィーラーのおかげである。アンナは彼女のために徒刑場や精神病院の扉を開けてやることさえできた。

フロラはその作品に『ロンドン散策』という簡単な書名をつけているが、同時に「イギリスの貴族階級とプロレタリア」という副題も添えた。さらに序文で、もっぱらイギリスの首都の歴史的な名所ばかり見学している観光客が伝える牧歌的イメージとは一線を画したいと切望し、こう述べる。「ヨーロッパ大陸から訪れる当世風の旅行者たちは、ロンドンのお屋敷街に投宿し、家内労働で生計を立てている国民のかなりの数（約半数）の暮らしぶりを見ようという気持ちなど少しもない。また彼らは、イギリスの産業地帯もアイルランドの田舎も訪れようとしない。多くの地区から成るこの首都に、人類が苦しむありとあらゆる貧困、悪習、害悪が隠されていることも知ろうとしない。彼らはリッチモンド、ウィンザー、ハンプトン・コートへ行き、貴族階級の豪華な宮殿や壮麗な庭園を見学するだけで、自国に帰ると、黄金への渇望に導かれた際限のない反道徳的行為や、餓死寸前まで追いやられている国民の恐るべき貧困状態や、民衆がその犠牲者にされている苛酷な圧制など、外観よりもっと奥にわけ入って観察をする人たちの描くイギリスの現実を、誇張だとか作り話だとか非難する始末である[7]」。

ロンドンではフロラは真っ先に「この傲慢な大都会を覆っている巨大な暗い情景」に強烈な印象を受けた。イギリスの首都の人口は、当時としては恐るべき人口集中ともいうべき一九五万人を数え、後の一八四二年に至っては二〇〇万人を超えそうなほどだった。

外国人観光客は、テームズ河を初めて見た人はとくにそうだが、感嘆の念に打たれてしまう。「無数の軍艦や船舶、形容し難い巨大な建築物が、テームズ河の水面を何リュにもわたって覆い、それはまるで狭い運河のようだ。これらの橋のアーチや雄大さといったら、あたかも大巨人が地球の両岸を結ぶために渡したのではないかと思ってしまう。二八エーカーもの面積を占める巨大な貨物集散所や倉庫群のある埠頭。霧がたちこめ不思議な形にみえる円屋根や鐘楼や大建築物の数々。空に向けて黒煙を吐き出し、大工場の存在を示す巨大な煙突群。周囲を取り囲む事物の不確かな外観。こうして映像と感覚とがすっかりごちゃ混ぜになって気も動転し、まるで茫然自失の体になってしまう[8]」。

富裕な貴族やブルジョアの住む地区では、彼らの豪奢な暮らしぶりはパリをはるかに凌駕する。「ウエスト・エンドは廷臣、上流貴族、粋な商人、芸術家、あらゆる国の外国人などの住むところである。ロンドンのこの一画こそ、比類なく美しい街である。家の造りは立派で、平行して何本もの直線道路が走っているが、単調この上ない。きらきら輝く馬車、華やかに着飾った貴婦人たち、上等な駿馬を乗り回す伊達男たち、金や銀の握りのついた長いステッキを抱えた従僕などに出会うのもこの街である。……けれども、ロンドンでどうしても見るべきものと言えば、まず何を措いても夜景である。無数のガス灯の不思議な明りに照らし出されたロンドンの夜はなんて明るいのだろう！　ゆったりとした街路ははるか彼方まで続き、商店には、人間の秘術を尽して産み出された傑作の品々が、光の波をあびてきらきらと輝いている……[9]」。

お屋敷街の豪奢な有り様のこうした爽快な描写も、後にフロラが描く労働者街の悲惨な暮らしぶりを際だたせる働きをしているに過ぎない。しかし、イギリスの首都のこうした優雅な生活ぶりをざっと説明してから、著者はフリードリッヒ・エンゲルスが次のように描いたように、まずロンドンの労働者の結合体から生まれた強力な組織であるチャーチストの集会場へと読者を案内していく。「チャーチスト運動では、労働者階級全体がブルジョアジーに対して立ち上がり、とりわけその政治的権力、取り囲む法的な壁を攻撃しようとしている[10]」。

「たまたまその指導者の二人と親交のあった友人に誘われ、私と友人の二人は早速チャーチスト国民会議の開かれているフリート・ストリートの会議場に出かけた。……実際、会議場は壮麗などというイメージとまったく無縁のものだった。フリート・ストリートの汚くて狭い小路の一角に、薄汚い外観の一軒の居酒屋がある。この居酒屋に入ると、最初に給仕が来て、ビールはどうですかと尋ねる。その返事で、ここに来た理由を了解した給仕は、奥の部屋を通り抜け、チャーチスト会議場へと案内してくれる。だが、会議が開かれている場所が一体なんだというのか！　初期キリスト教の使徒が信者を集めたのも、地下礼拝堂や地下室や洞窟ではなかったか。それでも、使徒の語る言葉は、皇帝よりも力強かったはずだ！……」(11)。

フロラはチャーチスト運動をイギリスで展開されている激しい階級闘争の一環と位置づけている。「読者諸兄の中で、ホイッグ党員とトーリー党員、改革家と保守主義者、急進派とチャーチストについて耳にしたことのない人など皆無だろう。現在、この党派間で激烈な内部闘争が起きている。しかし、最大の闘争、社会組織を一変してしまうほど大きな闘争と言えば、一方で富や政治権力一切を手中に収め、自身の利益だけを考えて政治を行っている土地所有者や資本家と、他方で土地、資本、政治権力など何一つ持っていないのに、税金の三分の二を支払い、陸海軍の新兵を供給し、金持ちの都合のいいように、常に低賃金で働かされ、飢餓状態に置かれている都市・農村の労働者、この二つの闘いである」(12)。

フロラが「貴族階級への宣戦布告」とみなしたチャーチストの主要な権利の要求は、彼女が延々と引用している請願書に収められている。この請願書には、民衆の悲惨な生活状況と所有者階級の豪奢な暮らしとが対照的に描かれている。女王陛下は日に四一二二フランもの大金を手にしているのに、選りすぐりの労働者でも日当三七サンチームしか手にしていないのである。アルバート皇太子殿下は日に二六〇二フラン五〇サンチームも受け取っているのに、多くの職人は生きていくのにわずか三〇サンチームしか手にしていない有様である。工場での労働時間は人間本来もつ能力をはるかに越えてしまっている。給料など飢えを満たせないほど低額である。百姓も破産の瀬戸際で細々と生き存えている。こうした状況を目にすれば、チャーチストの提出する要求など実に穏当なものに感じられる。彼らは何よりも先に、すべての人に選挙権を、妥当な議員歳費、対等な規模の選挙区を要求しているだけだからである。一八四〇年代のイギリスの現実はそうした要求と程遠いものだった。二六〇〇万の人口で、選挙権を行使できるのはたったの九〇万人であった。数年後フリードリッヒ・エンゲルスは普通選挙に基づくチャーチストのこうした行動計画を分析する。彼はそこから、こうした要求は「一見して無邪気な要求に見えるが、女王と上院を含めて、イギリスの政体を覆すのに十分であろう」と結論した。[13]

これに対しフロラは、労働者の組織がまだ緒についていない国の出身にもかかわらず、チャーチストの選挙政策にはむしろ不満を感じ、その懐疑的態度は、一八四〇年のイギリスの進歩主義者の政治行動を〔フランス〕大革命と比較するに及んで決定的になる。「約束した言葉とその結果とがぴったり合致しているかどうか、大英帝国の同胞が、八九年の大革命以後、われわれフランス人が示した手本に従うかどうか、一戦を交え、城館を焼き払い、権利を手に入れて初めて武器を手放すかどうか!!! これからじっくりと見ていくことにしよう[14]」。

さらにフランスから来た訪問者(フロラ)はこのページの脚注で、イギリスの労働者に的確な助言を与える。彼らが統治する側の権力者と武装闘争をするなら、どのように行動したらよいのか説明する。フロラは一八三九年一一月三日夜から四日にかけ、ジョン・フロスト[15]に率いられたチャーチストの地域的に限定された反乱を引き合いに出す。およそ三〇〇〇人の炭鉱夫が非人間的な労働条件と食事もできないような低賃金に抗議して、ニューポートの町で抗議デモを行った。正規軍の一団が彼らに向かって銃の引き金を引いた。労働者たちはこの攻撃に散を乱して逃げたが、仲間から二五名の死者と四〇名の負傷者を出した。フロラは書いている。「暴動時に市民が軍隊と闘う姿を見慣れた我々フランス人にとって、なぜイギリスの民衆はほんの一握りの軍隊に少しも抵抗せず、押しつぶされるままになっているのか、私にはどうしても理解できない。フランスでは、徴兵制で大多数の国民が武器の扱いに習熟しているのに、イギリスの軍隊は、生活のために応募してきた兵士（永久に民衆の一員であることを止めてしまうだけでなく、厳しい監視下に置かれ、民衆から隔離される）で構成されていることを考慮すべきかもしれない。またフランスでは、暴動の参加者は、指揮官、下士官、一兵卒の区別なく、入念に計画された暴動にどれほど信頼感を持っているか厳しい試練を経てからでしか認められない。要するに、立派な武器を備え、規律のとれた兵隊や強力な大砲に立ち向かうには、頭数だけでは十分ではないということである。いっときの興奮から生じた熱狂ではなく、何ものにも負けない心底からの勇気が必要なのだ。生命を棄てる覚悟で、砲火を浴びせる敵を目がけて突進しなければならない。そうすれば、砲手が火薬を装塡できないうちに、無傷の兵士は確実に砲手に襲いかかれるだろう。おそらく何人かは倒れるかもしれない。そして独裁政治の砲弾と霰弾は、大義に殉じる殉教者を天国に送るだろう。しかし最後は、勇気と数に勝る民衆がいつも勝利するにちがいない。もしイギリスの労働者（プロレタリア）が蜂起の成功を願うなら、フランスの労働者と固く手を結び、彼らから教訓をしっかりと学ばなければならない」(16)。

これは、自国賛美（ナショナリズム）から発した言葉ではあるが、フロラが暴力的な革命擁護の立場に与し、かつて共鳴したサン゠シモン主義者やフーリエ主義者のロマネスクな夢想からはもう大きく離れた地点にいたといえる。しかしフロラの戦闘心に溢れたこの信念も、歴史的諸事件ははっきり証明してはくれなかった。フランスでも、一八三〇年七月、一八三四年、さらに一八四八年の蜂起、そしてパリ・コミューンで、正規軍に対する民衆の反乱が、必ずしも勝利できたとは言えなかったからである。

フロラはフリート・ストリートのチャーチストの会議でメンバーに大胆な行動をよびかけ、集まった人たちにはっきりと共感している。「まず先に、出席者の表情に心を打たれた。……この集会の参加者には、明確な個性があったからである。会議場には、国民会議議員が約三〜四〇人と、この運動に共鳴する聴衆がほぼ同数出席していた。聴衆は労働者階級の人たちで、全員若者だった。……聴衆は皆注意を逸らさず、熱心に討論に聴き入っていた。……多くの教訓を得て、満ち足りた気持ちで、私はこの会議場を後にした。そこでは討議に秩序が保たれていたし、さらに、神の配慮で、この民衆のために遣わしてくれた指導者の才能、誠実さ、献身が、はっきりと確かめられたからだった(17)」。

後に訪れる上下両院については、これとは反対に、はるかに手厳しい。フロラは「少なくとも名目上は、国民全体を代表している下院は、女王に跪き、うやうやしく拝命を賜るくせに、女性には傍聴権すらないという理不尽さである(18)」と、怒りに震えながら記している。女性の入場禁止という規則は、男性議員の神聖にして犯すべからざる聖域に、何が何でも侵入してみせるというフロラの決意を強めただけだった。旅の経験も豊富だから、偏見もないと思った知り合いのあるトーリー党議員に、男物の服を手に入れ、傍聴席まで案内してほしいと頼んだ。議員はびっくり仰天し、きっぱりとその依頼を断り、そんなごまかしが見つかれば、必ず恐ろしいスキャンダルになると言い張り、ひたすらフロラに注意するばかりだった。傍聴席の入場が認められているフランス、スペイン、ドイツなどの外交官に掛け合ってみたが、上手くいかなかった。「たまたま外交使節団の一員としてロンドンに派遣されたトルコ人高官と出会ったところ、私の計画に賛同してくれたばかりか、その実行に手を貸してくれた。彼は男物の上下一揃い、入場許可証、優しい同僚を提供してくれた。どれほど感謝して彼の援助を受け入れたことか！」[19]。けれども、トルコ人の服はフロラには少し大きく、丈も長すぎた。議場入り口の守衛は二人の入講を認めてよいのかためらい、外交官の入講許可証を念入りにチェックした。彼らは控室で数分間待たされた。誰も彼もフロラをじろじろと見つめ、この若いトルコ人は女じゃないか、というつぶやきが聞こえてきた。だが二人とも苦心しながら何とか入講できた。そこでは、変装していると思い込んだ代議士連がフロラを穴のあくほどじろじろ見つめたあげく、決まって女性に投じる不快な言葉をあれこれ浴びせかけた。「彼らが私にどれほど下品で失礼千万な（残酷とさえ言える）振る舞いに及んだか、言葉では言い尽くせない」[20]。

フロラは土地所有者や実業家で構成されているこの国会議員たちの無遠慮な態度を手厳しく批判し、その恨みを晴らしている。名望家たちは疲れ退屈しきった人間よろしく議席で横になっている。幾たりかは横たわって眠りこけている。彼女の記述によれば、傘を小脇にかかえて泥だらけで現れたり、馬の拍車をつけたまま、手に鞭を持ち、猟服姿で議場に入るのが立派だと思っているようである。アイルランドの代議士ダニエル・オコンネル[21]が立ち上がるときまで、大多数の者は新聞を読みふけり、演説などまったくどこ吹く風だった。フロラが同書の別の章で誉めたたえている、大英帝国の圧政と対決するアイルランド抵抗運動のシンボルであるこの人物は、偉大な雄弁家であり、アイルランド民衆の勇気ある擁護者として、賛辞に溢れた紹介をされて当然だろう。

上院の見学でもフロラは期待を裏切られる。そこでも下院同様に、議員連はこの奇妙な「トルコ人青年」のおかしな服装に気づいてはいたが、少なくともじろじろ見たり、陰口をたたいたりする無礼な行為は慎んでくれた。それでも彼らの作法が下院の同僚たちより上品だとはとてもいえなかった。「上院の議場に入ると、ちょうどウェリントン公爵の演説の最中だった。彼の語り口は冷たく、生気に乏しく、単調そのものだった。……ウェリントン卿は演説を終えるや、前列の背もたれに両足をのせ（頭はそのためもっと低くなる）、俗に「空中に浮かぶ四本の剣」と言われている姿勢で、長椅子に横になってしまった。これこそ一番グロテスクな光景であった。上下両院で見た光景からは教訓など何一つ得ることなく、断言してもいいけれど、下院議員が男装の私に憤慨する以上に、私自身彼らの習慣に激しい怒りを覚えながら、議場を後にした[22]」。

いささか潤色しているきらいはあるものの、この年若いフランス人女性が描いているイギリス議会の姿は真実の一端に過ぎない。仕事に縛りつけられている労働者や子ども、売春婦の運命、さらに懲治制度のもたらす結果に取り組むに当たり、フロラは議会の諸委員会が提出している報告書を実に広範囲にわたり活用している。一九世紀前半のヨーロッパで、権力に少しも媚びることなく作成されたその正確な社会調査報告書に比肩できるものは他にない。

数年後フリードリッヒ・エンゲルスとカール・マルクスは資本主義分析の重要なたたき台として、これらの報告書を利用している。

グレート・ブリテン島の二〇〇〇万にものぼるプロレタリアの生活と労働条件は、今日から見て想像を絶するほど悲惨だった。処女作でアフリカやアメリカの黒人奴隷売買を糾弾したフロラも、ロンドンの貧民街や、途轍もない巨大な工場を見学し、議会の諸委員会の報告書を見てからは、こう書かざるを得なかった。「イギリスのプロレタリアを知ってから、私はもう奴隷制が人類最大の不幸事だなどと思えなくなってしまった。奴隷は日々の食事と病気の際の治療は死ぬまでしっかりと保証されているのに、イギリスの労働者と工場主の間には、どんな絆も存在しないからである。工場主が仕事をあてがわなければ、労働者は餓死するのだ。病気に罹り、死が間近に迫っても、収容してくれる病院がなければ、藁のベッドの上で死ぬのだ。入院が認められるのは特別な恩情によるものだから。年老いて、たまたま事故で手足を失ったりすれば、すぐさま解雇され、逮捕されないかとびくびくしながら、人目を忍んでこっそりと物乞いするようになってしまう。こうした状態は身ぶるいするほど恐ろしい。これに耐えられる労働者は超人的な勇気があるか、さもなければ完全な無気力状態に陥っているか、どちらかだろう(23)」。

フロラは深刻な生産過剰によってプロレタリアの状況が一段と厳しくなった一八三九年の社会について調査報告を行っている。イギリスの大半の労働者には暖かい衣類もなく、ベッドや家具のあるものは稀で、冬期にストーブがある家庭などほんの少数で、馬鈴薯さえもない。彼らは天井の低い仕事場に一日一二〜一四時間も閉じ込められ、汚染した空気と一緒に、浮遊する綿、羊毛、亜麻や銅、鉛、鉄などの小片を吸い込んでいる。常に栄養不足状態にあるから、アルコールの過飲は恐ろしいほど肉体や精神の荒廃をもたらしてしまう。ロンドン、バーミンガム、マンチェスター、グラスゴーなどの都市で暮らす不幸なプロレタリアは、虚弱で、発育不全で、病気がちだ。身体は痩せこけ、四肢は弱く、顔色は青白く、目はまるで死んでいるようである。そうした彼らを見れば、誰もが肺病に罹っていると思ってしまう。

イギリスの労働者一家の生活は、すべて工場所有者の利益如何に委ねられている。もし綿布などの価格が下落すれば、製糸業者、刃物製造業者、陶器商など、それで損害を被った経営者はすぐさま互いに相談し、新しい賃金が労働者の家族を養うのに十分かどうかなどまったく考慮せず、賃下げに走る。「出来高制の場合は、支払いは以前より低く抑えながら、仕事の精度は一段と厳しく要求し、必要な条件がきっちり満たされていなければ、ビタ一文払おうとしない。労働者は雇用主から残酷な搾取を受けながら、そのうえ税務署から税金を絞り取られ、地主の強欲の餌食になっている。労働者のほとんどは若死にする。過酷な労働か、従事する仕事の性質か、どちらかが原因で生命が削られてしまうからである。妻子が長生きする保証もない。妻も子も工場に縛りつけられ、夫と同じ理由で死んでいく。冬期に仕事がなければ、路頭で行き倒れになるしかない！」[24]。

労働も細分化が進んでいるため、大部分の労働者は生涯を通じてわずか一つの専門職に就くだけで済む。一日中金属片にまみれた埃を吸い込んでいるイギリスの工場の研削工は三五歳以上生きられない、とフロラは伝えている。

工場に置かれた機械は入念に塗装され、ニスが塗られ、掃除も行き届き、綺麗に磨き上げられているのに、労働者の移動できる空間はどこにいっても狭苦しい。中庭は不潔で淀んだ水が溜り、床は埃まみれで、格子窓は汚れ切っている。「工場を見れば、建築家がそこで働く労働者の快適さや充足感、さらに健康さえも、まるで考慮していなかったことがすぐにわかる」[25]。

機械類、とりわけ金属製造工場の機械は、一八四〇年になると途轍もないほど巨大な規模に達していた。「(バーミンガムで) 私は五〇〇馬力もの蒸気発動機を目にした! そのあまりの巨大さに唖然とさせられ、人力をはるかに凌駕するこの巨大な鉄塊に伝えられる運動を目にしたときほど物凄い威圧感を受けたことはない!」[26]。この巨人の足元に立つと、労働者などまるで一匹の蟻同然である。こうしてフロラは、同時代の多くの労働者に機械化のもたらす有害な結果をはっきり見抜いていた。とはいえ、産業革命の初期、広範に起こった機械破壊運動に与しようなどと思ったことは一度もなかった。彼女は逆に、これらの機械を、人間の生活を根本的に安楽にする手段と見なしていた。「私は最初、機械と同じように働く無力な人間労働を見て屈辱を覚えたが、しばらくして、科学のこうした発明によって、未来の人間社会の限りない進歩が生まれると考えた。狂暴な力は消え去り、肉体労働は短時間に、そして知力向上のための自由な時間が多く手にできるだろうと思った。だが、こうした恩恵の実現には、何よりも社会革命が必須であり、それは間違いなく起きるだろう! 神は人間を工場主や地主の奴隷にしようとして、こうした数々の素晴らしい発明を啓示したのではなかったはずだ」[27]。フロラは工場主や地主の奴隷ともいえる労働者の現場を、ロンドンのホスフェリー・ロードの大工場「ガスライト・コーク社」で目にしている。ここで製造されたガスは、導管を通ってオックスフォード・ストリートからリージェント・ストリートまでの瀟洒な街区を明るく照らし出す。彼女は炉の前で、短い綿のパンツ以外何も身につけず、素っ裸といってもいい二〇人余りの男が、灼熱地獄のなかで、正確に、またゆっくりと仕事をしている情景を見た。「手の空いている男は、身動き一つせず、地面にじっと目を向けたままだった。彼らには体中から流れ出る汗を拭う気力も残っていなかった。……釜たきは身体強健な男から選ばれるが、それでも、七〜八年もこの仕事を続けると、しまいには全員胸をやられ、肺病で死んでいく、と職長は話してくれた」[28]。

男たちは燃えさかる炎のなかで班を組んで一二時間も働く作業が終わると、元の色の見分けもつかないくらい汗と炭塵が浸み込んだ汚い上着を肩に引っかける。それから、近くの倉庫に置かれた石のように固いマットレスまで行き、仕事が再開するまで数時間ぐっすり眠ろうと、へとへとの体を投げ出す。四方吹きさらしのこの倉庫では、落ちてくる雨から身を守る手立ては何もない。倉庫は凍てつくような寒さである。「ほら、どうして彼らが肺病になるかわかるでしょう。予防もせず、急に暑い場所から寒い場所に移動するからですよ」と職長はフロラに説明した。

フロラは怒りに震えながら工場を後にした。イギリスでは、馬車が宿駅に着くと、誰もが競って馬の腰に覆いを掛け、汗を拭き、足を洗い、乾燥した敷藁が十分に敷かれ、隙間風が入らないようにしっかり閉めた厩舎に入れてやることを想い起こす。馬が短命だとわかってからは、宿駅間の距離も短縮された。「資産家は馬一頭のためだけで四〇～五〇ポンドもの大金をつぎ込むのに、国は産業家にタダ同然で人間を提供しているのだ！」[29]。

工場や炭鉱の奥底で、日に一二～一四時間もの長時間労働を課せられている数十万人の若年労働者（ときに六歳の幼児もいる）の苦しみは、成人労働者などをはるかに上回る。フロラがイギリスに滞在中、企業経営者は経済的危機から、四〇歳以上の労働者を大量に解雇し、代わりに親もとで養われている幼い子どもまで雇用した。事務部門で一〇～一二歳から、工場で五～六歳から働き始める子どものいる事実も突き止めている。フロラはアシュレー卿が議会に提出した、イギリス、アイルランド、スコットランドの炭坑における若年労働に関する報告書を詳細に引用している。スタッフォードシャーでは、通常九歳（七〜八歳のこともしばしばだ）で坑内に下ろされる。シュロフィールでは、六歳の子どもを雇い入れていることもある。時にはそんな歳にもなっていない幼い子どもが身体にベルトを巻きつけ荷物を引っ張っている姿を目にしたと報告書は立証している。どこであろうと、年がら年中、彼らは朝の四〜五時にはベッドから出されて坑内に下ろされる。オールダム州にあっては、こうした幼児を四歳から炭坑労働に就かせているのだ。年齢や性別ゆえの肉体的な脆弱性などまったく考慮されない。彼らの働かされている地下の穴倉は、しばしば非常に狭苦しく、空気は希薄で、湿気といったらもうこれ以上ないほど高い。子どもたちはたいてい頭上から滴り落ちる水滴を浴び、両足は水の中に入れたまま働かなければならない。

アシュレー卿はまた炭坑の女性労働についても調査している。彼女たちは石炭を竪坑から運ぶため、たいてい鎖に結びつけられている。この不幸な女性たちの老化は三〇歳で始まり、また彼女らの子どもが出産後も生き延びられるのもきわめて稀である。女性が下ろされる坑道は、通常非常に薄暗く、男でも働きたくないと思うほどである、とアシュレー卿は明言している(30)。

長時間労働は男性、女性、幼児、どの労働者にも耐え難い苦痛をもたらしている。とはいえ、彼らが工場や炭坑の外で過ごすわずかな時間もまた別の地獄である。フロラは読者をロンドンでも最も悲惨な地区であるセント・ジャイルズに案内する。貧者のうちでも最貧者、失業者やパート・タイムで雇われた労働者、郷里の飢餓を逃れるため移住した何万というアイルランド人や、ユダヤ人の古物商、古着屋などがそこに住んでいる。

セント・ジャイルズは広い歩道が敷設され、優雅なブティックが建ち並び、終日華麗な四輪馬車で賑わう、美麗で延々と続くオックスフォード・ストリートが境界線である。オックスフォード・ストリートは、これよりさらに優美な通りのトトナム・コート・ロードとほぼ直角に交わっている。しかしこの通りの入口には、石炭を満載した二輪荷車でいつも道がふさがれ、壁に身をすり寄せてようやく人が通れるくらいの空間しかないベイムブリッジと呼ばれる狭い小路がある。この小路をたどると、まったく別の世界が現れる。この小路には鋪石など敷かれておらず、鋪道もない。通行人は食器を洗った水や、悪臭を放つ水たまりを横切っていく。バラック小屋の路地の両側に渡したロープから、通行人の頭上に洗濯した下着類の水滴が滴り落ちる。息をする空気も満足にない状態である。フロラは苦しみ喘ぎ、途方にくれながら、ほんの一〇〇メートルも進んだところで、引き返そうか思案に暮れる。「私はアイルランド人地区の考察をこのまま続けるべきかどうか迷った。その時だった。突然私は、自分が人間たちのまっただ中にいることを思い出したのである。ほんの一〇分間体験しただけでお手上げ状態になった私なのに、この人たちは幾世紀も前からこうした業苦を耐え忍んできたのだ！　私は肉体的苦痛を乗り越えられた。強靭な魂の働きで、私は苦しみから抜け出せた。私は、悲惨な情景一つ一つをつぶさに見届けようという責務に相応しいエネルギーが、体中に湧き上がるのを感じた(31)」。

フロラは男、女、子どもなど誰もが裸足で、ある者は座る椅子も無いから壁に、他の者は地面にへばりついている姿を目にしている。素っ裸の子どものなかには泥水をかき回している者もいる。赤ん坊に乳をやっている母親といえば、ボロボロの肌着一枚しか身につけていない有様である。老人は堆肥のようなわずかばかりの藁の中に丸まり、若者はボロ切れに身を包んでいる。大部分の住居には、ドアに留め金もなく、壁には大小さまざまな穴が開いている。朽ちたあばら家では、父親、息子、娘、友達などが雑魚寝している片隅に、楢製の古びたテーブル、長椅子、いくつかの錫の碗とボロ切れの山が目に入ってくる。大人も子どもも恐ろしいくらい痩せこけ、虚弱で、病気がちで、顔も首も手も吹出物でおおわれ、肌は汚れ、髪の匂いはすさまじく、生まれつき縮れ毛ではないかと思うくらいぼさぼさ髪である。フロラの描写は他の数多くの証人によって裏付けられており、誇張でも何でもない。当時セント・ジャイルズ、ベスナル・グリーン、ショアディッチは「完全に無法状態にあり、住民は人間とはみなされず、治安も禁止も何もない」七万人の人口を擁する貧者の街を形作っていた、とユージェーヌ・ビュレは書いている。(32)

ここにはまたユダヤ教徒の貧困層も暮らしていた。ユダヤ人の古物商や古着商の街はセント・ジャイルズ地区のモンマウス・ストリートから始まる。小売店には使い古された粗悪な靴やくたくたのぼろきれや裂けた衣服が並べられ、がらくた商や鍋釜修理業者が別の露店を占拠し、一階には同じだけの小売店があり、商人とその家族は地下に倉庫と台所をつくって住んでいる。むしろ梯子といってもいいような急で狭い階段を使ってようやくそこにたどり着くことができる。どこでもまるでナメクジのようにのろのろと階段を上り降りする、痩せこけて未熟な汚らしい子どもたちが蟻のようにひしめいているけれど、それでも床に頭をぶつけてぺちゃんこにならないのにはびっくりさせられる。「この穴蔵には、イギリス市民で英語を話すのに、誰からも省みられない何千という人たちがいるのだ」とフロラは報告する。「誰もが軽蔑を込めて、あいつらはユダヤ人さと言って喜んでいる。……ああ！　イギリスでは、エゴイズムは、宗教的偏見の下にその残忍さを覆い隠せるとは、何て勝手なのだろう！」(33)。一六世紀からスペイン、オランダ、後にはドイツやポーランドから移住してきたロンドンに住むおよそ二万人余りのユダヤ人は、特に古着の売買で生計を立てていた。当時は、それこそ商いのなかでも最も重要な分野であった。

イギリスの住民の大部分は、生涯を通じて新品の衣服を購入する機会など一度もない。仕立屋で衣服を注文すること、それだけでもうすでに経済的に豊かな証拠だった。ミシンの普及と既製服産業の発展で既製服の着用が可能になるのは、一九世紀でもようやく後半になってからである。したがって、フロラが思い遣りと熱を込めて語っているように、古着の商いはユダヤ人住民の大きな収入源になっていたのである。これらの「ユダヤ人たちは傍目にはいかに貧乏たらしく見えようとも、気力と活力に満ち、充足していられる」[34]とフロラは書く。それは何世紀にもわたって彼らが耐え忍んできた恐るべき迫害の結果であり、フロラはとりわけキリスト教徒などよりはるかに高い発達を遂げてきた彼らの団結心を誉め称える。ロスチャイルド男爵はロンドンに、六歳から一二歳までの五〇〇人余りのユダヤ人の子弟が相応の教育を受けられる小学校を創設した。彼らはここを修了すると、次に手に職をつけるために職人宅に預けられる。身分の区別を問わないイギリスのユダヤ人の強い団結心に魅了されたフロラは、こうして貧者に対する富者の慈善行為に嫌悪感を乗り越えたロスチャイルド一族の社会的活動を、共感に満ちた筆致で報告している。

しかし、それが貧民街で彼女が目にした貧者への唯一の有効な援助策であった。市の社会福祉事業からのささやかな援助金を手にできるものなどほんの一握りだった。民間の慈善事業に関しては、フロラはロンドンにあるいくつかの団体を調査している。人類愛に基づいた活動に出会える機会など滅多になく、驚くような発見の連続であった。こうした団体の一つに「神の全被造物」の保護を主張する団体があった。しかし、首都の貧民街に彼らの活動の痕跡は何も見出せなかった。この団体の本当の目的は、馬やロバや犬といった動物の虐待を防止することだったのである。慈善団体のリストで然るべき位置を占めているこの団体は、魔術教師、馬商人、狩猟家、馬車の所有者などで構成されていた。彼らの目的はこれらの動物を預ける使用人の訓練方法の統一にあった。

実際、何十万という失業者、飢えた人々、家のない人たちに救いの手は何もなかった。売春の尋常でない増大も無理からぬところである。貧者の子女にとっては、しばしば生き延びるためにできる唯一つの手段が売春だったのだ。当時ロンドンには約四万人の売春婦がいた(35)。言い換えれば、それは大規模な社会現象の一つだったのである。フロラはこの社会的災禍を、同時代の他の物書きたちと同じように、道徳的義憤に駆られて見たりせず、批判の対象であるさまざまな社会悪の一つと見なしている。「この世の富の不平等な分配から生じた災厄のなかでも、売春こそその最も醜悪なものである。この恥ずべき行為は人類を衰弱させ、そして、人殺しなどよりもっともっと明確に、反社会的行為であることを証している(36)」。

フロラはこの問題に関する議会の委員会報告書を調べ、また風紀取締局の役人から情報を入手した。ステッキを武器代わりにした二人の友人に同行を頼み、彼らの護衛を受けながら、ワーテルロー橋のたもとにあるロンドンでも最も物騒な地区を訪れている。この地域に女一人で出かけて行くなど、とてもできない相談だったからである。夏のある晩のことだった。女たちは半裸状態で、その幾たりかは胸まで何も身につけず、ヒモと笑い興じながら、窓辺に身を寄せかけたり、戸口の前に腰を下ろしたりしていた。何人かの男がフロラと同行の男性に近づき、部屋を借りたいのかと尋ねてきた。そうではないと返事をすると、ヒモのなかでも図々しいひとりが、「ご婦人とお楽しみ」でないのなら、一体ここに何をしにきたのかい、と威嚇的な口調で問いかけてきた。

　日中、娼婦たちは証券取引所の周りで、夜になると劇場や公共の場の周辺で客の袖を引いている。真夜中を過ぎると、船乗りや商人や貴族連が夜の仕上げをする売春宿のフィニッシュに姿を現す。テームズ河沿いの汚くて狭いぼろ屋にも、毎晩大金が散財されるウエスト・エンドの豪華絢爛たる建物にも、フィニッシュがある。こうした売春宿のいくつかには、顧客たちに五〇〇人以上もの売春婦を提供しているところもある。またジン・パレスと称される、外側から見るとまるで宮殿のような料理屋は、入念に施錠され、どこといって他の家と少しも違う様子はない。しかし、常連客の出入りする小さな戸口を門衛に開けてもらい、いったん中に入るや、無数のガス灯の放つ強烈な照明の光に目も眩んでしまう。二階に行くと、縦に二つに仕切られた大きな客間がある。一方には、イギリスのレストランならどこでも目にする板の仕切りで分けたテーブルが一列並んでいる。そこから客は、ショーウィンドーの商品よろしくひな壇上の着飾った売春婦を品定めするのである。女たちは流し目をくれたり、言葉をかけたりして、盛んに男を挑発し、返事があるとすぐさま、顧客を冷肉、ハム、鶏肉、ケーキ、ありとあらゆる種類の葡萄酒やリキュールの満載されたテーブルへと連れていく。

　娼婦たちの破廉恥な大饗宴は朝の五時頃頂点に達する。客が楽しく興じるお気に入りの享楽は、酔いつぶれるまで娼婦に酒を飲ませる遊びである。こうしてから、水で溶いた辛子と胡椒の入ったヴィネガーを女に一気に飲み干させる。これを飲まされた娼婦が体をぴくぴく痙攣させ、顔をゆがめる有様を見て、立派な上流階級のお歴々は大笑いするという次第である。

連れと一緒に訪れたこの場所で、フロラは絶世の美女といってもいい数名の娼婦を目にした。なかでも一番目についたのは、信じられないくらい美しいアイルランド人女性であった。客におなじみだったにもかかわらず、広間に登場するや耳目を引き、ちょっとしたどよめきも起きた。そのアイルランド女性は上流階級の奥方の着こなしに則った優美な衣装を身につけていた。ところが三時間もたつと、酔いつぶれて床に這い蹲っていた。着ていたドレスはすっかり汚れてしまっていた。客の誰もが女めがけてワインやリキュールのコップを投げつけたからである。肉やアルコールを給仕するボーイたちもまるでゴミの塊のように彼女を踏みつけにした。

売春婦は階層の別なく短命である。公式の統計によれば、ロンドンの売春婦の半数は、売春を始めて三年か四年で死んでしまう。性病、結核、アル中、栄養失調、看護不足などのため、生きながらえることができないからである。この職業に就いて七～八年というのが耐えられるぎりぎりの限度であるとフロラは報告している。

フロラはまたこのホットな地区で、通行人に身を売っている多くの子どもの姿も目にした。一二歳くらいの少女や、同性愛に誘い込もうとする同年代の少年である。幼児売春の拡大は信じ難いと思ったため、彼女は当時出たばかりの二つの資料、『幼児売春防止協会による調査報告書』(37)とマイケル・ライアンの『ロンドンの売春』(38)でその事実を改めて確認するほどだった。

医師ライアンは、風紀取締局や名も知らぬ団体の行った調査を引用しながら、少なくともロンドンの売春婦の半数は二〇歳以下であると結論する。男女を含めて約五〇〇〇人が売春の斡旋を生業にしている、と彼は推定する。このうち四～五〇〇〇人は、一〇～一二歳の娘を親から買い、あるいは悪所に誘き寄せるため子どもに罠を仕掛ける仕事が専門である。彼らは罠や落し穴を仕掛けるという意味で、「仕掛け人」とも呼ばれる。チャールズ・ディケンズが描くように、ロンドンのスラム街には、幼児をスリに育てるだけでなく、売春「術」をしつける正真正銘の訓練所があるに相違ないとライアンは断言する。男女の区別なく幼児が仕掛人の手により、イギリス国内だけでなく、ヨーロッパの国々からさらわれてきていた。フロラのロンドン滞在中、イギリスのジャーナリズムはこの件に関する二つの裁判を報じていた。ベルギー人の少女たちが祖国から誘拐され、力づくでロンドンのある売春宿に運び込まれた件と、未成年売春婦の大きな地下組織網の頭目で、フランス生まれで目下逃亡中の「サロン」の女将の件だった。

幼児を顧客に斡旋する売春宿の所有者の裁判は、微罪か罰金刑で決着が付くことなど日常茶飯事である。こうして、一〇～一五歳の幼児を誘拐し、愛好家に売り渡すショート・タイムの売春宿の経営者も、再犯でなければ一週間から一〇日、長くて精々数か月の懲役刑だけで済んでしまう。

「幼児売春防止協会」が救いの手をさしのべた年若い娘のうちで、フロラは一三歳の少女の事例を取り上げている。少女をかどわかし、監禁していた少女売買の商人は裁判所に出頭を命じられたが、すぐさま無罪を言い渡されてしまった。この事件の詳細を伝える一八三八年の同協会の報告から、フロラはもう一つ別の一節を取り上げている。

未熟な少年少女を、貧困という渦からたぐり寄せるために用いられている多くの手練手管は、実に複雑かつ変化に富んでいるので、ここでそれを一つ一つ詳しく説明することなどとても不可能である。だから、ここではこれら不幸な人間が罠におちたときに受ける仕打ちについてだけ語ることにしよう。少女はこうした洞窟に入るや否や、着ていた服を剝ぎ取られ、店の主人や女主人がこれを奪ってしまう。少女はその代わりに、古着屋の調達する、金持ち女が着飾るようなきらきらの衣装を着せられる。女性が店で客の心を惹きつける魅力も失せた存在になってしまうと、今度はまた街頭の流しへと追いやられるが、しかしそうなっても逃亡など絶対不可能なように、見張りをつけることも怠らない。もしそんなことをしようものなら、後をつけている密偵（男の場合もあるし、女の場合もある）が、大声を張り上げ、その衣装は店の主人から盗んだものだと言って騒ぎ、彼女を泥棒呼ばわりする。こうして警官が彼女を逮捕する段取りとなり、時として、警官はこの逃亡奴隷を本署に連行することもあるが、たいていの場合、元の主人に引き渡し、いくばくかの報酬を懐に入れるという運びになる。着ている服をすべて剝ぎ取られ、二度と逃亡できぬように、一日中素っ裸にされ、また食事らしい食事も与えられないこともしょっちゅうである。夜になると、縄を解かれ、密偵の監視を受けながら、再びあの街頭の流しへと追いやられる。流しで決められた数の客を連れてこなければ、厳罰に処せられ、稼いだ金のビタ一文も自分のものにはならない。

協会は一八三六年の報告書で、将来売春の道に入りそうな幼児や若者（男・女）を懲治局から引き受けようと、娼家の経営者やヒモたちがしばしば強制作業場や監獄に出向いていると記している。

フロラは娼家が「新鮮な肉体」を集めているロンドンの監獄の三か所で調査を行った。この種の拘置所の見学は簡単ではない。「ロンドンで公爵、侯爵、男爵などの特権もなく、また一流ホテルに投宿しているという有利な条件もない外国人は、ごく簡単な視察でさえ大変困難な仕組みになっている。私もニューゲイト監獄、コールドバス・フィールズ監獄、懲治監の視察許可を入手するために、あらゆる伝手を求めて足を運んだが、そのたびにこちらの希望を繰り返し主張しなければならなかった[39]」。

フロラは後年こう書いているが、おそらくチャーチストやオウエン主義者の友人が「ごく簡単な視察」とはとても言えないこの訪問に手を貸してくれたに違いない。またフロラが刑務所制度に関心を抱いたのは、フーリエの弟子たち、広く言えば、刑務所管理規則を変革しようとするフランスの民主主義的で反体制的なジャーナリストのさまざまな試みの影響を受けたからである。フロラは前述した死刑廃止請願書で、飢餓、貧困、失業などの社会的要因を、一八三〇年〜一八四〇年代の社会不安の源と考え、それで犯罪も増加していると訴えた。小説『メフィス』でも、社会を批判しながらこのテーマを論じている。「仮に刑務所制度が良くなろうと、国民に仕事を与え、技術の習得が容易くなり、富者が払うべき税金は富者に、国民は国全体に関わる事柄にのみ税金を払う仕組みをつくって犯罪を減らさない限り、法律違反は日毎に数を増していくだろう[40]」。

フロラはロンドンの監獄を批判的に観察して、いつまでも人の心に残る素晴しいイメージを与えてくれた。ニューゲイトは巨大な石でできた、年月を経て黒ずんだ角形の大きな建物である。鉄の金具ががっちり取り付けられた重い扉を通ってようやくたどり着くことができる。入口の壁面は鈎で飾られ、そこに一八世紀になってもまだ使用されていた拷問道具がくくりつけられていた。先端に腕輪のついた鎖がぶら下がっている鉄の首輪、手足を切断する鋸、骨を砕くやっとこ、打ちのめすための棍棒、要するに尋問に使う拷問道具の完璧なコレクションである。おそらく、この過去の裁判道具は、囚人がこの建物に足を一歩踏み入れたとたん恐怖に慄かせるために陳列されたのだろう。

どの監獄も空気は冷たく、湿気が高く、重苦しい。まるで深い穴蔵にいるようだ。廊下や階段は大部分が非常に狭く、舎房も狭隘で、二〜三段のベッドが壁に設置されている。部屋の中央には、大きなテーブルが置かれ、その周囲に木製のベンチが並べてある。囚人たちはそこで食事をし、仕事をし、読み書きをする。フロラはどの部屋も手入れが行き届き、とても清潔だと指摘している。しかし敷石の状態が悪く、間取りが悪く、薄暗くて換気も不十分なため、どの部屋もすこぶる陰鬱である。

訪問者に同行した所長のコックス氏は、ニューゲイトではこれまでさまざまな改革が行われてきたと教えてくれた。この監獄では、今はもう被疑者しか収容しておらず、どんな受刑者も拘禁されていないと言った。所長の自慢の改革は、犯した罪の軽重による分類であった。以前までは、留置人は全員獄舎に入れられていたからである。

女子棟に収容されているのは大部分が窃盗容疑の売春婦、下女、田舎娘であった。そのうち四人が死刑相当の罪を犯した廉で起訴されていた。フロラは歳のころ二四くらいで、服装の趣味もよい美人がいるのに気づいた。その女は訪問客に対して、収監以来大きな苦痛と感じていたあの儀礼的な挨拶をしなかった。フロラは女看守に、この若い女性はどんな容疑でニューゲイトに連れてこられたのかと尋ねた。「そうなんです! 奥さん。あの若い女は本当に気の毒ですよ。今妊娠六か月ですが、すでに三人も子どもがいるのです。あの不幸な女が窃盗の廉でここに送られてきたのは、子どもらにパンを与えてやるためだったのです。彼女は酒飲みの船員と結婚したけれど、夫は一シリングも与えず、妻子を棄てて出て行ってしまったのです。無一文で放り出された彼女は、身の回り品を次々に売って食いつなぐほかありませんでした。そして、ついに売る物が何もなくなる日が来ました。でも、子どもたちはパンが欲しくて泣き叫んでいるのです！　哀れな母親は、疲れ果て、貧しさと子どもの訴える空腹の叫び声に気も狂わんばかりになって、部屋付きの家具を売り払ったのです。宿の主人が訴えたので、彼女は逮捕されました。彼女は二か月前から、ああして判決を待っているのです」。いかなるものであれ所有権の侵害は犯罪とみなすイギリスの法制度に従えば、その年若い母親は数年の懲役刑になるか、さもなければ流刑になるかもしれない。

フロラは少年用の一区画を感動的に描く。そこには約四〇人の子どもが収監されていた。青少年の犯罪を裁く特別な法律はない。スリでも五歳を超えていれば、刑務所に入れられてしまう。七歳から累犯ならばオーストラリアへの流刑か、あるいは絞首刑になることさえある。

ニューゲイト監獄の中庭で、フロラは一八三七年にイギリスの植民地支配に抗して立ち上がったカナダ解放軍の八人の兵士に出会った。当時大英帝国による鎮圧は苛烈を極めていたが、彼女はこれらの囚人が非常に丁重に、一種敬意をこめてと言ってもよいほど厚遇されているのがわかった。フロラは反ナポレオン戦争時にイギリス人がフランス人戦争捕虜に与えた境遇と比較して、そこに大きな進歩の跡を認めている。あの不幸な捕虜たちは想像を絶するほどひどい虐待を受け、その多くが飢えと病気で死んだからだった。

フロラは四人の看守に守られて、男性監房でもとりわけ狂暴な男と聞いた殺人者の独房に案内された。彼は罪を悔いるどころか、そうせざるをえない状況に置かれれば、もう一度同じ罪を犯すと言ってはばからない人物であった。フロラは恐ろしい怪物にでも会うのではと想像していたが、意外なことに、ここで許可されている唯一の読み物である聖書を机で広げている、穏やかな顔つきの、軍服を着た二三歳の青年であった。多くの質問を投げかけてから、ようやくフロラは彼の犯した犯罪の動機を理解した。彼は取るに足りないことで、仲間の面前で、ある将校から思い切りビンタを受け、二週間の営倉送りにされたのだった。営倉を出るとすぐに、彼はその将校をつけねらい、三週間後、銃で撃ち殺してしまったのである。ニューゲイトの医師は彼女にこう言った。「彼が自分の能力に相応しい場所を与えられていれば、間違いなく卓越した人間になっていたでしょう！　ですが、軍律によってラバのように鞭打たれるイギリス軍に順応できる人間でなかったことだけは確かです(41)」。

いつもどおり優しい愛情を込めて、フロラは彼の側に立つ。「気の毒な若者よ！　彼は人間としての尊厳を意識したからこそ、また最も理不尽な行為に抗し、その行為者を罰せよという内なる声に従う勇気があったからこそ、今まさに処刑されようとしているのだ！　だが、神は偉大である！　殉教者の血は、再び新たな殉教者を生み出すのだ。この勇敢な兵士の死は、無駄ではない。同胞の魂を救済するために、奴隷になるよりも死ぬことを選ぶ仲間たちが、毎日その後に続くだろう！　こうして、イギリス軍で、ジェントルマン将校が鞭で兵士を思いどおりに動かす時代は過ぎ去るだろう。イギリスの民衆が自由になる勇気さえ持てば、軍隊から奴隷扱いされることもなくなるのだ(42)」。

ニューゲイトは未決勾留所である。そこは他の監獄ほど厳格な規則は設けられてない。また完全な沈黙も要求されない。だが、死刑の大半はこのニューゲイトで行われる。死刑に先立つ儀式は、ある種の心理的拷問と呼ぶのにふさわしい。黒の屍衣に身を包んだ受刑者は、全拘置人の見守るなかで、唯一人ベンチに腰を下ろしている。面前にある祈禱台には、一冊の聖書が置かれている。薄暗い付属礼拝室は死を想起させる暗い一本のランプの灯りで照らされている。施設付き司祭がお祈りを唱え、そして全拘置人は小声でこれに唱和しなければならない。それは午後の三時から日暮れまで数時間も続く。この試練に終わりまで耐えられる受刑者はきわめて稀である。身体を支えられ、ほとんど失神状態のまま運ばれていくこともしょっちゅうである。その他いくつかの儀礼が済んでから、翌朝六時にようやく絞首刑は執行される。死刑を宣告されるのは全員殺人者というわけではない。強盗や空き巣の再犯者が流刑や死刑を受けることもしばしばである。

同じくフロラが訪れたコールドバス・フィールド監獄では、囚人の着衣も食事も比較的きちんとしていた。しかし完全な沈黙が強いられていた。どの受刑者も他人に話しかけたり、歌ったり、看守に質問することさえ認められていなかった。規律に違反すれば、即座に厳しい隔離の罰に処せられた。だが、この過酷な規律も全員に適用されるわけではない。フロラは、口論の挙げ句、友人を殺して死刑を宣告された年若い殺人者の事例を報告している。上流貴族階級の出身だったため、裕福で有力な家族の力添えで、懲役六年の刑に減刑されてしまった。その青年は申し分ない健康体で、思うさま庭を散歩できるのに、看護室で日々を過ごしていた。

コールドバス監獄には一一二〇人が収容され、そのうち三〇〇人は九歳から一七歳までの子どもである。他のすべての受刑者と同様、彼らもまったく無為な日常生活を強いられる。大人も子どもも関係なく、毎日多くの受刑者に踏み車の刑が科されたが、これは比べようもないほどきつい作業だった。

踏み車とは、受刑者が足を使って動かす重い木製の巨大なドラムである。回転させ続けるには、高さ六〇センチほどの踏み板に絶えず乗っていなければならない。ドラムは一時間に二八〜三〇も回転させなければならないが、踏み板の間隔が大きいから、被罰者の足踏みは次第に緩慢になり、苦痛も増し、我慢も限界に達する。目眩が起きるようなこの運動で、手足はしびれ、頭はふらふらになり、胃に痙攣が起きる。ときには気を失い、踏み板から転落し、落ちた拍子に手足を骨折し、死んでしまう者もいる。「正しい判断力をもつ人たちが、懲罰のためのこうした野蛮な体刑や、矯正のためと称するあの墓場のような沈黙や無為をどう受け止めるか、ぜひとも知りたい！」とフロラは書いている(43)。

清潔さと秩序、沈黙、厳格な規律が支配する支配する世界であるのは女子棟でも同じだった。だが、女性の受刑者は多忙である。彼女たちは下着の縫製や補修、洗濯など監獄全体で必要な作業を担当する。また、新品かと思うくらい見事にリフォームされた衣類は申し分のない出来ばえだった。女子監房は男子監房よりずっと家具の品揃えがよかった。女性の食事も過不足はなかった。毎日肉とビールと紅茶が出るのだ。こうしたまずまずの物質環境にいながら、女性は男性ほど陽気でない。陰気でうつろな目をした無表情な彼女たちは、四六時中重くのしかかる沈黙に打ちのめされていた。

これらの監獄では、有益な労働訓練など、受刑者が一般社会に困難なく入っていける配慮は一切講じられてはいない、とフロラは指摘する。彼女はイギリスの刑務所を、社会の欠陥によって犯罪に追い込まれた哀れな人間に罰を与え、彼らの身を滅ぼす抑圧組織の一部と見なしている。

統計数字は手がかりに過ぎないが、通説によると、一九世紀前半のグレート・ブリテンの犯罪件数はヨーロッパで最多であり、精神病患者の数も第一位であった。患者のほとんどが宿泊費用を家族が負担するという条件で、民間の施設に強制収容されていた。フロラが後に友人のアンナ・ウィーラーと医者のホルム医師[44]と一緒に訪れるロンドンの公立精神病院のベツレヘム病院の創設は一三世紀にまで遡る。もちろん、その時代から実にさまざまな改善が行われてきた。患者はもう中世のように終始鎖に繋がれていない。ヘンリー八世の時代の古くてばかでかい建物から、ジョージフィールドの高級住宅街に移転し、壮麗とも言える新しい建物になった。病院の入口も心地よい外観を呈している。美しい格子窓、花のいっぱい植わった花壇、広大な芝生などに接すれば、貴族が田舎に所有する館に来たような気になるだろう。

　患者の食事や治療はフロラには申し分なく感じられたが、患者が日中を過ごす中庭はニューゲイトやコールドバスと同じで、木もなければ緑の草も一本もなく、陽光や雨をしのぐ場所もなかった。

　病院は四二二人の患者を収容し、そのうち一七七人が女性である。女性患者のうち三〇人は有罪を宣告された犯罪者で、別棟に住んでいる。フロラには、ニューゲイトとコールドバスで見た犯罪者と、精神病院に収容されている患者の間に少しの違いも見分けられなかった。狂暴で動物的な目、陰鬱な沈黙、痴呆状態の顔はどれも同じであった。

　四〇年前にイギリスのすべての新聞が報じた有名な精神病者が、見学者たちに紹介された。元兵士のジェームズ・ハッドフィールドといい、一八〇〇年にロンドンのとある劇場でジョージ三世を狙撃したが命中せず、殺害に失敗した男であった。彼は精神不安定で、国王を殺して「メシアの治世」にするために自分は選ばれた人間であると信じきっていた。かつてのテロリストは今では愛想のいいお喋り好きの老人になっており、投獄されて以来四〇年間、彼が世話をし、死んでいくのを見守ってきた犬や猫や栗鼠たちに哀惜の念を表す無邪気な詩句を訪問者たちに売っていた。

病院にはもう一人びっくりするような患者がいると、フロラは教えられた。五か月前から入院しているフランス人で、自分はメシアで、時には神そのものとも思い込んでいる男であった。彼は数多くの国を見聞し、さまざまな言語を話し、全盛期はきっと敬愛すべき立派な人物だったに違いない元船員であった。彼の名前はシャブリエだった。

フロラは天地もひっくりかえるくらいびっくりした。五年前ペルー旅行で乗船した帆船メキシカン号の船長と同じ名前だったからである。以前聞いたが、シャブリエは新しく乗り込んだアメリカン号が難破して命を落としたという話は本当ではなかったのか。かつて自分を熱烈に愛してくれたあの男性が、現在この病院で患者として生きているというのだろうか。「シャブリエ!!! その名を聞いたとたんに、私は言葉にできない衝撃を受けた。私は突然自分のなかで何が起きているのか、つかめなかった。うれしいのか。つらいのか。驚いたのか。不安になったのか。とにかく、私はシャブリエに再会できる中庭に向かって歩を速めた!……私はこの瞬間を一日千秋の思いで待っていたのだ。あたかも、その不幸な人を救うために、神が私のロンドンに行きたい願いを叶えてくれたかのようだった![45]」。

広い中庭で、独りベンチに腰を下ろしている男を指し示されたが、それはメキシカン号の船長ではなかった。彼女はこのフランス人の名前が間違って発音されていると思い、紙に書いてくれるように頼んだ。その男は船長と同じシャブリエという名前だったが、語尾にrがついていた。

彼は南仏風の美しい顔立ちをしており、黒い大きな瞳でフロラをじっと見つめていた。そして傍にきて、育ちのよい人間である上品な仕草で挨拶をして、こう言った。「お嬢さん、ようやく同郷の人に会えて、こんなにうれしいことはありません! しかも女性に! 同じ言葉で話しますから、どうか私の苦しみをわかってください！　この惨めな病院で私を苛んでいる苦悩のすべてを、どうしてもあなたに伝えたい。私は憎むべき偏見のせいで、ここに閉じ込められてしまったのです」。

　シャブリエは最初とても分別あるように話しかけてきたため、精神病患者とはまったく思えなかった。そして身体の動かし方や苛立った様子から、待ちくたびれた気配がありありと読み取れ、目は輝き、声は上ずり、身体全体が大きく震え出した。「妹よ、この気の滅入るようなところにあなたを連れて来たのは神です。しかし、私を救い出すためではありません。なぜなら、私はここで滅びる運命だからです。そうではなくあなたがいらしたのは、私がこの世にもたらした思想を救うためなのです！　よく聞いてください！　妹よ、あなたもご存じのように、私はあなた方の神の代理人であり、イエス・キリストが予言した救世主なのです。私は神の定められた仕事を完遂し、すべての奴隷状態をやめさせるためにここにいるのです。女を男の奴隷から解放し、貧者を富者の奴隷から、魂を原罪の奴隷から解放するためにきたのです[46]」。

　フロラはすっかり感動し、彼の語る言葉は狂人の口から出たものとは思えなかった。イエス・キリスト、サン＝シモン、フーリエもこうした口調で語っていなかっただろうか。彼は胸の上に使命のしるしをつけていると述べ、フロックコートのボタンを外し、懐からベッドの藁と毛布をほぐした毛糸で作った大きな十字架を引き出した。フロラは相変わらず、彼が興奮状態にあるだけで、精神状態がおかしいなどと思わなかったが、突然彼はフロラといっしょにいたアンナ・ウィーラー夫人をにらみつけ、錯乱したような口調と身振りでこう叫んだ。「この女はイギリス女だ。こいつは物質、堕落、罪過の権化だ。帰れ、ふとどき者！　おまえがおれを殺したのだ！　その女を捕まえてください！　妹よ、あなた方の神を殺したのは、この女です！　よし、おれが捕まえてやる！」。そう叫んで、彼は夫人に飛びかかっていった。「新しい掟の名のもとにおれが取っ捕まえてやる！」(47)。

フロラの友人は震え上がって逃げ出した。フロラも不安に襲われ、目に涙を浮かべて、ウィーラー夫人と同じように中庭を出ていこうとした。しかし、シャブリエは彼女の前にひざまずいてその手を摑み、力一杯握り締めた。彼は藁で作った別の十字架をフロラに与えてこう言った。「妹よ、涙を拭きなさい。間もなく神の支配が悪魔の支配に取って代わるでしょう！……この十字架を胸につけ、そうしてこの世界に新しい掟を告げに行くのです！(48)」。

この精神病患者との不可思議な出会いは、『ロンドン散策』でも特別な位置を占めている。シャブリエの熱狂的な予言は彼女の心をしっかり捉え、大きな影響を与えた。直後に現れたフロラのメシアニスムはこの出来事に着想を得たことは間違いない。彼女は労働者階級に対する姿勢で時代に先んじていたが、一九世紀前半の進歩的な社会運動で大きな役割を果たした宗教的で神秘的な人類愛、とりわけ貧者への愛を説く時代の申し子でもあった。ベツレヘム精神病院のフランス人患者は、サン＝シモン、とりわけ新約聖書から引用した社会批判に満ちた数節で思想の根源を説明する、初期の弟子と同じ方法で自分の考えを示した。カール・マルクス以前のフランスの労働運動では、宗教的色彩が濃厚だったのと反対に、その主要な敵だった自由主義者は、ジャコバン主義の伝統を受け継いだ無神論者であった。

民衆を貧困から救出し、新しい黄金時代へと導く女メシアという考えは、パリのモンシニ街で、アンファンタンとバザールを議長に仰ぐサン＝シモン主義者の会議でフロラが耳にした斬新な思想であり、これを熱狂的に支持した。新たなイギリス旅行の出発直前に発表した小説『メフィス或いはプロレタリア』では、一人の女性が陰鬱な平野から光り輝く高地へ民衆を導く明快で象徴的意味を持つ絵を、主人公に描かせている。フロラは一八三九年にロンドンで、神から授かった霊感により、プロレタリアの至高の救済者という役割を自分に思い描いていたのだろうか。女性および労働者階級の解放闘争で優れた現実的感覚と洞察力を持ちながらも、この精神的高揚がとりついて離れなかったのも事実である。

とはいえ、イギリス旅行の間、彼女が地にしっかり足をつけた注意深い証人であったことに変わりはない。フロラは同書の序文で「これはできるかぎり正確であるように心掛けた事実と観察からなる本である」と書いている。彼女は社会の隅々にまで目を配り、労働者階級の搾取の実態、貧民街、監獄、精神病院、売春ばかりでなく、無関係に見えるがじつはそうでないものまで観察した。サロン、レストラン、賭博場、図書室、寝室などイギリスの上流階級やブルジョア階級に不可欠な要素のクラブ探訪記がその好例だろう。

彼女はプロシャの軍規にも似たイギリスの道路交通の驚くほど整然とした序列づけに賛辞を呈しながら、また非難も浴びせている。それを観察したのは、有名なアスコット・ヒースの競馬を見物しに小旅行したときだった。カトリック信者にとってローマの聖週間の儀式、パリ人にとってカーニバルの最後の三日間のように、この国の競馬では、馬がすべてに優先されるとフロラは記している。

アスコットはロンドンからおよそ三〇マイル離れており、第一レースは正午に開始されるため、数万の客を運ぶ三〇〇〇台あまりの馬車は首都を明け方に出発しなければならない。アスコットへの道は一本しかないため、このたくさんの馬車は、朝四時から正午か一時頃まで、否が応でも同じ道を進まざるを得ない。それでも、事故など一つも起きないのはどうしてだろう。フランスなら、秩序を保つには、騎馬憲兵が三中隊いても十分ではない、とフロラは指摘している。ここでは、優先順位は厳密に決まっている。まず先頭は貴族の紋章付きの立派な馬車、次いで四頭立てのブルジョアの馬車、二頭立て馬車、二人乗り二輪馬車〔カブリオレ〕や一頭立てのティルビリ、賃貸のランドー型馬車、乗合馬車、二頭立ての旧式乗合馬車という順である。このように、後尾の一頭立て二輪馬車から下層民を運ぶ最後尾の放下車〔後部を傾けて砂利などを落とす、両輪の車〕に至るまで、優先順位はきっちりと決まっている。

この整然とした秩序の秘密は、各人の乗る馬車が社会の地位に応じて決まっていることにある。おびただしい人、馬、馬車の群れにあっても、静寂は隅々まで行き渡っている。聞こえるのは、砂利道を進む馬の蹄鉄と車輪の軋む音だけである。あでやかに着飾った貴族階級のご婦人連は馬車の奥で物憂げに身を横たえ、幾たりかは小説を読んでいる。年若いしゃれ者は葉巻をくゆらせる。銀行家たちは馬車の真ん中に小さなテーブルを置き、シャンペンを飲む。無蓋の長椅子つきの大型の荷車にぎゅうぎゅうに詰め込まれた下層民は、トランプに興じ、ビールを飲み、無表情で一言も発しない。

群衆から熱狂的な歓声が上がるのは、六頭立ての馬がゴールに向かってスタートするときだけである。大金を賭けているためか、普段の生活では控え目な人も、自制心を失うことも珍しくない。

レースの休憩時には、運任せの勝負事、とりわけルーレットの置かれた大型テントが観客を魅了する。金持ち連は賭けに数百リーヴルを、貧乏人は数シリングを投じる。金持ちは快適な馬車の中で従僕に給仕されながら、貧乏人はテントの下に設けられた間に合わせの食堂で、食事をする。そこでも交通と同様に、完璧な序列づけが支配している。

夕方六時、馬車はロンドンに戻るために動き始める。朝と同じように、すべてが整然と行われる。その時初めて警官が姿をみせるが、それも酒の飲み過ぎで運転できないと判断した御者を交代させるためである。酔い潰れた乗客は、帰り路で、馬車から落ちないように、中に乗った素面の二人の真ん中に座らされる。

フロラが乗った乗合馬車は午前一時頃ロンドンに着いた。季節はまだ夏というのに、寒気は強烈で、霧は厚く立ちこめ、湿気は馬車にまで入り込んできた。夜明けには優雅な衣服に身を包んだ人たちも、全員埃にまみれ、汚れて見分けのつかない有様である。「イギリスでは、これが楽しい行楽だ」とフロラは皮肉を浴びせている。

日常生活の生彩に富んだ描写もあるが、貧者との連帯こそこの作品の主たる要素である。一見して取るに足りない些事から、イギリス社会の既成の秩序への糾弾に向かうこともある。心を打たれるのは「鉄の柄杓」の章である。フロラはロンドンでよく目にする街頭の鉄製のポンプ汲み上げ式の飲用栓を描写する。支柱には一本の鉄の鎖がつき、その先端にも同じ鉄の柄杓がついている。貧者が喉の渇きを潤す唯一の手段である。食事には必ず葡萄酒とパンがつく国からきたフロラは、怒りを露にこう言っている。

真水が身体に有害で、湿気や寒気に耐えるため、いろいろな気付け薬を飲まなければならない国で、発酵飲料を飲もうにも、庶民に手の届かない高い税金をかけるのは残酷の極みではないか。ロンドンの民衆に、都会の汚れた水を飲めというのは、侮辱に満ちたアイロニーではないか。……私の宿のすぐ近くに、ポンプがあった。このポンプから持ち上げるたびに鎖と柄杓の音が、しょっちゅう私の耳に入ってきた。それを聞くたびに、またあんな不味いロンドンの水を飲みに来た人がいる！と呟いた。……重苦しげなあの鉄の音が聞こえるたびに、胸はぎゅっとしめつけられ、まるで葬式の弔鐘のようだった。哀れな民衆よ！　神はあなたがたを、貴族たちの思いのままにしておいていいのだろうか。恐ろしい病にかかり、空しくもだえ苦しみながら、緩慢に、しかし刻一刻と死に向かいつつあるあなたがたを、一片の憐憫もなく、平然と見つめるあの貴族たちの思うままに。……だが、貧困と飢餓で、民衆をそっくり滅ぼすとは！　どんな奴隷も背負ったことのない重い軛を課すとは！　着物といえばボロ切れ、食べ物といえばほんの少しのニンジンやカブの類、飲み物といえばただの水だけという状態を我慢させ、一日一六時間も働かせ、これに逆らえば、餓死するとは!!!　イギリスの貴族諸氏よ、このような体制は、暴政のなかでも一番残酷でむごたらしいものだ！　神は決して、このような社会がいつまでも続くことをお許しなさらないでしょう……。

フランスの民衆が領主の館を焼き払ったのは、今から五〇年前だった。武装したヨーロッパ列強が、民衆の掲げる大義を幾度となく妨げたが、無駄に終わった。今日、イギリスの至るところで、反逆と破壊の叫び声が上がっている。

フロラの予言した社会革命はすぐには起こらなかった。プロレタリアの悲惨な生活が向上しなければ、暴力的革命の発生は避け難いという信念で、フロラ・トリスタンは意見を同じくする仲間を獲得した。ユージェーヌ・ビュレもまた、イギリスは「避けがたい破滅か、それとも革命のなかでも最も急進的で恐ろしい革命へと至る、出口なき道に引きずり込まれるだろう」と断言した(49)。

数年後の一八四五年、エンゲルスはもっとはっきりこう言っている。「中産階級、特に労働者の窮乏化により直接富を手にした製造業者は、プロレタリアの苦しみなど何も知らない。グラスゴーからロンドンに至る全労働者階級から徹底的に搾りとり、そのまま放置しておけば、富者に対する怨恨は、いつか必ず革命となって現れるだろう。またそれが起きる日もはっきりと指摘できる。その革命と比べれば、フランス大革命や一七九四年の騒擾など児戯に等しいだろう」(50)。資本主義の驚くほどの変化への対応能力は、この社会秩序の成立当初から過小評価されていたといえる。

プロレタリアの苦痛を前にしながら、製造業者や銀行家の無関心、さらに嘲笑し、あざける現状を、フロラは著書で批判した。彼女は、民衆の悲惨な生活は彼ら自身に責任があり、労働者の家庭が飢えているのも、単にその国が人口過剰を証明しているに過ぎないと主張した、かの司祭で経済学者だったマルサス(51)を引用している。上院の演説で国会議員のブルーガム卿はこれに劣らず情け容赦のないやり方でこう陳述した。食糧の生産を国民の需要にまで高められないのなら、人口を食糧生産可能な水準にまで下げる必要があるだろう、と。フロラはこの発言を聞いて、心底震え上がって議場を抜け出してきたと伝えている。

彼女は『ロンドン散策』の献辞を男女の労働者に捧げている。「私がこの本を書いたのも、ぜひともあなた方の置かれた状態をあなた方に知っていただきたいと思ったからです。ですから、本書はあなた方のものなのです」。彼女はイギリス旅行をした他のフランス人作家のように、貧者や無権利状態に置かれた人々と連帯するだけでは満足しない。彼女はもっと先を進んでいる。「労働者よ、今日まで人間社会において、ものの数にも入っていなかったあなた方労働者よ、私はいま心の底からあなたたちと固い連帯の握手をしたいとの思いでいっぱいです。私とあなたたちとは共通の仕事で結ばれています。私は愛によってあなたたちと共に生きているのです。さらに、同じ人間の仲間として、私はあなた方の姉妹でもあるのです。フロラ・トリスタン[52]」。

確かに同書にはサン＝シモンやフーリエの寛容で高揚した言葉が散見されるが、労働者階級へのこうした信仰告白、その解放に参加したいという意志は新たな要素である。新しいイデー、それはあらゆる分野の抑圧装置として働く国家機構の分析であり、後にカール・マルクスが明示するイデーでもあった。フロラはそれをこう表現している。「イギリスの貴族階級がブリテン諸島の民衆や、富のすべてを生産する農民および労働者に押しつけている恐るべき圧制は、地球上の全労働者が絶えず覚えておかなければならない大きな教訓を与える。一握りの貴族、上院議員、男爵、主教、地主、あらゆる種類のお大尽連、こうしたほんの一握りの特権者が、どうして二六〇〇万もの国民から金を搾り取り、虐待し、飢餓に陥れることが可能なのか、また鞭や棍棒で彼らを追い立て、次々と牢獄（強制収容所）に放り込み、蛮人の地に移送し、果ては着物やパンまで奪ってしまうことができるのか、あなた方は知っているでしょうか。……この蛮行の原因がいったいどこにあるか、知っているでしょうか。そうです、それはこの二六〇〇万もの人たちが奴隷と同じように、無知と恐怖で育てられているためです。学校、教会、新聞、どれも圧制の共犯者なのです[53]」。

彼女は啓蒙主義の精神とフーリエの理想に影響を受けたフェミニストとしてイギリスへ旅立ち、プロレタリアの熱烈な擁護者で、彼らの解放のために闘う革命家になってフランスに帰った。フロラは、富の集中する貴族階級こそ、すべての進歩発展を妨げる本質的な障害物と考えた。その点では、数年後に製造業者を中産階級の構成員と見なすフリードリッヒ・エンゲルスと異なるところはない。だが、彼女は「新しい貴族階級、あなたたちの祖先が解放したけちで貪欲な貴族階級の幾千倍も横暴な金権貴族階級[54]」であるブルジョア階級の支配する将来の絶対的権力に警告を発した。

フロラが一八三九年の夏に獲得した知識と新たな確信は、後の人生に大きな影響をもたらした。彼女は、深い信念に基づいて行動すべきという、当時としてはきわめて少数派に属していたのである。

新たな河岸に向かって

一八三九年八月末にパリに戻ったフロラは、イギリスに関する著作の執筆に休むことなく没頭する。彼女はこの仕事に全精力を投入した。一〇月初旬には友人のオランプ・ショズコに宛てて書いている。「明日はあなたと昼食にはいけません。……どんな時間であろうと、昼間はお会いできません。頭はこの仕事でいっぱいです。それは途方もなく厄介な仕事なのです！　身体が弱く不安いっぱいですが、きっと神様が助けてくださるでしょう(1)」。

一八四〇年五月に『ロンドン散策』はデロワ書店から出たが、以前『ある女パリアの遍歴』と『メフィス或いはプロレタリア』を出版してくれた著名なラヴォカ書店ではなかった。フロラにとって次作の版元を見つけるのは大きな困難を伴った。原稿をポーラン書店にも見せたが、うまくいかなかったことは書簡集からも推察できる。どの書店も『ロンドン散策』の印刷を尻ごみした理由は、なによりも七月王政下で強化された検閲制度にある。フロラの自伝的色彩の濃いペルー旅行の物語は、まだフランスの社会批判と直接結びつくところは少なく、エキゾチックな枠内で表現されていた。しかし今度の作品は、イギリスの耐え難い現状を告発しているばかりか、革命運動のもたらす普遍的な結果も描いていた。

『ロンドン散策』の著者フロラの大胆な描写に恐れをなしたのか、フランスの大手メディアは同書についてひと言も触れなかったが、左翼系の民主的な出版物、とりわけ社会主義的な傾向の強い新聞では好評だった。労働者階級の利益を後押しするこうした新聞は、数年前よりもはるかに重要な役割を果たしていた。フーリエ主義者の機関紙『新世界』、社会主義派の『友愛』、ルイ・ブラン(2)の影響を受けた『進歩』誌、フロラが寄稿したこともある『ヴォルール』などは、作品の抜粋や称賛に満ちた書評を載せている。

『新世界』は出て数日もしないうちに、購読者にこの立派な作品を是非読むようにと勧めている。「これは社会の奥底まで分け入ろうとする、良心的な旅行者による深い観察記である。著者は、社会主義者なら当然目を向けて然るべき事物を、何一つ見逃していない」。別の日の同紙は、作品の下院の審議の章を掲載し、編集主幹のジャン・クチンスキーはフロラの鋭敏な現実感覚に支えられたルポルタージュを振り返り、こう述べている。「著者が盗人や娼婦の真っただ中や、汚らしいユダヤ人街や放蕩三昧に明け暮れるクラブに、そして徒刑者のうちに身を置いているのがわかったとき、私の受けた衝撃は言葉にならないほどだった！　……著者は立ち止まり、観察し、記録しようと必死だった。そして人間をこうした堕落した状態から救出しようと、勇敢に、高潔な心で、また人類に少しでも役立ちたいと願い、その救済方法を探し求めた。……トリスタン夫人は、大英帝国を蝕む貧困と社会の病弊を暴いて、イギリス民衆に大いに貢献したのだった。イギリスの女性たちもこれを見習い、『パリ散策』を出版してフランスの民衆に貢献されるよう切に望むものである(3)」。

『進歩』誌は、チャーチストの国民会議の描写を実に見事と評した。「フロラ・トリスタン夫人によるロンドンに関するこの本は、誰もが思い描くような女性作家の書く本ではない。外国を旅行し、モードや演劇の観察記しか報告できない、無気力で気まぐれな気晴らしから生まれた発育不全な果実ではなく、イギリス社会の病み苦しむ病弊の大胆な考察から生じた益多い成果という表現が正確かもしれない。……経済学を補う有益な書とみなしてもよいだろう(4)」。

また『友愛』紙も、翌一八四一年一〇月、ロンドンのアイルランド人地区と鉄の柄杓の二章の長大な抜粋を載せている。編集長は終わりにこう結んだ。「この著作からは、豪奢な生活をこれ見よがしにする人がいるかと思えば、ぼろをまとった乞食同然の人が大勢いるイギリス、放蕩三昧を繰り広げる一方で、偏狭で信心に凝り固まった人のいるイギリスが内に抱える貧困と悪徳が、時に目を焼くような閃光とともに浮かび上がる(5)」。

労働者による労働者のための最初の雑誌『民衆の巣箱』は、発行されてまだほんの数か月なのに、編集長ルイ・ヴァンサール(6)がフロラの作品に一二頁も称賛の文を載せている。「豊かなイギリスで暮らす哀れな労働者の姿を描いたこの本を繰り返し読んでほしい。たとえフランスの労働者がまだこうした恥ずべき搾取の状況に置かれていないにせよ、物が溢れた豊かな社会に住みながら、イギリス貧民階級の窮乏生活を知り、ヨーロッパで一番自由な国と言われ、自治権や保護政策が誰からも称えられている国に住みながら、貧民階級の置かれている奴隷状態の壮大な歴史を知り、教訓を得ない人はいないだろう。私たちフランス人、わけても産業の力により、新しい道を進もうとしているフランス人にとって、かならず貴重な手本になるだろう」。こうしてヴァンサールは、「力と勇気と神聖な自己犠牲を投じて、貧民階級を弁護し、壮大で堂々としたこの作品の分析力」に賛辞を送った(7)。

同書は世に出てから何年も、産業革命初期の大英帝国における労働者階級の惨状が問題になるたびに引用された。ピエール・ルルーとジョルジュ・サンドの発行する社会主義系の機関誌『独立』で、ポーリーヌ・ロランはこう書いている。[8]「二年前、勇気ある女性フロラ・トリスタン夫人は、『ロンドン散策』という簡潔なタイトルの、イギリス社会を描いた一冊を世に出しました。それは数多くの事実からなり、イギリス貴族が身を飾る緋色と金色の豪華なコートで必死に包み隠そうとしても隠し切れない、働く民衆の叫びや呻きの声を暴き出してくれているのです[9]」。

とはいえ、社会主義的傾向を帯びたこの一群の合唱隊には、『ファランジュ』と『アトリエ』という重要な二つの声が欠けていた。創設以来のフランス労働運動の置かれた状況を考慮すれば、両者が沈黙したのは納得できる。組織化に向けて足を踏み出した最初の段階ですら、もうすでに深い亀裂が入っていたからである。『ファランジュ』編集部のフーリエの弟子たちは、できたばかりの『新世界』紙の編集者たちを自派の離反者と見なしていた。同様に労働者のための雑誌『アトリエ』にとっても、『民衆の巣箱』は競合する組織だった。一方で褒め称えられたものが、他方からは評価されないのは明白である。

社会主義的な出版物の大半が『ロンドン散策』を褒め称えたが、労働界と何の繋がりもないフェミニストや文学上の唯美主義者たちからは——サン＝シモンの共鳴者からさえ——厳しい拒絶反応を受けた。オルタンス・アラール・ド・メリタン[10]がサント＝ブーヴ[11]に送った手紙がその典型である。「トリスタン夫人から、改訂版の『ロンドン散策』が送られてきました。それはイギリスの民衆を擁護する、同情と憤怒の叫びに満ちた本です。分別と慎みに欠ける本ですから、きっと最後まで読み通せないでしょう[12]」。

フランスと同様にイギリスでも、大新聞は『ロンドン散策』に一行も割いていない。議会の報告書をもとにしているとはいえ、イギリス社会への手厳しい批判はあまりにラディカルと映ったのだろう。チャーチストの機関紙『ノーザン・スター』と『ウィークリー・デスパッチ』でさえ、同書についてひと言も触れていない。これこそ驚くべき事実である。オウエン支持者の雑誌『新道徳世界』が、一八四〇年五月八日から二九日にかけてリーズで開催されたオウエン主義者の会議に提出した報告書でも、『ロンドン散策』にほんの少し触れただけである。フランスの社会主義者はこの会議に連帯のメッセージを送り、その二六人の署名人にはフロラ・トリスタンの名前も入っていた。彼女はその機会をとらえて、同会議に新著を献呈している。会議場で読み上げられた『ロンドン散策』に添えた手紙で、フロラはオウエン主義者が行っている女性解放のための闘いを誉め称えた。「女性に自由のない今日の社会では、政治的自由など幻想であり、真理も名目に過ぎません。なぜなら、男女の完全な自立こそ理性的宗教の本質的な土台を形成するものですから。こうして神はオウエンに、隷従、敵対、憎悪、嫉妬、高慢などすべてを廃絶したこの宗教を啓示してくれたのでしょう(13)」。その手紙でフロラは、著書の抜粋がイギリスでも発表されるようにと希望を表明した。七月一一日と八月一五日号の『新道徳世界』はこの願いを受けて、『ロンドン散策』のオウエンの功績に捧げた一章を近いうちに掲載すると予告している。しかし、それも空約束に終わった。

だが同誌は、この年の秋にもフロラ・トリスタンの人物像に関心を示した。『新道徳世界』の協力者の一人ジョン・バームビーが、フランスの「社会改革者群像」として幾人かの社会主義者を紹介したのである。彼は、バック通りにあるフロラの自宅にも足を運んだ。バームビーはうら若きこの女性の魅力が強く印象に残ったが、彼女の唱える社会主義については、寓意的な図形を用いて触れただけだった。それでもフロラの象徴主義と宗教的神秘主義にはいささか驚いている。「彼女は才気に満ちた『ロンドン散策』だけではなく、一つは政治的信念、もう一つは信仰心を表す二つの印章のデッサンを見せてくれた。政治印は三角形で、中心に「団結」、その三辺に「神（複数）、誠実、自由」の言葉が配されている。宗教印は、中心に「神（複数形）」があり、三辺に「父、母、胎児」が置かれている。これが何を象徴しているのか正確には読み取れないが、探求心旺盛な人の資料になればと思い、ここに示した。フロラ・トリスタン夫人は才気煥発で、東洋人にも似た美貌の持ち主で、稲妻のような鋭い眼は頭脳の明晰ぶりをはっきりと物語っている。この鋭敏な頭脳の持ち主は、現下の支配的思潮に立ち向かい、いつかきっと真実の風が吹いてくれると期待しながら、勇敢に漕ぎ出す小舟のように、大型船と並んで、共同体という港に入っていくだろう[14]」。

フロラ独自の汎神論、正確に言えば、革命的色彩を帯びたアニミズムが、どちらかといえば控えめなアングロ・サクソンの反感を呼んだのは間違いない。『ロンドン散策』の著者がオウエンについて述べた章で、まさに超自然的な力への信仰心の欠如を理由にこの偉大な社会改良家を咎めているだけに、なおさらそうだった。「外的状況が私たちに及ぼす大きな影響力に心奪われたオウエンは、組織のことなどほとんど考慮に入れていない。彼にとって人間とは、伝説的英雄であれ、怪物であれ、洗面台であれ、彫刻家が思いどおりに何でも作り出してしまう大理石の塊といってよかった。断言してもよいが、そこには無限を予感する神の創造物、永遠にして常に発展する生命というものは何もない。有体に言えば、オウエンは霊魂の欲求など大して興味はない……[15]」。

オウエン主義者は師に対するこうした批判を掲載するのを躊躇したかもしれない。唯物主義こそ当時のイギリスの社会主義者にとって肝要だったからである。フリードリッヒ・エンゲルスは一八四三年六月の論文でこれをはっきりと認め、オウエンの無神論を称え、当時もなおフランスの社会主義者に行き渡っていた宗教性と対比した。「イギリスの社会主義者はフランス人よりはるかに深遠で実践的で、それは特に教会との広範な闘いと、宗教との係わりを一切排除しようという強い意志から説明がつく(16)」。

しかし、部数の多い新聞雑誌に黙殺されたとはいえ、『ロンドン散策』はフランスの大衆のあいだで大成功をおさめた。一八四〇年に初版が出て、間をおかず一八四二年には第二版が出たのである。当初この本は七・四フランと比較的高価だった。入念に手を入れ、哲学的考察を省略し、「労働者階級への献辞」を加えた普及版の第三版は、労働者でも十分手の届く二フランという低価格だった。

フロラは同書が教養ある進歩的な労働者のサークルで反響を呼んだことをとても喜んだ。『民衆の巣箱』や、フランスのプロレタリアの運動に大きな影響を与える社会主義的な出版物にも認められたことからも、その反響はわかる。本を読んで共感した労働者からも多くの手紙が届いた。ペンキ職人ジャン・エドム・ルクレールは、『ロンドン散策』の「イギリス社会特有の滑稽な場面や、あなたが事実に基づいて再現した民衆の悲惨な暮らし」に大いに興味をそそられたと書いている(17)。ツーロンの石工職人で、詩人でもあったシャルル・ポンシー(18)は、彼女に送った手紙で、感嘆の気持ちをこう表現している。「あなたはイギリスのプロレタリアが耐え忍んでいる苦悩の実態をありのままに描いてくれました。……御著書のおかげで、かつて五〇歳のマルト＝ブラン(19)が描写したよりもっとはっきりとロンドンの街がわかるようになりました。私はあなたの良心、あの哀れな民衆に寄せている気高い感情に、心から共感していますⅹ[20]」。

フロラは労働者たちの手紙に返事を書き、何人かをバック通りの自宅に招いたり、彼らの住居に足を運んでいる。この人たちは、一〇年前タランヌ・ホテルやモンシニ街で行われたサン＝シモン主義者の集会で会った、真面目で口数の少ない謙虚な労働者とまるで違っていた。彼らは揺るがぬ信念を持ち、自らの階級の利害を自らの手で引き受けようとしていた。彼らの心を強く捉えたのは、仕事と住居の牧歌的共同体のモデルではなく、二つの基本的な問題だった。プロレタリアにのしかかる恐るべき搾取をなくし、機械と同じように働かされる労働者をどうしたら組織できるのか、もう一つは、時代遅れの同職組合（コンパニオナージュ）を労働者のための相互利益団体に変えること、その二つだった。

フロラが『ロンドン散策』で考えた計画も、労働者たちはさらに効率的に取り入れていた。ブルジョア階級なら一〇年もかかるのに、賢い労働者ならわずか二日もあれば、はるかに多くを学び取ってしまう、と日記に書いている。とはいえ、フロラは労働者に批判的な姿勢を保ちつづけ、無条件に称賛したり、へつらったりしない。彼女と労働者の関係は多くの場合友好的で、相互の信頼に支えられていたが、しばしば激しく衝突することもあった。フロラは仕事に強い信念を抱いている限り、反論に黙ったままでいられなかったし、また労働者の側も、たとえ忠実な友であろうと、傲慢な態度は一切容認しなかったからである。

またフロラは、反体制作家の世界にもしばしば足を運び、さらにパリ社交界の芸術活動にも参加した。新聞雑誌も絵画展の開催日やレセプシオンや舞踏会などに出席する彼女の姿を報じた。才能に恵まれ、政治活動にも積極的に参加する作家という世評はすっかり定着していた。ド・ジラルダン夫人のサロンや評論家ジュール・ジャナンの愛人だったラ・カルト侯爵夫人の館では、才気煥発で魅力的なフロラ・トリスタンはいつも崇拝者に取り囲まれる賓客であった。

オノレ・ド・バルザック、テオフィル・ゴーチエ、ジェラール・ド・ネルヴァル、ヴィクトル・ユゴー、ジュール・サンドーらが題をつけ、数々の物議を醸した『パリの美女たち』という絵入り文芸雑誌にフロラが登場するのもこの頃である。この美女連には上流階級夫人、貴族やブルジョワの奥方、女優、オペラ歌手、作家、詩人と並んで、下着の縫い子、手袋を編む女、婦人帽をつくる女も入っていた。王権の政治を揶揄する辛辣な皮肉を裏に秘め、機知に富むユーモラスなこの連載小説は、大作家や詩人たちの後押しもあり、一般大衆に大人気になった。にもかかわらず検閲機関は、ほとんどが陽気で、時に低俗ともいえる読み物であっても、パリのサロンの著名な御婦人連が、しがない女工と並んでジョルジュ・サンドやフロラ・トリスタンなど進歩的作家と同等に扱われているこの雑誌を、ある種の警戒心をもって見つめていた。第二シリーズの序文は、この問題に関してこう述べている。「『ラ・コティディアンヌ』と『ジュルナル・デ・デバ』の両紙によれば、現在最も傾聴に値する新聞小説作家のメルル・ジャナンとジュール・ジャナンの二人は、この文芸雑誌は繊細にして独創的で、大衆からとても愛されている出版物であり、憲兵が目を光らせる危険な要素などどこにもない、と語っている……」(21)。

いずれにせよ、『パリの美女たち』は一八三九年と四〇年の二年間で二二版を重ね、フロラ・トリスタンの美貌が絶賛を浴びたのはその最終版だった。肖像画の作者は、彼女と友情を結んでいたアルフォンス・コンスタンである(22)。均整のとれた顔立ち、生き生きした大きな眼、腰まで落ちかかるカールした黒髪、ほっそりした手というように、フロラは多くの称賛者が言っているとおりに描かれていた。

フロラは同号に掲載された「トリスタン夫人宛ての手紙」を読んで苦笑したに違いない。作者たちは彼女の社会変革の志に一言触れておきたかったのだろう。さほど重要でもないパリの文化的出来事に触れたその手紙の末尾に、富者に向かい、寒季に貧者の幼児を餓死させないでと訴える、「冬」という題の涙を誘う詩を載せたからである。労働運動の初期には慈善活動も一定の意味があったかもしれないが、その時期ははるかに過ぎたとフロラは考えていた。実際、フロラは『パリの美女たち』に載った自分の人物像などにまったく興味はなかった。日記にも、これについて触れているところはどこにも見当たらない。

イギリスに関する著書を出版した後、フロラに手紙を送り、バック通りの住居を訪れる労働者との討論の重要性は次第に増してきた。その時期はまた、資料や事実や多様な意見を収集し、たくさんの知識を習得する時期でもあった。シャルル・フーリエやその弟子ヴィクトル・コンシデランも、労働者や女性にとってより公正な新しい社会をつくるために進むべき道や手段について、彼女の投げかける質問に的確に答えることはできなかった。イギリスのプロレタリアの悲惨な状態を見据え、チャーチストの組織を考察した結果、労働者階級の解放に現実的な方法で寄与したいという気持ちが一層強まっていった。鋭敏なフロラはまた、重ねた推論から実践的な結論を導き出す力も備えていた。ペルーを旅行中、彼女はかの国の抱える苦しみを描き、不正を断罪するだけでは終わらなかった。一八三三年にヴァルパライソへ航海したときの日記には、寒気や湿気を防ぐ防水服やその他さまざまな衣服を水夫に支給するため、港湾管理者や船長が行う具体的な改善策も記していた。二年後の『見知らぬ女性を歓待する必要性について』というエッセイで、平等な権利を獲得するため、「女性の協会」の創設も提案している。こうして今や、プロレタリアの利益を擁護するために闘い、時代遅れの同職組合の上に新たな組織を作り変え、もっと広大な世界に乗り出そうとしていた。

一八世紀、同職組合員〔コンパニオン〕にとって、「フランス巡り」は親方組合に加入する修行のようなものであり、ここで連帯感も生まれたのだった。今の時代は徒弟も組合員もほとんど工場や家内労働者になり、失業は産業化の永続的要素になっていた。同職組合員の社会は時代遅れになり、その特質もすっかり失われてしまった。特にフランスでは、ナイフを抜きあうほど激しく対立する、「義務の組合員」と「自由な義務の組合員」の二つが存在した。この団体に所属する労働者ももはや一握りだった。彼らの活動は宴会や祝宴にかこつけた、競争相手の団体との乱闘騒ぎが中心であり、何か一つの組織にまとめ上げる活動などほとんどなかった。

読者に『ロンドン散策』を熱心に勧めた『民衆の巣箱』の編集長ルイ・ヴァンサールのおかげで、フロラは同職組合の改革に取り組む労働者や、この問題に関する本を出した労働者と知り会いになった。また同職組合に関する小冊子を出版し、ジョルジュ・サンドもこれをはっきり支持したアグリコル・ペルディギエ(23)とも知りあえた。フロラはヴァンサールに、現在フランスにはどれくらいの賃金労働者がいるか、そのうちどれくらいが同職組合の団体に入っているか、会費はいくらか、そして会員は組合からどんな恩恵を得ているかなどを質問している。また同職組合の改革に関する小冊子を出版した二人の労働者にも手紙を送っている。一人は同職組合を離れた進歩的組織「ユニオン」の労働協会で大な影響力を持っている錠前師ピエール・モロー(24)で、もう一人は、「フランス巡り」をする仲間のために、パリのボーブール通りで宿屋を開いている鍛冶屋のゴッセ(25)である。

フロラはヴァンサール、ペルディギエ、モロー、ゴッセらの著書、とりわけ同職組合の改革に関する彼らの見解を入念に考察した。その結果、彼らの構想する改革案はすべて正しいと言っている。もし対立する組合が争いを止め、敵対意識を克服し、ゴッセが提案するように、労働者がカフェの主人に搾り取られず、協同組合式で運営する宿屋（オーベルジュ）を自分たちの手でつくるなら、彼らに益することは間違いない、と。しかし、こうした改革案のどれも、労働者階級を悲惨な状況から救出し、労働権を実現し、安定した暮らしに導く新しい生産組織をつくる助けにはならないだろう。これらの改革案は、産業革命末期の一〇年間に生じた大きな社会変化を考慮していないからである。

実際、フロラが『ロンドン散策』で明らかにした、ブルジョアとプロレタリアの敵対関係に関するさまざまな体験や、フランスの進歩主義者の運動で学んだ広範囲な知識と比べれば、同職組合の改革に全力を注いだヴァンサール、ペルディギエ、モロー、ゴッセらの小冊子は時代遅れだった。サン＝シモンの弟子たちは一八二九年、師の学説の報告書で「我々がかつて明らかにし、その最も直接的で野蛮な、人間の人間による搾取の形態である奴隷制は、現在、所有者と労働者、主人と賃金生活者のかたちをとって最高度に継続されている」と確認していた(26)。

いささか臆病な姿勢を批判して、師の弟子たちと袂を分ったサン＝シモン主義者ジャン・レイノー――フロラもその論文を通じてよく知っていた――は、もっとはっきりこう述べている。「私は、国富のすべてを生産しているのに、手にするのは安い日当しかなく、理由もわからないまま仕事をし、その苦しみの果実は、競争によってわずかな分け前しかもらえない、そうした人をプロレタリアと呼ぶ。……そして、プロレタリアの運命を握り、縛りつけている人間、また我が身をそのように運命づけている人間、資本を所有し、その収入で生活し、工場を所有し、消費に応じてその稼働を上下させ、現在を十分に楽しみ、昨日の運命がそのまま続くことを望み、自己を最上席に置き、最良の取り分をもたらしてくれる政体の永久的継続しか頭にない人、それをブルジョアと呼ぶ(27)」。

レイノーはプロレタリアの「特別な代表者」という構想を熱心に勧めていた。一八四二年一二月、労働者階級の解放を明確な目標とし、それを一冊にまとめ始めていたフロラは、レイノーやその他フランスの社会主義者の革命的な教説や、オウエンの経済学的な調査・提案などを参考にしたに違いない。彼女はこれらすべてを受け継ぎながら、当時としては重要で斬新な結論に到達した。

彼女は自ら『小冊子』と呼ぶ本で、「自分の仕事は大きな歓びであり、これ以上ないほど満足している」と述べている。一八四三年六月一日、著名な大衆小説家の友人ウージェーヌ・シューに書いている。「どうか会いにいらしてください。私は今とても奇妙な現象に捕らわれています。私は幸せです、とても幸せなのです！　聖テレジアよりはるかに幸せなのです！……良き行いをしたのだ、大きな仕事を成し遂げたのだ、と信じております。同胞にとって有益な仕事を成し遂げたのです。激しい愛、神聖で純粋な愛、穏やかで贖罪的な愛が私を抱擁し、心を満たし、人間の持つ以上の生命をもたらしてくれたのです！……この世で幸せな人間に会うことなどないと言う人がいるならば、それは神を冒瀆することになるでしょう。この小冊子に取り掛かって以来四か月というもの、どこにあっても私を包む愛はとても激しく、心に感じた陶然とする喜びは余りに激しかったから、脆弱な私はその重圧で折れ曲がってしまうのではないかと心配でした。時にはこのまま死んでしまうのではないかと思ったくらいです。……天国といっても、一体どんな天国があるのでしょうか！(28)」。

ほんの少し後、親友で画家シャルル・トラヴィエス・ド・ヴィレール[29]にもこんな手紙も書いている。「熱くて燃えるようです！　私は不幸せです！　でもまた幸せでもあるのです！　ひどい絶望感から、ゆとりがあり、うっとりする満足感へ、行ったり来たりしています！　それが苦しくてたまりません！　有益で立派な、皆に褒められる仕事をやり遂げたと感じ、それがポプラの木も押しつぶすほどに昂然と私の頭を持ち上げてくれています。そうです！　私が『小冊子』を愛おしむように、人間を愛せたらいいのに！　思想とともに生きているように、人間とともに歩んでいければいいのに！[30]」。

男性が絶対的な主人だった時代の夫婦生活の惨めさをいやというほど体験し、社会からは「賤民」として排斥され、またペルーでは奴隷制を、イギリスではプロレタリアの搾取を厳しく糾弾した女性フロラ・トリスタンは、この『小冊子』で、社会に存在するさまざまな矛盾を解決できると思った。彼女は取り掛かった行動の結果を過大に見積もり、さらに労働者階級の組織の創設を、労働者階級と全人類の解放とみなした。これこそ彼女の陶酔感の源だった。

二〇〇頁余の著書で彼女が行った一番重要な確認事項は、労働者階級は自らの行動、自らの力でしか解放できないということだった。フロラ・トリスタン以前には、この事実をこれほどはっきり断言した人はいなかった。マルクスとエンゲルスの『共産党宣言』が再度この問題を取り上げ、詳細に解説しているが、何とそれは八年後である！

フロラは、サン＝シモン、オウエン、フーリエとその後継者に代表される献身的で知的な人たちが、労働者の利益を擁護するために一生を捧げたことを想い起こしている。しかし、彼女の有力者への呼びかけには何の反響もなかった。「もはや言うべきこともないし、書くべき言葉もありません。なぜなら、あなた方の置かれている不幸な立場は周知の事実なのです。もはや成すべき仕事は一つしか残っていません。それは「憲章」に記された権利に従って行動するのです。ところで、行動すべき日が到来し、あなたたちの置かれた立場を考えて行動するのはあなたたち自身なのです。あなたたちにとってそれは生きるか死ぬか、貧困と飢餓という絶え間なく襲いかかってくるあの恐ろしい死なのだ！というくらい重大事なのです！」(31)。

プロレタリアが産業家や政府に対抗するには、階級として組織され、自身の利益を守る統一された固有の組織を作らなければならない。孤立した労働者は非力であり、貧困の重圧に押しつぶされてしまうからだ。「さあ、孤立から抜け出すのです。団結するのです。団結こそ力を生む源です！」。フロラは、例に挙げて述べている。「ブルジョアは階級として組織されて以来、国家の全権力を一手に握るほど強力になっている」(32)。しかし、万人の権利の平等を認めたにもかかわらず、ブルジョアは実際にはこの権利による利得を全部自分たちで独占してしまった。ブルジョア階級が貴族階級の後を継いだからには、次は労働者が階級として組織される番なのだ。

フロラは『小冊子』で、労働者階級の利益を擁護し、階級ができるまでにそれほど時間はかからないことを歴史的にみて説明した。その解決策として彼女が考えた「労働者連合」は、今日我々の生きている時代の構想と何も矛盾しない。彼女はまずこの「労働者連合」への男女市民の大規模な加入と、各自の年会費の支払いを提案する。組織は中央委員会の手で管理運営され、各地方には代表を派遣する。連絡役を務める諸委員会は必要な相互の関係をつくり、下部委員会はさまざまな試みについて意見交換ができるようにする。中央委員会には給料が支払われる活動家と機関紙を配置しなければならない。また国会では、組織から報酬を受けた議員が「労働者連合」の代理を務める。同様にブルジョア階級から搾取されている中産階級に対しては、「労働者連合」は共通の同盟・活動政策を提示しなければならない。下部組織は男五人、女二人の七人のメンバーで構成される。しかし、女性参加者がこのように限定的に割り当てられるのは暫定的な措置で、女性の教育が男性と等しくなる時までである。

女性のための平等な権利については特に一章を割き、正当な権利として要求しているが、それは単にフーリエ主義者の唱える女性解放思想を繰り返しただけではない。ここにも、フロラ以前に誰も主張したことのないまったく斬新な思想が見られる。女性解放という歴史的責務はすべて労働者階級が担うべきという主張である。「だからこそ、この地上に正義と男女の絶対的平等を樹立する仕事は、不平等と不正義の犠牲者になっているあなたたち労働者の責務なのです[33]」。

もちろん、この主張にはサン＝シモン主義やフーリエ主義に影響された要素も認められる。それはフロラが労働者の子弟の学校、退職者や労働傷病者のための施設の建設を求める、ファランステールに似た「労働者連合の館」（パレ・ド・ユニオン・ウーヴリエール）に表れている。多くの労働者が生活するこの共同体（パレ）は、組織のメンバーの会費で資金調達を図ること。活動に当たっては、政府や製造業者に資金援助など一切求めてはならないことを定める。フロラはまたサン＝シモンから、「労働者連合」の計画に加えて、国王、カトリック教会、貴族、製造業者に呼びかけるアイデアも踏襲していた。とはいえ、この呼びかけは、労働者の置かれた状況を理解してほしいという気持ち以上に、具体的な論拠を示すことにあった。

生産手段の所有という主要な問題について、フロラのプログラムは一言も触れていない。現実に存在し、増大する機械、マニュファクチュア、工場はどう扱うべきか。それは資本家の所有物であり、彼らに要求できるのは労働者への正当な給与だけなのか。『小冊子』に関する公開集会では、フロラはその点についてさらに詳しい見取り図を示したかもしれない。検閲と組織的活動の禁止を案じて、プログラムではこの問題については口を閉ざしておこうと思ったのかもしれない。いずれにせよ、製造業者とその政治的代表者や自由主義者たちは、労働者階級を組織する運動が、生産手段の所有者を直接攻撃対象にしている危険な敵対物と感づいていた。とりわけ労働者に敵対的姿勢をとっていた文部大臣ギゾー寄りの新聞『グローブ』は、一面の社説で、フロラ・トリスタンは「所有者の特権に敵対する連合体をつくろうとしている」と述べていた。いずれ執筆される作品の控えとなる『日記』で、彼女は断言している。「確かに、私は所有を攻撃している……、でも、八九年のように、暴力、エゴイズム、欲望などの名でそれを攻撃しているのではない。私は今日の社会で、所有の原理の名の下につくられている所有を攻撃しているのである。……私は権利のうちでも最も神聖な権利である労働権の名において攻撃しているのである。じゃあ、土地、資本、家屋の所有者のうちで、どの人間も生まれながらに持つ神聖な権利、「働きながら生きる権利」と真っ向から対立し、世にいう所有権をあえて擁護する人間とは、一体どういう人なのか」。

『小冊子』はまた、労働者階級の国際的連帯に賛同した最初の証言の一つでもある。フロラは出だしから「男女労働者の普遍的結合」という言葉を使っている。さらに進んで、労働者連合は国家間に、また地球上のどの国であれ、男女労働者間にいかなる差別もあってはならないと明言する。労働者連合はすべての国で組織の拡大発展を図るために、ヨーロッパの各首都に連絡委員会を設置しなければならない。この構想はそれほど深く掘り下げて考察されていないけれど、フロラの死から二〇年後に樹立された第一インターナショナルの立役者の一人として、当然彼女の名もそこに加えるべきだろう。

一八四八年の『共産党宣言』に先立つ最も重要なこの革命的プログラムには、今日でも依然として我々の心を打つ意見が散見される。それは何よりも、労働者にとって正義に適う社会とは、一七九一年に提出された民主的な自由の尊重で成立し、どのような場合であれ、軍事的で独裁的な政体であってはならないと明言していることである。

デビュー以来、フロラが労働運動にとって主要なこの問題を論じだすのは、バルテレミ＝プロスペル・アンファンタンとの論争を通じてである。『労働者連合』で、彼女は当初、サン＝シモン主義教理の基本的戒律として手仕事の復権を打ち立て、労働者とその置かれた社会的立場を尊重するという構想で、一八二九年から一八三〇年にかけモンシニ街で行ったアンファンタンの講演会を褒め称えている。それから一〇年後、彼女はサン＝シモン学派の旧指導者が国王ルイ・フィリップの援助を受けてアルジェリアを公式に旅行し出版した著書『アルジェリアの植民地化』を詳細に分析した。アンファンタンは人種隔離政策に賛同し、日常生活の規律化、特に軍事的規範に基づいた労使関係を理想化する人物に変貌していた。フロラは書いている。「こんなことを信じてよいものだろうか。アンファンタン氏にとって、労働の組織化とは日常生活を軍隊式に規律正しく編成し直す作業を意味しているのだ。アンファンタン氏の脳内では、労働者の組織は軍隊の組織と同じ意味である。こんな馬鹿げた考えはまったく言語道断だ！　神よ、どうか労働者をこんな組織から守ってください！　最も数多い階級が軍隊式に編成され、糧食配給の保障と引き替えに自由を売り渡すくらいなら、貧困と飢餓で死んだほうがまだましだ！アンファンタン氏が新しい社会秩序の基盤として提示した理論は、大きな犠牲を払って手に入れた我々の自由を根底から揺さぶるものである……」。

周知のように、労働運動と社会主義の歴史において、残念ながらアンファンタンには多くの後継者が現れた。一世紀半後の今日、世界規模の社会体系の一つである「現存社会主義」も、民主主義的自由という問題に直面すれば、いつか崩壊するだろうと予言したフロラ・トリスタンの先見性に感服するほかない！

出版当時、フロラの計画の賛同者や対抗者が強調したのは、「労働者連合」という一節だけではない。一刻も早く労働者の組織をつくらなければならないという要求に、働く人々は賛同したからである。この『小冊子』の主人公は労働者である。労働者とは「最も数多く、最も有益な階級」として、ブルジョアジーの後を継ぐ存在と規定されるように、その明快で簡潔な定義が、多くの賃金労働者の心をつかんだ。柱になっている組織と行動の一致という中心的思想は、人間の体験した歴史的事象や、一八四三年当時、フランスの労働者にとって身近な唯一の書とも言える聖書の説得のある実例で証明されていた。

数々の果たすべき重要な目標が示されたこの『小冊子』は、当初は自筆の走り書きのようなものだった。これを印刷し、フランスのプロレタリアに労働者連合の構想を広めていく作業が、これ以後、フロラが全精力を注ぎ、残り少ない生涯を捕らえて離さない大きな仕事になっていく。

『小冊子』への賛否を問う黒玉と白玉

労働者の雑誌『民衆の巣箱』は、パリのマレー地区にあるジャン・オーベール通りの古ぼけた廃屋に事務所があった。危なっかしい階段を上り五階にたどり着くと、そこで編集委員会が特別な会合を開いていた。自派の新聞紙上で『ロンドン散策』に熱烈な賛辞を送った編集長ルイ・ヴァンサールの助力で、フロラは委員会メンバーの前で念願の『労働者連合』の二章を朗読する運びとなった。彼らは労働者のための新しい計画を雑誌に載せるかどうか、決めなければならなかった。男女併せて二二人出席していたが、投票権があるのは一二人のみだった。この重要な会議に初めて出席したフロラは急に体調が悪くなったため、長年の友人であるエヴラ医師に、よく通る声なので原稿の代読を頼んだ。

エヴラがいつもほどうまく読めなかったので、フロラは心配気に聞き入っていた。エヴラがたまたま『判決録』で弁護士の述べた「石工、靴屋、農民などは人間ではない」という一節を引用した際に一斉に起きた怒声で代読が妨げられたときを除けば、編集者たちは静かに耳を傾けていた。それでもフロラは、一七九一年の人権宣言がまだすっかり忘れ去られたわけではないと確認できて嬉しかった。

とはいえ、部屋全体の雰囲気は冷たく感じられた。友好的で誠意ある人と思っていたヴァンサールも、心配気で苛立ち気味だった。なぜなのだろう。エヴラが第一章を読み終えて中断すると、委員の何人かは不承不承といった面持ちで原稿に賛意を示した。

フロラは緊張しながら、反論を待った。まずヴァンサールが前に出て言った。「フロラさん、あなたのお仕事は実に素晴らしい！　ただ立派な理念が含まれていますが、それは単なるユートピアです。どうしたら団結できるのか、それをあなたは教えてくれないからです。問題はすべてそこにあるのです」[1]。フロラは必死に訴えた。第一章は今日の社会の労働者が置かれた現状を記述した一般的見解であって、一種の規範に近いとフロラは必死に訴えた。組織化に関する詳細な説明はもっと後半に出てくるからと。全員彼女の意見に頷いた。印刷するか否かはそのすぐあとの投票で決めることになった。テーブルに二色の投票用の小玉を出して、賛否の意志を問う。全部で一二個のうち、賛成の白は一一個で、反対の黒は一個だったが、おそらくそれはヴァンサールだった。

エヴラは続いて女性の章を読み上げた。それは第一章ほどしっかりと聞いてもらえなかった。聴衆は退屈し、テーマも大して興味を惹かなかった。原稿の朗読が終わると、ヴァンサールがもう一度発言を求めた。この章には、労働者は居酒屋に入り浸っているとあるが、こんな文章を入れれば、ブルジョアジーが労働者階級に新たに攻撃を与える材料になると言い張り、『民衆の巣箱』に載せるのは絶対反対であると主張した。『労働者連合』の「なぜ私は女性について述べるか」の章では、フロラは妻が愛され、尊敬され、男性と同等の存在である夫婦生活の利点を列挙している。「家庭生活で心地よい気分に浸り、年老いた良き母親、若い妻、幼い子どもたちと一緒に過ごし、幸せで満足できれば、労働者は家を抜け出し、時間や金を浪費し、健康を損ない、知力を消耗する怪しげな居酒屋に飛び込み、気分を発散させたりしないでしょう」。

委員会の指物師のロリが発言を求め、フロラは男女の労働者を嘲り、侮辱しているからこの章を入れるのは反対だ、と怒りに震えながら述べた。

フロラは冷静に、多くの労働者が家族を惨めな生活に放り込んだまま、稼いだ給料の大半を居酒屋につぎ込んでいるのが現実の姿ではないかと彼に問いかけた。ロリはそのとおりだと認めた。「我々仲間内では我々の欠点を正直に打ち明けてもよいが、よそ者が我々に訓戒を与えるのは容認できない。反対に、そうした欠点はブルジョアの目に入らぬように、隠しておかなければなりません。だからこそ、労働者の手でつくった労働者の雑誌に、フロラ夫人が投げつけた厳しくて恐ろしい真実は載せるべきではないのです(2)」。

フロラはしばしば好むやり方だが、アイロニーを使って相手を不快な気分にさせず、落ち着き払って原稿の内容を擁護した。どんな場合であれ、仲間の労働者にお世辞を言い、理想化したりせず、彼ら固有の欠点には厳しい姿勢で臨むべきである、と固く信じていた。ブルジョアジーがこうした事実を労働者への攻撃材料にすることなど大した問題ではないし、雑誌に載るか否かにかかわらず、ブルジョアジーは必ず攻撃を加えてくるからである。

他の出席者、加えて女性までも発言を求め、ヴァンサールとロリの意見は正しいと判断した。フロラはびっくり仰天した。聴衆に、労働者の普遍的結合という構想など眉唾物だ、国家で最上位を占めるプロレタリアという主要な概念も、一七八九年のブルジョアジーと同様に絵空事だと受け取られるかもしれないと思っていたからである。何とそんなことを思い煩う必要などなかった！　基本的というのも烏許がましい日常的な些事に触れただけで、小冊子『労働者連合』の構想は手厳しい非難を浴びてしまった。

議論はとるに足りない居酒屋の問題や、今ここで話題にするのが時宜にかなっているのかなどに集中した。フロラは厳しく攻撃されたが、彼女の正当性を認めてくれるものもいた。労働者の欠点は、どんなに周知であっても、敵の攻撃材料にされるから、公にすべきではないという奇妙な見解に直面したのはこれが初めてだった。後の南フランス横断旅行（フランス巡り）の間、フロラは今日的用語で「客観的事実」と呼ばれるこの問題に幾度となく出くわす。このテーマは労働運動の初期から、果てしない論議の的となっていた。

さらに女性の章についても投票が行われた。白玉が九で、黒玉は三だった。といっても、反対票が彼女の構想を拒否していたわけではなく、反対の理由は主に居酒屋の問題だった。

労働者連合が誕生してからフロラが労働者と交わした議論の資料は、この『小冊子』の普及や、南フランスの諸都市をめぐる講演会でへとへとになってホテルに戻ってから、毎夜手帳に書き止めていた日記しか残っていない。それは彼女がフランスの労働者階級の置かれた状態について将来書こうとする作品の資料となるはずのものだった(3)。一八四四年一一月にボルドーで早世したため、この計画は実現しなかった。現在あるのはきちんとした文章ではなく、個人的で時に憤怒を帯びて語られる同時代の見解や、時代を先取りした未来への希望や大胆な考えを記した日々のメモだけだ。

フロラが日記で触れている最初の出来事は、一八四三年二月一三日に行われた『民衆の巣箱』の編集委員会での『労働者連合』の朗読である。フロラ自身が主催した二回目の説明会が間をおかずに開かれた。出席者の大多数は雑誌への掲載に賛成の立場をとったが、結局掲載にはいたらなかった。『民衆の巣箱』は破産の瀬戸際に追い込まれ、掲載するのは金銭的に困難だったからである。おそらく資金不足が唯一の理由ではないだろう。『労働者連合』の労働者の窮状に関する正当な訴えと、労働者階級を解放するための具体的な段取りとの間には、踏み越えなければならない大きな一歩、多くの人がためらい、それも単に勇気の欠如では説明できない大きな一歩があったからである。フロラはそれでも首尾よくこの小冊子の最初の三章のゲラ刷りを出すことに成功した。こうして、そのゲラ刷りを他の労働者や、新聞社や、出版社へ送ることができた。

だが反応は期待外れだった。『民衆の巣箱』と同じように、労働者が編集していた雑誌『アトリエ』は、直接説明したいと面会を求めるフロラの手紙に返事すらよこさなかった。ペルーを描いた作品とイギリスに関するルポルタージュについては好意的だった編集者たちでさえ、『労働者連合』で展開されている強い攻撃的な文章を印刷する見込みなど到底立たないと考えた。他の二人の編集者、なかでも共和主義者として名高いルヌアール(4)さえもはっきり拒否した。彼はフロラを部屋に入れ、二時間にわたり『労働者連合』について語る機会を与えた。フロラの日記にも書かれているが、彼の意見は情け容赦なかった。「彼は私にこう言ったのです。現在私は、民衆には鞭打ちという中国方式が必要だと思っています。権利を与えれば与えるほど、彼らはより多くの権利を要求してきます。こうなると、さらに御するのが困難になってしまうのです、と」。フロラは労働者の権利の正当性を必死に訴え、中国の例を再度持ち出してこう言った。「でも、中国人は民衆を堕落させた結果、国家を堕落させ、破滅に追い込んだでしょう。中国は国を私物化しようとする人に乗っ取られてしまったけれど、フランスでも同じことが起きますよ」。労働者も搾取され、虐待され、侮辱され続けるなら、仮に祖国が危機に陥っても、自分が祖国の一員だとは思わないだろう。ルヌアールの答えは、産業化とともに表面化した新たな問題に鈍感なブルジョアを露呈している、とフロラは感じた。「じゃあ、今はまだ私たち〔ブルジョアと労働者〕は憎みあっていないけれど、少なくとも相手にまったくの無関心である、と言わせたいのですか(5)」。

結局『労働者連合』を出してくれる出版社はパニェール書店(6)しかなかった。これまでに多くの民主主義的な作家の作品がこの出版社から刊行されていた。パニェールはラムネー(7)とともにキリスト教的社会主義を、ヴィクトル・ショルシェルと植民地の奴隷制廃止を広めた。ところがパニェール書店は、一通の丁重な手紙を同封して、ゲラ刷りをフロラに返送してきた。『労働者連合』は社の方針に合わず、出版できないことを心から詫びる内容であった。「あなたの考えている目標は称賛に値し、寛大な心に満ちています。私は労働者の置かれた現状の改善策に関するあなたの御意見にすべて賛同するものではありませんが、それでもこうした目標を掲げあらゆる計画を検討し、じっくり論議し、もし必要なら、実践に移されるように心から願っています(8)」。

これと反対に、ピエール・ルルーが編集長を務めていた『ルヴュ・アンデパンダント』の取締役ルイ・ペルネ(9)は、ゲラ刷りの返送に際して、歯に衣を着せなかった。彼にとって主要な関心は、既成の秩序を破壊する犯罪的行為だった。「連合というあなたの計画は、実際は政治結社にほかなりません。現実の経済的秩序の転覆を擁護する人に資金を提供し、ジャーナリズム、教育、説教などを通じて革命的プロパガンダのために資金を調達し、協力し合う行為は、陰謀や扇動と同じであり、さらに今の政府に抗議して、何か事を起こそうとするのではないですか。……政府はサン・テチエンヌでも、リボン製造工の組合を厳しく取り締まってきました。目的と事の重大性からみて、それよりはるかに脅威を及ぼす結社など絶対に認めないでしょう[10]」。

親しい友人の集まりでも、計画は誰にも理解されなかった。いつも手助けしてくれる年来の友人のジュール・ロールは、フロラの文字は読解に手間がかかるから、何章か筆写しようと申し出た。ところが、彼はフロラを激怒させる手紙といっしょに、原文を送り返してきた。彼女は日記にこう記している。「私は今夜この本に関するジュールからの手紙を受け取ったが、それは中味をまったくわかっていないものだった。傲慢不遜と形容してもいいけれど、私の進むべき道を彼のほうから指示してきたのだから。彼がこれほど愚鈍だとは思いもしなかった。筆写した三〇頁足らずのうち、一語も理解できていなかったからだ！　私がすべての同職組合を一つにまとめたいなどと考え違いしているとは。この青年は頭が悪いのでは、と思いたくもなった。何て悲しいことだろう！」。

実直なジュールは当然そのままではいなかった。数週間後、彼は『労働者連合』を読了し、下した判断を全部修正した。フロラは書いている。「昨日、ジュールはゲラ刷りを読み、書かれている内容をしっかり読み取った結果、涙を流さんばかりに感動してくれた。私は本当に嬉しかった！[11]」。

服飾店で働く娘のアリーヌは最初原稿を読んだ後、ジュールよりずっと分別ある態度を示した。「アリーヌにはとても感心している。彼女はその理念の重要性をとてもよく理解し、少なくとも頭や言葉では、大いに関心を持ったようだ。差し当たって彼女にはそれで十分だ。これまでのうち、一番よく理解してくれたのは彼女だった。でも、満足するにはほど遠い。彼女に欠けているのは信念、熱誠、献身、活力である。彼女は書かれている計画の壮大さ、理念の素晴らしさは理解したけれど、わが身や自分の利益を犠牲にしてまでそれを成し遂げようという気持ちにはならなかった。信念や愛情の不足が、娘と私の間に鉄のような壁を作っているのだ。彼女が成長すればするほど、その壁は厚くなっていくだろう。彼女はそれを肌で感じているし、それに苦しんでいるけれど、きっと自分の考えは変えられないだろう。だから、人は友人、弟子、後継者などをつくろうとしたら、我が子を当てするのは気違い沙汰だ! 食料品店やパン屋ならそれもいいだろう。でも知的な世界となると、馬鹿げた考えというほかない!」(12)。昔のフロラなら、アリーヌなら、自らの利益や人生を犠牲にして、労働者の大義のため、後に付いてきてくれると思ったかもしれないが、今はもうフロラの心ははっきり決まっていた。

フロラの希望のすべては労働者との対話に注がれた。同職組合の改革者である鍛冶職人の代表ジャック・ゴッセと指物師アグリコル・ペルディギエは、彼女のために扉を開けてくれた。一八四三年二月四日、ゴッセ夫婦が経営する宿屋で行われた共同夕食会で、フロラは何人かの労働者と出会っている。当初彼女はその夜、鍛冶職人の集会に参加する予定だった。直前に中止となったため、連絡を取れなかった数名の労働者が集会場にきてしまった。初めにペルディギエが『労働者連合』の抜粋を読み上げた。労働者たちは興味深そうに聞き入り、またゴッセも『小冊子』の支持者であるとわかった。

一八四三年四月二日、ゴッセ宅で新たな会合が持たれた。特に『労働者連合』の二章を聞こうと七人の労働者がやってきた。彼らは問題点を十分に理解したとフロラは記しているものの、いささか情熱と信念に欠けていると感じた。だが、労働者の解放という主要な理念には全員賛成した。フロラの提案で、七名で相互に手紙で連絡を取り合う委員会がつくられた。彼女が委員会の各メンバーに手紙を送り、彼らもそれに返事を出すことになった。郵便代金は共同で支払うと決まった。これが組織への第一歩だった。

初舞台は困難に満ち、時としてフロラは疑惑や罵詈雑言の的にもなった。ゴッセの妻は頻繁に夫のもとを訪れるこのエレガントな女性に強い警戒心を抱いた。一体この女は夫に何を要求しているのだろう。ひょっとして夫に言い寄るつもりではないか。いずれにせよ、この女は夫の仕事を邪魔し、さらに自分の書いた大げさな本の中味を伝えようと、貴重な夜の時間を割いて、鍛冶職人の仲間に手紙を書いてもらおうと要求しているのだ。一体誰が郵便代を払い、得にもならない大義のために浪費したお金を返済してくれるのだろう。ビタ一文もないエレガントなこの女でないことは確かである……。

フロラは降り注ぐこの嘲罵を黙って聞き流し、心の動揺を表に出さなかった。フロラは怒りで震えるこの女を必死に宥めすかしながら、冷静に対応した。バック通りの自宅で夜遅く、日記を前にすると、自分の沈着冷静ぶりに大いに満足し、聖書の予言者も人類の解放を説いて廻ったときは罵詈雑言や迫害を受けたはずだと考え、気持ちを落ち着かせた。「私はこれまでに幾度となく磔刑を体験してきた。今夜のゴッセの妻の顔つきはまさにユダそっくりだったが、もし近々その場面が完全に仕上げられ、私に泥や小石が投げつけられ、石で殺されるようなことがあるとしても、私は決して絶望などしないだろう。……そんなことは取り立てて言うほどではない。落胆してはいけない、団結しなければいけないのだ。それこそ今私がしなければならない務めであり、またこれから先も長きにわたり成すべき仕事なのだ」。

フロラは身に受けた不幸の数々と、聖書の殉教者が辿った受難の道のりを書き止めるだけではなかった。これを自宅の狭い一室や宿屋で会った労働者たちにも語ったのである。これを聞いて幼年時代の教理問答の読誦を思い出し、その口調に深い感銘を受けた労働者もいた。学識のある進歩的な労働者について言えば、フロラの神秘的とも形容できる高揚感をまったく理解できなかった。その典型的人物がゴッセだった。彼の妻がフロラを厳しく問い詰めていたとき、一言も喋らずじっと口を噤んでいたこの男が、社会変革に身を投じるフランス国内の労働者たちに多大な影響を与え、「労働者連合」のために闘い続けている人物と言われているのだ。一八四三年四月一日、彼はフロラに一通の手紙を送り、「労働者連合」の実現のため労働者が活動しているときに、彼らを扇動し、手厳しい言葉で仲間を離反させないでほしいと懇願した。確かに、ゴッセは労働者の大義に一身を捧げ、そのために労を惜しまず働いているフロラを誉め称えはしたが、その献身ぶりと労苦も、朝六時から夜八時まで働き、さらに組合の委員長をつとめ、組合の利益を守ろうと、午前二時まで活動している労働者アシール・フランソワの献身や労苦と同様に、それほど感嘆すべき働きとは思わなかったのである。[13][14]

フロラはゴッセのこの手紙を日記帳とともに手元に大事に残したかった。たとえ自分がどんなに非難されようと、労働者からのこうした手紙類は後に発表する予定にしていた。どんな場合でも、これが真実を伝える彼女なりの方法だった。後の『労働者連合』第二版序文でも、フロラの大胆な計画を称賛しながらも、それを夢物語と非難する『ファランジュ』の編集長ヴィクトル・コンシデランの手紙にも十分なスペースをあてている。「あなたの思想は崇高さと力強さに満ちています。しかしそれは夢物語に過ぎません。私はそれを証明することもできるでしょう。内的理由からも、外的理由からも、フランスの現状からすれば、あなたの計画は決して実現できません。しかし、思想の創造が、対抗心でなく、高尚な慈愛の心に包まれているのは、立派だと確信しています。ですが、肝に銘じてください。厳しくあれ。ブ蔑ろにされた権利を守るのです。しかし、それは憎悪の感情や闘いという形をとってはなりません。

ルジョアも人間であり、そして民衆の解放はブルジョアジーよりもっと聡明で巧みに、かつキリスト教徒らしく行うべきなのです[15]」と手紙の文面をそっくり掲載したのだ。

将来の革命が過激化する不安や、計画が今すぐにも実現されるのでは、と心配したコンシデランの反論は強烈だった。にもかかわらず、四日後の一八四三年三月二九日、『労働者連合』の長大な抜粋が載った『ファランジュ』に接したため、フロラはよけいに驚いた。二日後、『ファランジュ』はさらにこの作品のほぼ一章全部を載せている。フロラは日記に書いている。「誰もが言葉が出ないくらいびっくりしている。私はとても明快にそれを説明できる。コンシデランは金持ち連中と一緒には何もできないこと、この一〇年来前進しようといろいろ試みたが、一歩も前に進めず、我慢も限界に達し、私が七年前に予言したとおり、社会に存在する最も数多い人々の力に頼ろうと思い始めたのだ。彼にそれを決心させたのは私の論文だった。……今はもう何の不安も抱いていない。その時がくれば、きっと富者の主張を放棄して、民衆の大義の側につくだろう[16]」。事実、ペルーから帰国した一八三六年にフロラは、フーリエ主義者のうちでも大きな影響力があったヴィクトル・コンシデランに手紙で、社会変革のため具体的な方策をとるように促し、彼は出来つつあった労働運動の隊列に再び参加したのだった。彼は一八七一年には第一インターナショナルに参加し、さらにジャーナリストとして活動を展開しながら、パリ・コミューンを擁護していった。

『ファランジュ』の予約購読者の多くは、コンシデランが同じ年に創刊する『デモクラシー・パシフィック』と同様に、労働者への温情主義を支持するブルジョアであった。彼らは『労働者連合』が主張する主要な命題を十分に理解していた。しかし、『小冊子』が労働者のために書かれた本なのに、労働者でその存在を知るものは、鍛冶屋のゴッセと皮なめし職人のフランソワを中心にした支援委員会に所属する少数の自覚的な労働者くらいだった。委員会は同職組合の幹部や議長、フランソワの指導する組合の地方支部に、『労働者連合』を何百部も送ろうと計画していた。確かに、それができれば、『小冊子』は誰の手にも行き渡るだろう。しかし、それには一二〇〇フランもの大金が必要だったが、フロラにそんなお金などなかったし、またそんな大金を貸してくれる知人もいなかった。彼女はアルジェリアの植民地化に関する本を出した元サン゠シモン主義運動の指導者プロスペル・アンファンタンに手紙を出し、近く出版する『労働者連合』と交換に、『アルジェリアの植民地化』を一部送ってほしいと依頼した。だがアンファンタンはその申し出を断った。フロラは懐具合を考え、七フランもする高価な本は買えないため、一週間で十分ですから貸していただきたいと依頼する二通目の手紙を送った。「今の私には金銭的余裕がありません。さらに、生来の虚弱体質のため、貧困も肌に感じ取れないほど極限状態にあります(17)」と書き添えるくらいの窮乏ぶりだった。

一二〇〇フランの印刷代がないと、『労働者連合』は労働者に配布できないのだろうか。フロラは幾晩も寝ないでこの問題について知恵を絞ったが、ある朝部屋の窓からサン・シュルピス寺院の鐘楼を眺めていて、まるで奇跡でも起きたかのように解決策が頭に浮かんだ。この壮麗な建物は、一七世紀にたった一人の司祭が募金活動で建築資金を集めたことを思い出したのである。「その司祭はどんな労苦があろうと、どんな屈辱を覚えても退かなかった」と日記に書いている。「彼は教会を建築するために家々の戸口から戸口へ懇願して回り、ささやかな寄進という方法で、この巨大で壮大な教会を厳かに空中に聳え立たせたのだ。あの司祭を見倣い、最も数多い階級の教化に役立つ小冊子を印刷するため、戸口から戸口へと歩けば、必ず予約購読者は見つかるに違いない！ そうだ！ もし私が……だとするなら、それは私の信念がカトリック教徒ほど強靭でないと白状するのに他ならない！」[18]。

フロラは、自分の使命が、二世紀前に教会を建設するために寄進を懇請して歩いたサン・シュルピスの主任司祭ランゲ・ド・ジェルジ師よりも、はるかに困難であると承知していた。当時司祭の背後には、国家宗教の巨大なカトリック教が控えていたが、今の彼女といえば、搾取され、蔑ろにされた労働者を守る本の出版資金を集めようというのだから。だがフロラは決して尻込みしなかった。彼女は一枚の紙に「予約購読者名」と書き、そこに自分の氏名と一〇〇フランの金額を記入した。娘のアリーヌは五フラン、友人のジュール・ロールは二〇フラン、召使いのマリー・マドレーヌは一・五フラン、自宅の水運び人ノエル・タファネルと門番のマルトーは五〇サンチームであった。彼女が初版に載せた名簿の一二三名には、同職組合の改革者で政治評論家のペルディギエ、ヴァンサール、モロー、ポンシーなど八人の労働者も入っていた。ジョルジュ・サンド、アルフォンス・ド・ラマルチーヌ、ウージェーヌ・シュー、オーギュスト・バルビエ、ポール・ド・コック[19]など著名な作家や詩人もかなりの額を醵金した。名簿には一一人の代議士、フレデリック・ルメートルやマリー・ドルバルのような名高い俳優、画家、彫刻家、建築家、医者、大学教授、役人、貴族、学生なども載っていた。高額な醵金者には、労働者連合の大義に共感するけれど、誰にも知られたくないと希望したため、匿名を望んだものもいた。

数週間というもの、フロラは時を選ばず、いつも徒歩で、パリの通りという通りを歩いた。後に公表するように、集めた金の一部を馬車代などに流用したくなかったからだった。連絡をした人でも、たいてい二度、三度と訪れてようやく会えた。大多数は理由もいわず、時には労働者から口汚い罵声を浴びせられ、どんな名目にせよ醵金など真っ平だと拒絶された。請負業のマリーとかいう男は、『小冊子』が共産主義思想を鼓舞する本ではないかと心配し、一銭も醵金しなかった。銀行家ラフィット、ロスチャイルド男爵、優美な洋装店の経営者のバロンヌ夫人などは、ときに丁重に、またあるときはぞんざいにフロラを追い返した。「神よ、じゃあこの地上の金持ちは一体何の役に立っているのでしょうか、どうか教えてください[20]」と怒りに身を震わせながら書いている。

最初の醵金者名簿で一五四八フランも集まり、それは『小冊子』を四〇〇〇部印刷し、郵送するのに十分足りる金額だった。予約購読者も全員一部ずつ受け取った。その他は何部かまとめて同職組合や連合の協会の責任者に送られた。パリ地域では、ゴッセの助力を得て、要約版三〇〇〇部が工場労働者に配布された。反響は大きかった。一八四三年六月一日に配送を始めたが、その六か月後の一二月一五日には、労働者から二三七通もの手紙を受け取り、そこには地方の同職組合員からのまとまったメッセージもいくつか含まれていた。毎日と言ってもいいほど、労働者が一人で、あるいはグループで、バック通りのフロラの自宅に面会を求めてきた。なぜなら、『労働者連合』序文に、こう付記されていたからである。「私の精魂傾けた著書に興味を持たれた方は、どうかパリのバック通り八九番地の拙宅に御連絡ください[21]」。

労働者らの予約購読者名簿と醵金がフランスの各地から届けられた。こうして一八四三年から一八四四年の年末にかけ、第二版を一万部も印刷できた。第二版も数週間すると品切になってしまった。さらにリヨンの労働者は自ら普及をかって出てくれた。彼らはさらに一万部を増刷してくれたが、その名簿には個人名でなく、労働者団体からの寄付金が載っていた。フロラはそれをとても誇らしげに発表している。

「大義に身を捧げた男女労働者のグループ：一〇〇〇フラン、女性労働者のグループ：五〇フラン」。「コミュニストの労働者のグループ、フーリエ主義を信奉する労働者のグループ、大義に共感する同調的ブルジョア」[22]などからもかなりの金額が届いた。フロラはこうした団体からの支援金を、団結し共に行動しようというメッセージの証しであると思った。

朝から夜遅くまで、フロラは寄せられたおびただしい数の手紙に返事を書き、さらに自宅の居間で労働者一人ひとりと個人的に対話したり、会議や討論を交わすグループを迎えた。こうした来訪者のために新しい椅子も買わなければならなかった。『小冊子』の普及を図る努力もしばしば限界を越えたが、大勢の労働者が示した信頼感にひたすら感謝していた。彼らとの討論では、それまで何度も経験した方法をとった。鋭い感受性があり、思いやり豊かであろうとしたフロラは、相手にまず自分の生活や、仕事や給料や日常生活の苦しみや喜びなどを話してもらった。それが終わると、交わした会話に基づきながら、労働者連合の原理を説明し、『小冊子』の普及と支援委員会設立の準備という、成すべき最初の仕事に目を向けている。彼女は鍛冶屋のゴッセの忠告に従い、反対の意見の人がいても傷つけないように努力した。それがうまく運んだときは、喜びの言葉を日記に記している。

フロラは、手紙を送ってきた人や、自宅まで来た人はそれなりの教育もあり、政治問題にも関心のある少数の選ばれたエリートであることは承知していた。残念ながら、まさしく彼女が第三版序文で指摘したとおり、一九世紀前半のフランスの労働者の四分の三は読み書きもできず、その他はほとんどが一日一四〜一六時間もの過酷な労働で疲労困憊し、それ以外に興味を持つことなどほとんどできないのが現実だった。労働者を味方にし、彼らの利益を擁護するため、『労働者連合』を手に町から町へ講演の旅に出なければと思うようになった。バック通りの居間に迎えた訪問者たちもこの考えを後押しし、さらに同職組合員に倣って、『労働者連合』を手に「フランス巡り」をすべきだと繰り返し説得した。この目的をもって彼女は討論を重ね、多くの人と親交を結んでいった。

シャザルの裁判以来、フロラの記事を好んで書き、四六時中新奇な事件を追い求めているパリのメディアも、次第に頻度を増すフロラの自宅の集会には、なぜか沈黙を保っていた。彼女の行動が受け入れ難かったからとか、興味がなかったからという理由ではない。バック通りでの会合についてさまざまな情報を手にしていたジャーナリストにとって、一〇人、一五人、さらにそれ以上の参加者のこうした集会が（七月王政の）法律に違反し、いずれ官憲により禁止されるのは目に見えていたからである。

フロラに関する最初の記事は、一八四三年九月五日付のドイツの『ケルン新聞』に出た。フランスで社会主義的傾向の強い新聞や定期刊行物を検討した後で、特派員は書いている。「この国で社会主義という偉大な思想のための土壌をつくっているのは新聞や雑誌に止まらない。同時に口頭でもそのプロパガンダが行われ、また多人数の集会は厳しく禁止されているものの、少人数の社会主義に関する講演会までは官憲の目は十分に行き届かなかった。こうした活動には女性の姿が目立つが、当局の警戒心は女性にはそれほど厳しくないためである。フロラ・トリスタンが男女労働者に教宣活動を行う指導者育成のアカデミーを創設したのはそうした理由からである。断言できるが、歴史的に重要な新しい思想は女性や母親の心をしっかり摑んで、初めて効果的に生活に浸透するのである。女性に美と優雅さ以上の絶対的な力などあり得ないとみなすフランスのような優雅な国にあっては、官憲も女性には逆らえないのだ」[23]。この記者は、一八四二年一二月から『ライン新聞』と『ケルン新聞』に、フランスの労働運動初期の記事を精力的に送りつづけたパリ常駐特派員モーゼス・ヘス[24]であった。当時パリはヨーロッパの社会主義運動の中心地であり、さらにドイツからの亡命者の集合場所でもあった。推定であるが、当時この首都だけで六〜八万人のドイツ人がいたといわれている。そのなかには、ドイツの群小国家間の閉塞的状況や官憲の圧迫を逃れてきたヘスのような進歩的ジャーナリスト、詩人、作家、芸術家、科学者などがいた。とはいっても、ドイツ人亡命者の大部分は賃労働の職人だった。彼らは数年前からの経済的な破局のため、祖国を逃れてきた人たちだった。義人党のような革命的組織も精力的に活動していた。一八三九年五月には、義人党パリ支部はブランキと季節社が率いる蜂起にも参加している。この反乱の挫折後、ドイツ人組織も逮捕や国外追放などで弱体化したが、組織の支部はその後すぐに再編された。義人党パリ支部の指導者の一人はゲルマン・モイラー[25]であった。アーノルド・ルーゲ[26]と同様に、彼もフロラ・トリスタンのすぐ近く、若きマルクスと妻イェニーが一八四三年一〇月末に合流するパリのヴァノー通り二二番地に住んでいた。

「労働者連合」をインターナショナルな組織とみなすフロラ・トリスタンは、当然多くのドイツ人亡命者にも『小冊子』を配布しようと思った。彼女が名刺と『ロンドン散策』と『労働者連合』の二冊をアーノルド・ルーゲの家に置いてきたのもそのためである。ルーゲはそのほんの少し前からパリに住んでいた。彼はフランスよりはるかに厳しい検閲制度のせいで、ドイツでは刊行できなかった民主的で革命的な雑誌『独仏年誌』をカール・マルクスと一緒に発刊するためパリにきていたのである。

アーノルド・ルーゲはこの雑誌の協力者にモーゼス・ヘスも入って欲しいと思って、彼をパリ在住の社会主義者や共産主義者に紹介した。さらにマルクスとルーゲの間には、ジョルジュ・サンド、フロラ・トリスタン、ヴィクトル・コンシデラン、ピエール・ルルー、ジョゼフ・プルードン[27]などフランスの社会主義を代表する人たちも『独仏年誌』に寄稿するとしていたが、それは実現しなかった。進歩的なドイツ哲学とフランスの革命的精神の融合を促進するはずだった『独仏年誌』が、一八四四年の初頭に最初の合併号を出しただけで刊行を停止してしまったからである。資金繰りの問題と、カール・マルクスとアーノルド・ルーゲの両指導者間の政治的な確執がこの雑誌の消滅の原因だった。

一八四三年八月、フロラがヴァノー通り二二番地のドイツ人青年たちの住居に名刺と著書を置いてきた頃は、こうした問題はまだ表面化していなかった。ライン川の彼方からきた亡命者は、フランス社会主義の党派への関心が非常に高く、その翌日には、誰もがフロラの好意を受けようと行動を開始していた。アーノルド・ルーゲ、モーゼス・ヘス、ゲルマン・モイラーや、その他モイラーの共産主義の仲間で義人党のメンバーだった四人のドイツ人がこのグループに加わった。カール・マルクスはそこに入っていなかった。彼は妻イェニーの実家バート・クロイツナハに逗留し、パリの雑誌の共同管理者として準備を始めていたからである。

バック通りの小部屋で過ごしたその夜の出来事について、ドイツ人革命家たちの二つの証言が残っている。最初に、モーゼス・ヘスが『ケルン新聞』に渡した簡単な資料と、ルーゲが回想録に残したさらに詳細な記述の二つである。フロラは一八四三年八月と同年九月、そして「フランス巡り」を中断して数日の予定で短期間滞在した一八四四年の計三回、これらの来客と会っていたのは間違いない。フロラが自宅で開いた労働者との集会や討論会に関して完全な資料を残したのはルーゲだけである。

彼の残した報告書をここで詳しく引用する。

郵便受けに社会主義作家の女性の名刺とその著書が入っていた。フロラ・トリスタンといい、噂では夫はイギリス人らしかった。彼女は労働者に団結と、疾病者と児童教育のための施設を共同で建設しようと呼びかける著書『労働者連合』と同職組合員への書簡を執筆した。彼女は多くの人がしなかった工場や労働者の家に足を運び、粗野で無教養な人たちの信頼を勝ち取った実に研究熱心な女性だった！　昨日モイラー、ヘス、さらに他の四人のドイツ人と私の七人で彼女の家を訪ねた。褐色の髪で、黒い服を着た感じのいい大柄な女性だった。彼女は驚くほど立派に議論の進行役を務め、素晴らしい才知を発揮して、現下の政治や社会問題（下層階級の改革について）を熱心に語り合った。彼女はドイツでも、女性がこうした重大な問題に取り組み、男性もそれを十分に認めているかと問いかけてきた。しかし、わが国では女性にそうした活動は一切認められてはいないなどと口が裂けても言えなかった。粗野で無教養な女性の団体すら私の頭に浮かばなかった。私の国には現状の変革を志す女性作家など皆無に近いこと、さらに、なぜそれができないかを説明しなければならなかった。

モイラーはフーリエに基づくフロラの思想体系を攻撃し、さらに彼女やその影響を受けた他の作家の考えにひとことも触れていないと批判した。彼女は必死に抗弁し、進んで筆を執った人たちには然るべき対処をするのは当然ではないかと述べた。私もモイラーに、厄介な社会問題にひと言も触れないまま、そうした作家たちについて書くのは難しいと指摘して彼女を弁護すると、とても喜んでくれた。

フロラはとりわけ平和的なフーリエ主義者に怒りを露にした。『デモクラシー・パシフィック』の編集者が彼女の自宅にいたが、彼はどこにいようと、どんな政治体制であろうと、社会の改革は可能であるというお決まりの迷信を主張した。彼女が笑みを浮かべて聞いていたので、自分の主張に納得してくれたと思い込んで、暇乞いをした。彼がドアを閉めて出ていくや、彼女はじれったそうに居間の私たちに身体を向け、大声で言った。何という男たちだろう！ 彼らの血管には血も流れておらず、情熱の欠片もないのだから！ 彼らは何も信じず、私たちの喘ぎ苦しむこの憎むべき社会が、いつか崇高なフランス人の手で覆される日がくることなど一切信じていないのだから。この社会はこれ以上二年も続いてほしくない。一八三〇年以来フランスはあらゆる破廉恥な政治を行ってきたが、この一四年間に新世代が成長し、彼らこそ大革命の発祥の地である麗しい祖国をこの恥ずべき軛から解放してくれるだろう。

彼女は身を起こしたが、高い背、きらきら輝く黒い瞳に活気づけられた高貴な顔立ちは、語る弁舌の効果を一層高めていた。私の傍らに座ったドイツ人の詩人が叫んだ。「何と立派な女性だろう！ 彼女は間違いなく旗を手に持ち、人々の先頭に立って進んでいくに違いない！ 今はじめて私はフランス人がわかった！」

彼女は続けた。「フーリエは偉大であり、大革命とその所産である現在の社会を批判する資格があったのに、残されたものはその過ちと大革命への不当な仕打ち、自由な社会体制のための闘争を永遠に拒否する愚者ばかりです」

詩人は彼女に向かい、著作ではそれほどはっきり自己主張しないまま、すべてフーリエの言うとおり、今ある条件の枠内で労働者階級のために活動していると非難した。

彼女は言った。「常に行動していなければなりません。私たちの活動を妨害しているものが何か、忘れてはいけません。また最大の障害は、私たちが考えていることをすべて表現できないことです。口から出した言葉の一語一語は、すぐさまこれを窒息させる社会体制への挑戦的な松明になるのです」

「でも、その言葉は必ず口から出さなくてはいけませんよね」と詩人は言った。

「すべてを燃え上がらせられると確信できるまでは、そうしてはいけません」と彼女は反論した。「あなたは作家ではありませんか、そうでなければ、事が始まらないうちに、存在の停止を求めたりしないでしょう」

居間は徐々に人でいっぱいになってきた。物書きの若者や、我々のような一五〜一六人のドイツ人の集団や多くのフランス人の職人で、空席は全部埋まった。彼女は「最初の集会」を開いて我々を招待してくれたのである。

職人は分別ある人たちだった。トリスタン夫人は彼らと以前から知己だった。彼らを知ったのは、友情からと、当時まだ同職組合員の間で流行っていた飲酒や喧嘩沙汰の悪習を止めさせようと考え、旅籠や彼らの寄り集う場所を訪れたからだった。目下これらの若者が将来さまざまな教師やゼミナールの指導者になる養成組織をつくる仕事が問題になっていた。

トリスタン夫人が計画する労働者連合は、フランス全土の労働者が対象であった。フランス全土に教育と相互扶助組織をつくるには、一四〇〇万人の労働者が年に二フランの分担金を払うだけで、巨額になるという。彼女は最初に、いくつかの支部を持つ教育訓練の大きな連合体の組織化から始めようと考えた。分担金や制度はその後で決めればいいのだ。トリスタン夫人と、同意見だった二人の青年（二人とも職人ではなく、作家だった）がこのプランを示し、教育のための協同組織の創設が労働者連合の全体的な目標になると思うかと問いかけていた。

議論の中味を十分に理解し、言葉にもまったく困らなかったにもかかわらず、ドイツ人たちは消極的であった。しかし、身をすべて官憲の手に委ねられている今の法の下では、書物や合法性すれすれの集会で意見を表明する――この場ではどうしてもそれが必要であると言われたが――など不可能だった。

反対に、フランス人は提案を徹底的に論議した。大きな困難は、労働者が自身で組織をつくり、管理することが許されず、さらに職業分配所や社会保障局と直接交渉できない現状にあると全員が指摘した。したがって、全体的な利益に関する問題を説明するには、七月王制の厳しい出版・集会条令を何とかして避けるため、残された道は文学や個人的な信念だけだった。一人は、地主や雇用者の敵意が所有や製造業者の敵意を促していると指摘した。彼はプルードンの選択した、所有とその絶対的正当性を直接攻撃するほかに手段を思いつかなかった。労働者は自身の組織をつくり、それを指導していかなければならないのだ。労働者連合が成功するにはそれが条件になる。

今示された見解を理解し、新しい労働の組織を実現するために必要な教育が何を措いても確保されなければならず、それには知識を教育訓練する組合が不可欠であるとトリスタン夫人は指摘した。

私の傍らのソファーに、黒い巻き毛で、生気に満ちた顔つきの大柄な男性が腰を下ろしていた。それは帽子屋だった。彼は上着の内ポケットから一枚の大きな原稿を取り出して、読み上げた。

「ここでは二つの道が示されています。ひとつは全体的利益に関わるもの、他は個人の悲惨な状況に関するものです。前者は万人の教育を、後者は個人の置かれた現状の改善を導くものです。目下、前者の道だけが示されています。後者は私たちには閉ざされているからです。

議論はこの方向に進むと予測されます。我々には、閉じ込められた檻の格子に頭をぶつけなければ身動きはできないが、産業の波に巻き込まれたくないのなら、全力で行動しなければならないのです。帽子職人や鍛冶職人の相互扶助と、労働の分配の実践的な組合（アソシアシオン）が抑圧されなければ、これを軸に知識教育訓練の組合は容易につくれたし、この組合の連合の利点もすぐに明らかになったでしょう。だが、現状は錯綜し、さらに配下の同職組合員の利益を自身の利益と考える私のような親方など少数で、現状は戦いに明け暮れ、出口を見出すのも困難な状態です。

労働者連合を創設しようというトリスタン夫人の発意と、その小冊子の提案は、称賛に値すると言ってもいいでしょう。私はこれを念入りに読み返し、幾度も推考しました。残念ながら、私より先に意見を述べた若い友人たちの見解を正しいと認めざるを得ません。労働者を団結させるには理論だけでは十分ではありません。なぜなら、置かれている惨めな生活に疲労困憊している人間にとっては、全体的利益などという視点は理解が及ばないからです。全体的利益という視点を軸に個人の心を捉え、共通の問題に目を向けるというトリスタン夫人の計画は、私には不可能に思えます。実現可能と思う理念と提案をここに書き止めてみました。ここで読み上げてみます」

彼は、労働者連合がどのようにすればできるか、さらに知識のない人たちにどうやって教育に関心を向けさせるか、など問題から少しも逸れていない真に理性的で実践的な長大な報告を読み上げた。彼は言った。「生活費以上のお金を決して稼ごうとしない労働者に、目前の利益のためという理由で、月あるいは週に二フラン醵出させてみなさい、彼はそうするし、またそうするでしょう。ところが、差し迫って必要と思えない制度のため、わずか年二フランの分担金でも払うように頼んでみなさい。間違いなく拒否するでしょう」。労働者が必要とする制度とは何か。それは仕事の共同所有者になるための組織である。彼らにこの制度をつくる資金があるだろうか。おそらくある。こうすればこの組織はたちまち資金も豊かになり、教育や社会保障などあらゆる計画も実現できる。トリスタン夫人が計画の実現に向けて努力するのは無駄ではないかもしれない。ただ彼にはこのような試みの成功などまったく信じられず、逆に、労働者を犠牲にし、経営者を利する不当で抑圧的な法律を許している現状では、最低限の必要を満たすための実践的な組合の設立に取りかかるのが先決だと提案したのだった。それは長い日時を要する仕事になるが、抑圧された労働者階級を解放する革命を将来おこそうとするなら、必ずこの道を進まなければいけないと述べた。

集会はこの意見に賛同し、こうして第一回の会議の結果は心優しい夫人の目論見とは相入れないものになった。こうした状況にもかかわらず、帽子屋を含め、参加者全員が彼女の試みに協力を約束し、翌朝、彼女は自ら教育訓練と社会扶助組合の委員を見つけ、彼らに参加してもらおうと出かけていった。(28)

以上がフランスとドイツの知的労働者が交した討論会についてアーノルド・ルーゲの残した記録のほぼすべてである。そこで討議された主要な問題は、労働者の日常生活改善のための戦闘的な組合か、それとも児童の学校や養老施設の建設を目的とする労働者連合の壮大な施設をつくるという長期的な計画か、そのどちらになるかは、彼女のフランス横断講演旅行ではっきりするだろう。残された日記と治安警察調書がこれを明瞭に裏付けている。プロレタリアの直近の利益を守る組織の創設、これが最終的に最も重要な位置を占めたのである。

社会主義思想に精通する人でも同調者でもなかったルーゲでも、出だしから意見の分裂するこの運動が内に抱える問題の複雑さを知らされた。同時にまたこのレポートは、彼女が周囲の人間に与えた驚くほど強固な信念の影響力を証言してもいる。ルーゲは二度にわたって、フロラが背の高い女性だったと強調している。しかし、残っている他の多くの記述からすると、むしろ小柄で痩せた女性だった。

当時のドイツを知る者にとっては、ルーゲの祖国にも政治や社会問題にかかわる女性がいるのか知りたいというフロラの質問に対して、そのような女性などひとりもいないという答えが返ってきたのは意外である。同じ年にベッティーナ・フォン・アルニム(29)が『この本を王に捧ぐ』を著し、ドイツ諸国にセンセーションを巻き起こしたのを知らなかったのだろうか。著者は権力者などに少しも考慮せず、ドイツのプロレタリアの惨めな生活を描写し、フロラ・トリスタンの『ロンドン散策』と問題意識を共有していた。一八四八年の二月革命以前のこの時期には、ドイツにもまた政治や社会問題に深い関心を抱いた女性作家が存在していたのだ。

回想録でルーゲが明言しているように、フロラがパリを発つ前の最後の集会のほか、ルーゲはバック通りの小サロンで開かれた討論集会にしばしば参加している。最後の集会が開かれた翌日、彼女はフランス南部の工業都市を訪ねる講演旅行へと出発した。彼女がつくろうとしたのは、単に教育と相互扶助の組合でなく、プロレタリアの即時的利益と解放を志す、労働者連合に結集した政治的で組合活動を柱とした組織であった。疲労困憊する苦しいこの旅で彼女は新たな経験を積み、幾度か苦い幻滅をかさね、さらに大きな成功も収めていった。

フランス巡り

一八四四年春、フロラ・トリスタンは毎夜五〇人、一〇〇人、あるいはそれ以上の労働者と集会を開いていた。日曜日ともなると、同じ日に三度も講演会兼討論会を企画することもしばしばだった。とりわけ当時この国のプロレタリアが最も多く集中し、人口一五万に対し四万もの機織工がいた絹織物産業の中心都市リヨンがその典型だった。一八三一年、そのほぼ全部が家内労働者だったリヨンの絹織物工は蜂起し、数日間にわたるバリケード闘争の後、市の奪取に成功した。富裕な絹織物製造業者が強いる貧困生活と搾取は許容限度を越えていた。それでもなお賃下げを要求する経営者たちは、労働者に仕事を与えることを拒否した。「働きながら生きるか、さもなければ闘って死ぬか、どちらかだ」は革命家たちのスローガンであった。当局は反乱に血の弾圧を加えるため、パリから三万人にも上る砲兵隊を連れてきた。一八三四年四月、二度目の蜂起を挙行したが、前回同様、残虐な鎮圧にあった。

この壮絶な闘いの記憶は市民の間にいまだ消えずに残り、フロラは闘争に加わった多くの労働者と会っている。彼女は日記に書いている。「絹織物工と開いた集会は類例を見ない特徴があり、これまでに開いたどんな集会とも違う雰囲気だった」。数多くの講演会と討論会の様子を以下のように詳細に描いている。「時間を無駄にしないようにと、一日の仕事が終わってから集会が開かれた。八時に一～二人の労働者が私を迎えに来て、それから私たちは悲惨なプロレタリアが一日二〇時間も苦しみ苛まれているあの呪うべきクロワ・ルス――まさに十字架だ！――に登った。精も根も尽き果て、汗で体中ぐっしょり濡れてこの急峻な丘の頂に着いたが、そこからさらにまた暗く汚い細長い何本もの小路を抜けて、汚れて悪臭を放つ家々の六階、七階、（一度は）八階まで階段を上らなければならなかった。労働者が先に立ち、小さな作業用ランプを手にしてさらに下に降り、足もとを照らしながら、注意深く案内してくれた。作業場に入ると、ときには私のために六～八ピエほどの空間をつくろうと織機を脇に寄せてくれたが、たいていは、そんな空間もないため織機を動かすことさえできなかった。アパートの中でも一番快適な狭い空間にあった綺麗な椅子に私を座らせてくれた。そして、ひとりは織機の上に腰を掛け、他のひとりは床に腰を下ろし、さらに別のものは部屋の片隅に立ったままというように、皆それぞれ思い思いの仕方で私を囲み、全部で二〇～三〇人ほどが身を置いていた。気の毒なのは、これら哀れな人たちには椅子に腰掛け、身動きできる空間すらなかったことだ！　会場の照明は、幾人かの顔に青白い灯りを投げかけていたが、他はまったく暗闇に置いた一～二個の小さな作業用のランプだけだった。こうして、この狭い空間に全員閉じ込められていたから、熱気で息が詰まらないように窓はずっと開け放たれていた。私といえば、全身汗ぐっしょりで、肺炎にかかる危険を承知の上で、一時間から二時間も熱気と湿気の中にいた。……警官の臨検を知らせる見張りが階下に一～二人、階段に一人配置されていた」[1]。

これが一八四四年四月から一〇月にかけ、ディジョンを経てオセールからリヨン、マルセイユ、トゥールーズ、ボルドーに至る南仏の二〇あまりの都市でフロラが開いた、一〇〇回を超す集会の実状である。

深夜にまで及ぶこともしょっちゅうだった集会が、成功裏に終わると幸福感いっぱいの喜びを、聴衆を納得させられず、また労働者がひとりも姿を現さなかったときは――これもまたしばしばだったが――苦い失望感を、日記に綴っている。こうして、彼女はひたすら自身の活動に照らし合わせて、訪れる町を観察している。病気がちで独りぼっちだったせいか、その苛立ちはマルセイユで一気に爆発し、富裕な商人に満ち溢れ、大量の移民をかかえるこの町に激しい呪詛を浴びせている。彼女は出版の目処の立っていない私的な日記では、ギリシャ人、イタリア人、トルコ人、ユダヤ人、アラブ人らの商人に激しい嘲罵を浴びせ、出てくる台詞は人種差別の一歩前だった。ペルーやイギリスに関する著作では、こうした問題についてまったく異なる表現をしていたから、マルセイユの町に関するこの「制御できないまま、思わず口に出てしまった逸脱」は、公に発表する作品では決してしないだろう。

フロラは一八四三年九月一五日からボルドーに一週間滞在し、「フランス巡り」の旅を始めた。彼女ははるか昔、短期間ではあるが、この大きな港町に住んだことがあった。ペルー行きの船に乗り込むまで何週間もこの町で待機していたからである。「フランス巡り」の最初の実践的な体験はおなじみの土地で行ったのだ。「ボルドーに着いてからもう一週間にもなるが、その間ずっと雨は降り止まなかった。私にとってそれはとても有益な教訓になった。というのも、「フランス巡り」に際しては、少なくとも靴は三足、服は三着用意しなければならないとわかったからである。必要なら、日に二〜三度履き替えたり、着替えたりしなければならない。この町では倹約など重大事ではなく、一足の短靴がなければ、大切な約束もすっぽかさなければならないくらいだから(2)」。

また『労働者連合』の頒布を書店には滅多に頼めないとわかったのもボルドーだった。警察当局に付きまとわれている不安や、さらに革命的な労働者たちが頻繁に足を運ぶため、本屋の主人が『小冊子』を店頭に置くのを拒否したからである。結局、『小冊子』の頒布は、フロラとその周りに集まった労働者に依頼する以外に有効な手立ては見つからなかった。

ボルドーに来たついでに、かつて南米に発つ前、住んだことのある従兄弟のゴエネシュ宅を訪ねてみようと思いついた。ところが、ペルーに関する著作（『ペルー旅行記』）で描かれた自分の姿に怒り狂った従兄弟は、彼女との面会を言下のもとに撥ねつけている。

だが、さらにもう一つの出会いからは逃れられなかった。ボルドー到着直後、一人の警官がホテルに来て、彼女の活動を調査したのである。市役所の職員のシンパがそれを知らせてくれた。以後どこに行っても行動が監視されているとわかった彼女は、あらかじめ当局の代表者や教会の権威者の所へ自ら出向き、会おうと決めた。警視総監の執務室に行っても、控えの間を越してさらにその先まで案内されることなど滅多になかったが、そうした場合は名刺と『小冊子』を置いてこようと決めた。それらは警察調書の関係資料に保管されているに違いない。県知事にも副知事にも執務室に招き入れられた機会はなかった。彼女との会話に応じたのは、当局の関係者よりも教会のお偉方だった。

ディジョンの司教フランソワ・ヴィクトル・リヴェ氏は彼女との面会に先立ち、あらかじめ『労働者連合』を読んでいた。彼女と話した際に感想を、率直にこう述べている。

「もしあなたの壮大な労働者連合ができたなら……、たぶんそれは達成されるでしょう。なぜなら、あなたのように強い信念があれば、神の奇跡も悪に変えられるからです。では、私はどうすればいいのか！　持てる影響力のすべてを投入し、全力を振り絞ってそれを阻止するつもりです。そうすれば、誰もが私の行為を立派で有益だと思ってくれるでしょう。なぜなら、カトリックの教えを実践していないあなたのような人であれば、立派な意図から発したものであれ、結果的には、非道徳で、邪悪で、有害な団体しかつくれないことは明白だからです[3]」。

一時間以上にわたり、司教は彼女の知力、根気、さらに犠牲的精神を誉め称えながら話し続け、終わりに、同じような組織を一緒につくろうと提案しているが、それはカトリック教会の指導の下でという条件だった。そうすれば、財政的手段、さまざまな勧告、権力、影響力などが確実に保証され、労働者連合など六か月もすればあっという間に出来上がると力説した。

フロラは礼儀正しく彼の話にじっと耳を傾けていたが、その提案をきっぱりと拒否している。それでも、リヴェという人間には強い印象を受けた。それまでこれほど高度な政治的洞察力を備えた司教に出会った経験はなかったからである。実際、一八四四年に教会の指導により、新しい労働運動結成の計画が浮上もした。

リヨンの大司教だったボナルド枢機卿との議論は、はるかに重苦しかった。彼は『労働者連合』だけでなく、労働者一般に対する侮蔑感を隠そうとしなかった。労働者は十分な日給を稼ぐことができるはずだ。彼らが不幸な境遇に置かれているのは、日曜日になると決まって飲み騒ぎ、あげくに月曜日はずる休みしてしまうからで、身から出たサビである、と言った。加えて、彼らは信仰心が薄く、主日にも働いているのだ。彼が自身の下した判断の矛盾に気づいていないのは明らかである。フロラは「信心に凝り固まったその救い難い愚鈍さ、物事をまったく理解できない知性の欠如、とりわけ苦しむ労働者への温かい心、慈愛、同情の念の欠落ぶり(4)」に驚かされながらも、黙って言いたい放題にしておいた。枢機卿の一番の心配はリヨンの織工、特に一八三〇年代の二度にわたる蜂起の後、労働者が教会を見限ってしまった状況だった。彼はこの女性に向かって、労働者への影響力を利用して、彼らをカトリックの信仰の道に連れ戻してほしいと真顔で頼んだ。

　駄目です、とフロラは必死に笑いをこらえながらも、真面目に答えた。「そんなことできない相談ですわ」と。どの労働者もヴォルテール主義者で、聖職者という存在を忌み嫌っていた。大司教は当惑し、なお繰り返し、強情な労働者たちを教会のふところに連れ戻してほしいと懇願した。夜半、フロラは日記にこう記している。「私はとても満足してそこを出た。聖職者階層がこうした人間を指導者にしている限り、危険な目に遭うことは一つもないだろう。彼らが説得できるのは老女しかいないからだ(5)」。皮相で、間違った判断とさえ言ってもいいかもしれない。それは後年の歴史が証明するだろう。

「フランス巡り」の仕度のため、一八四三年秋、フロラはボルドーからパリに戻ってきた。寒季を避けようと思い、四月から八月末にかけて旅に出たいと考えた。大製糸工場地帯のある北フランスは一八四五年に予定していたから、一八四四年は南フランスに決めた。こうして一八四四年四月一二日に旅を開始し、周遊旅行の最初の滞在地はブルゴーニュ地方の諸都市になった。

　労働者の悲惨な暮らしぶりは、パリ地域圏より地方のほうがはるかに明白であった。同じ労働をしても、手にする稼ぎはパリよりずっと少なかったからである。フロラは、当時まで信じていた考えが誤っていて、過剰な搾取に抵抗できないのは極貧生活が原因でないと知った。「労働者の現状を改善する行動を妨げているのは、何よりもゆとりの無さであった。……食べるために一日に一二～一五時間も労働しなければならないからだ！　何たる苦役か！　考え、本を読み、休息し、友人と語り合う時間が少しもないのだ。こんな生活を続ければ、神様でさえ気が変になってしまうだろう。つらくて、嫌でたまらない、むかつくような労働、身に染みる悲しみの数々、頻繁に襲いかかる病気、絶え間のない苛立ち、将来の運命への不安、止むことのない疲労感、これが労働者の痛ましい日常なのだ。……そして、このような状況を前にして、誰もが労働者の粗暴さにびっくりする。でも、反対に私は、彼らの優しさや善良さに驚かされ、そうした性格がどこから生じてくるのか説明できない有様である(6)」。

『ロンドン散策』では、フロラは工場で呻吟し、貧民街で細々と生きているイギリスの労働者を描写し、またイギリス議会の諸委員会の提出する驚くべき報告書を引用した。さて今、フランスに戻った彼女は、労働者たちに直接語りかけ、彼らの話にじっくりと耳を傾けていたから、そこから描かれる労働者像はさらに説得的になった。

リヨンやサン・テチエンヌを別にすれば、今日我々が理解しているような労働者は、最大多数の階級というにはほど遠かった。例えば、ディジョンでは工場労働者は二・五％に過ぎず、シャロンでは五・七％、マコンでは八％であった。労働人口の約三〇％は家内工業か商家の賃労働者であった。田舎では、三人に一人が日雇い労働者か奉公人であった。

『小冊子』の周囲にできた労働者連合を糾弾しようと、『ジュルナル・ド・ラ・コート・ドール』紙が一八四四年四月二三日付の論説の土台にしたのは、いまだに家父長制的色彩の濃厚なこうした社会構造であった。編集長は真っ先に、フロラは複雑な労働者階級を認識していないと攻撃し、こう述べている。

いない。だが、そうした工場がある都市は例外的である。ブルゴーニュの小さな町や村では、（労働者の）子弟が富裕な地主階層の子弟と同じように、十分な教育を受けていることもよくある。労働者の娘も一三〜一六歳までは、小学校や寄宿学校で商人やブルジョアの娘と分け隔てなく学んでいる」。この新聞はさらに説得的な口調で次のように強調した。「トリスタン夫人の考えは、このように素晴しい環境に置かれた生活に満足している大多数の職人階級には、少しも興味を持たれないだろう(7)」。

『クーリエ・ド・サオーヌ・エ・ロワール』紙は一八四四年六月一日、さらに攻撃的で告発的な口調で「フランス巡り」を非難している。それは「すべての無産労働者階層を他の市民から切り離してしまう組織をもたらす考え」に不安を抱いたからに他ならない。「人間の本性を歪め、情念を燃え上がらせる七〇〇万労働者のこの壮大な組織は、もし仮に実現されれば、一八三〇年にブルジョアジーの結合が貴族階級を打倒した事実が想起されるだけに、致命的な内戦という切迫した危機をもたらすに違いない。フロラ・トリスタンは……労働者に、今度こそ必ず、彼らの結合がブルジョアジーを打倒できると教えているのだ(8)」。保守的な自由主義者にとって、フロラと労働者の集会は失敗に終わる運命にあるのか、それとも司法当局が何としても阻止しなければならない純然たる体制転覆の企てになるのか、そのどちらかであった。

権力と対峙する民主的野党や共和主義的野党の陣営に与する新聞は、フロラの活動にまったく異なる評価を与えている。『クーリエ・ド・ラ・コート・ドール』紙は一八四四年四月二三日、「彼女が身を捧げている任務は立派であり、また英雄的である。彼女の目的は、その光景を目にすれば心も痛む労働者の悲惨な生活を未然に防ごうとする計画なのだから。施療院に代わって、労働者自身の拠金で管理運営される壮大な公共施設（パレ）をつくり、子どもや老人、身体に障害のある労働者たちを受け入れる試みは、それこそ高邁で深遠な理念のシンボルである」(9)。『サオーヌ・エ・ロワールの愛国者』紙は一八四四年四月二八日、「フランスの労働者たちの母なる使徒の献身的な事業が成功の栄誉を勝ちとるよう心から祈願する」と述べている。最後に、一八四四年四月三〇日付の『ラ・ムーシュ』紙のある記者は、「文学的才と並び、フロラ・トリスタンを特徴づけている偉大な英雄的自己犠牲」(10)を褒め称えた。

ブルゴーニュの労働者はこうした記事を読んだであろうか。読んだとしてもごくわずかであったに違いない。どんな新聞であれ予約購読には、当時平均して一日の稼ぎが二フラン以下の労働者には到底手の届かない、年二〇〜三〇フランもの大金が必要だったからである。読み書きできる少数の賃労働者にとっても、新聞雑誌を読もうと思えば、カフェくらいしかなかった時代であった。

だからこそ、フロラが労働者に直接語りかける集会は何物にも代え難かった。ときには小冊子『労働者連合』を読了している参加者もいたが、大半は冊子について何も知らない人ばかりだった。フロラは彼らに語りかける術を心得ていた。労働者が常に自身の利益を守るには階級として組織する以外に方法はないことや、運動の中で果たすべき重要な役割を担う女性たちの権利を尊重しながら、あらゆる職業や年齢の混在する一つの組織体をつくらなければならないことなど、主要な見解を簡潔に説明した。労働権や日々の生活権や労働者の子弟の教育権を経営者や政府当局から獲得するには、何よりまず必要なのは労働者の統一的行動である。労働者の運命を改善できるのは、博愛的なブルジョアではなく、労働と住居の模範的な共同体でもなければ、武器を手にした叛乱でもない。それは労働者自身の行動による、日常的な闘い以外にない。

これほど簡潔明瞭な見解は、それまで一度として提示されなかった。フロラはいつもこうした見解を手短に述べてから、バック通りの居間で成功したように、労働者を鼓舞して、彼らの置かれている現状を彼ら自身で語ってもらった。参加者の不平不満や苦情にじっと耳を傾ける術を心得ていた彼女は、それらを紙片に念入りに書き留めている。反対意見もしょっちゅう耳にした。信じられないほどの搾取や、悲惨な日常生活を強いられていても、それを神が与えた不変の掟と考えるものもいた。また、コミュニストを自称するエチエンヌ・カベの信奉者は、普通選挙権と「イカリア」と名づけた楽園に似た共同体のみが新しい黄金時代をもたらすと考えていた。さらに別の一団――しばしば政治結社カルボナリ党の旧党員だった――は、長い年月がかかるつらく苦しい労働者の組織化ではなく、武装蜂起だけで問題を一挙に解決できると思っていた。

フロラの揺るぎない信念は強固だった。リヨンで行われた集会に参加した労働者で、一八四八年に民衆の代表になったセバスチアン・コミセールは『回想記』で、この集会の生き生きしたイメージを描写している。「会合は秘密で、信用できる人しか参加できないように細心の注意が払われていた。フロラ・トリスタン夫人は中背で、年齢は四五〜五〇ほどだった。いまだに美しくて感じのいい顔は、少し白髪混じりの黒髪に覆われていた。彼女はとても滑らかに、その計画がもたらす数々の恩恵を情熱的に語った。よく通る心地よいその声に強い印象を受けた私は、すっかり魅了され、その『労働者連合』計画は私の政治的、社会的理念を満足させるにはほど遠かったけれど、それこそ労働者の置かれた現状を改善する第一歩であるという彼女の主張に思わず賛同してしまった(11)」。

フロラは『小冊子』を数千部配布した。価格は労働者には二五サンチーム、ブルジョワには二フランと決めた。「フランス巡り」の間に、特に労働者からの出資を仰ぎ、それぞれ一万部という部数で、第二版、次いで第三版が出る予定だった。工場のホールや、織機の据えつけられた労働者の住居で、予約申込者名簿が回された。可能ならどこだろうと、議長、書記、出納係を備える労働者連合の委員会を設置している。それまでのさまざまな試みを相互に教えあい、相互連帯が効果的になるように、すでにうまく機能している委員会と生まれたばかりの委員会との緊密な連絡網を作り上げようとした。

労働者組織の基盤がゆっくりと固まり始めた。労働者連合のキャンペーンはどこにいっても大きな困難に出くわした。リヨン、ディジョン、トゥーロンなどでは首尾よく成功したと記録する一方で、たったひとりの労働者でさえ説得できない町もあった。マコンでは悲嘆にくれながら日記に書いている。「この町では、手を貸してくれる人などひとりもいない。面会にくる労働者もいないし、『小冊子』の売り込みや宣伝活動に身をなげうってくれるものもおらず、結局、私の献身的な活動を、彼らはしぶしぶといった態度で誉めるだけだった。さらに、私の活動を信用せず、何か売りつけにきたのではと思うものさえいる有様だった(12)」。

アヴァロンでは聾者の前で話しているようだと述べ、さらにモンプリエに至っては、「呪わしいこの町には、カトリックとプロテスタントしかいない。まったくもってひとりの人間、ひとりの市民、ひとりの仲間もいない!(13)」と書いている。唯一つ心が慰められたのは次の出来事だった。フロラの活動を推挙し、また彼女からも手紙を出したこともあるタラスコンの富裕なユダヤ商人ダヴィッド・ミヨーが、町の進歩的な全労働者を集めてやろうと思い立ち、自ら進んで彼女を自宅に招待してくれたのだ。体調を崩し、また自分の計画で手一杯だったため、その招待を受けられなかった。すると彼のほうからモンプリエにいた彼女に会いに来て、二人は友好的に話を交わすことができた。彼は『小冊子』を一五五冊も持っていき、彼女の計画を皆に広めてあげようと約束した。石炭選鉱場で二〇〇人の労働者を日当七五サンチームで雇っているこの人物は、現状を憂い、改善に取り組みたいと望んでいた。しかしフロラは懐疑的だった。「もしこのブルジョアが偽善者だとすれば、彼は立派にその役を演じるだろう。彼を試してみるといい。すると五フラン貨幣を何枚か恵んでくれるが、そんな行為をしても現状の変革には何の役にも立ちはしない。そうだ、信用できるブルジョアなど何処にもいやしないのだ(14)」。

ニーム、サン・テチエンヌ、スミュール、その他四つの都市でも、出会ったのは冷淡な視線と拒絶だった。とはいえ、彼女は周到に旅の準備をしていた。パリにいるゴッセやアシール・フランソアから、同職組合で闘う労働者宛ての推薦状を手に入れていた。ヴィクトル・コンシデランからは『デモクラシー・パシフィック』の予約購読者のリストと、彼の署名入りの手紙を何通か入手していた。それはフーリエの教えに好意的な進歩的ブルジョア宛てのものだった。しかし、大多数は労働者の組織化などという構想には反対で、彼らに助力は期待できなかった。ボルドーでの日記にはこう記されている。「この町のブルジョアと比べれば、パリのブルジョアは天使と形容しても言い過ぎではない。この町のブルジョアは獣と形容してもいいくらいで、そのうえ底意地が悪いときているから始末に負えない(15)」。

彼女が呼びかけた共和主義的な新聞の編集局が一切支援を拒否することなど、珍しくなかった。それでも、政治結社「季節社」の指導者アルマン・バルベスのような共和主義的革命家から賛同をかち取ることもできた。バルベスは軍事蜂起を準備した廉で終身刑を宣告され、ニームの刑務所に収監されていた。フロラは彼に面会許可を求めたが果たせず、そのため獄中まで手紙を出し、バルベスの故郷カルカソンヌで、「労働者連合」の構想に関心をいだく住民がいるだろうか、いればその人物を教えてほしいと訊ねている。バルベスは温かい賛辞に満ちた返事を送り、連帯の意志を表明した。彼はフロラの訪問を知らせようと、カルカッソンヌの友人たちに手紙を書いてやった。フロラ宛てのバルベスからの二通目の書簡は、刑務所当局によって押収されてしまった。

ニームでは、宿泊した「ガール・ホテル」の部屋の窓から、染色業者も利用しているこの町で唯一つの共同洗濯場の大きな池が見えた。この洗濯場は、どこにもあるありふれた洗濯場の光景とはまったく違っていた。水中に没しているものは洗濯物でなく、池に降りて身体の半分まで浸かっている女性であり、この姿勢のまま傾斜した岩の上の洗濯物を洗っていた。女たちは毎日長時間、石鹸、炭酸カリ、ソーダ、ジャベル水、グリース、その他ありとあらゆる種類の染料の混じった悪臭ぷんぷんの大量の水に浸かっていた。このようなひどい労働条件を強いられれば、彼女たちは否応なく性器の病や重いリュウマチにかかり、つらい妊娠や流産の危険にさらされてしまう。洗濯の水がそれほど有毒物質に汚染されていない日は、夜半過ぎまで必死に働く女の姿もちらほら見られた。どの女もおしなべて年齢より二〇以上も老けているように見えた。フロラは彼女たちと会話し、日記にその嘆きの声を書き留めているが、この豊かな町の共同洗濯場の場面は人々の心を揺り動かし、連帯を訴える叫びとなっている。「哀れむべき姉妹たちよ、我慢してください。今私はニームを訪れましたが、目にした最初の光景、それがあなたたちでした！　そうです、私はあなたたちのつらい苦しみがよくわかりました。姉妹たちよ、断言しますが、私は必ずあなたたちを解放する決意です。（私の本でとり上げる）問題は身が竦むほど強烈であり、善良な労働者をゆっくりと死に追いやっているこの呪うべき町に対して、新聞雑誌やすべての寛大な心の持ち主を必ずやひとつに結び合わさずにはおかないでしょう(16)」。

不当に搾取されている男女労働者の苦悩を描写する場面は、日記でもひと際精彩を放っている。これとは別に、「フランス巡り」を監視する警察当局のいやがらせや迫害、脅迫などに対しては超然とした姿勢を貫き、さらにユーモアを交えながら伝えてはいるが、実際のところは、当局の妨害行為にはどんな場合も神経をとがらせていた。

フロラの「フランス巡り」の旅はいつも当局の監視下にあった。アジャンで、同職組合員の集う旅籠で六〇名の労働者に語りかけた際には、二〇人の巡査と三〇人の武装兵士がその旅籠を取り囲んだ。デモ発生時、無防備の市民に向け銃を発射させたという理由で、三年前にツールーズから左遷されてきた警察署長スゴンが集会場に入り、国王の名において集会の解散を宣告した。激怒した労働者は警察の臨検に激しく抗議したが、フロラは彼らに自制を求めてこう述べている。「落ちついてください、抵抗しては駄目です(17)」。

また下端警官にうるさく付きまとわれたときは、彼らを厳しく叱りつけている。マルセイユでは、巨大なルーレット賭博場の「イーグル」に四〇〇人収容の部屋を予約したところ、予想を大きく上回り、六〇〇人もの労働者がおしかけた。用意して会場に入ろうとすると、警察官が近づき、丁寧な口調で声をかけた。「奥さん、これほど大勢の集会を計画するのなら、当然当局から許可を受けたんでしょうね」「いえ、もらっておりません」「じゃあ、奥さん、これは許可できません。ご承知のように、この種の集会は法律で禁じられており、またこの会場には六〇〇人以上もの労働者が詰めかけているのですよ」。フロラはその警察官を足の先から頭のてっぺんまでじっと見つめて、こう言った。「ねえ、今までたくさんの町を訪れ、こうした集会を開いてきましたが、当局に許可を求めたことなど一度もありませんでした。パリでも、リヨンでも、警察は何も言いませんでしたよ」。

警察官ははっきりこう答えた。「奥さん、下端警官に過ぎない私ですが、ご承知のとおり、立場上とても苦しい状況にあり、できるならあなたの活動を妨害したくありません。でも、もし義務を怠れば、私が罰を受けることになるのです……」。身なりこそ質素だったものの、フロラの態度振る舞いにはどこかしらパリ上流階級の奥方らしきところが覗えた。保護者然とした仕草で、彼にこう言った。「ご安心ください、明日警視総監に面会にいき、彼と話して万事うまく片付けておくつもりですから」[18]。警察官はくどくど言い訳をし、幾度もお辞儀をして立ち去った。ドアの前に集まっていた労働者は二人の会話を聞き、その知らせを部屋に伝えた。集会の参加者はこれを耳にして有頂天になり、歓喜に沸き返りながら、『小冊子』の予約購読者名簿に署名し、こうして労働者連合マルセイユ支部は設立された。

昼夜を分たず尾行につけ回されたツールーズでは、フロラは警視正ボワスノーの勤務する部局にまで面会に行き、苦情を述べ立てている。彼が見下した態度で応対すると、彼女は落ち着き払い、労働者たちがあなたを忌み嫌っているから、いつかきっとつらい試練に遭うに違いないと述べた。警視正は顔面蒼白になり反駁できないままだった。「卑劣なこの悪人は意気地なしの腰抜けだ」と日記に書いている。警部たちの詰め所を通るときには、彼らに向かい嘲笑的な態度を見せながら、こう言い放った。「皆さん、私が金持ちでなくて残念でなりません。私の健康を祝して美味しい白葡萄酒を飲んでもらおうと、皆さんの手元にお送りできたらよかったのに。私の件では、皆さんに本当にご苦労をおかけしました！

あなたたちや、さらにボワスノーさんに、激しい風雨やぬかるみが容赦なく襲いかかったと思います。でも皆さん、私があなた方の成し遂げた仕事を認めるのは、おそらくずっと後になるでしょう[19]」。警部たちはどっと笑い声をあげ、ボアスノーは身動き一つできないままじっとしていた。

官憲の挑発とスパイ行為は革命の余韻が残る絹織物工の町リヨンで頂点に達した。警官たちはフロラの泊まるホテルの隣室に部屋をとり、彼女が部屋を出るや、すぐさまトランクを調べるほどだった。うまく隠せなかった書類など簡単に盗まれてしまったと日記に書いている。家宅捜索のため中央警察署長バルドーズは四人の部下を引き連れ、部屋に侵入し、書類を押収した。王室検事ジラルダンは彼女を執務室に召喚し、町を出るように勧告している。彼女はこの命令を鼻先であしらい、一瞬たりとも怖気づいたり怯んだりしなかった。反対に「この捜索は結果的に労働者に良い印象をもたらした。なぜなら、王室検事が私の活動を強硬に妨害しているのなら、労働者への私の教宣活動がとても効果的に運んでいる証拠といえる」と判断できるからだった。

日記にあるように、フロラは警察署長や司法官と堂々と対決したのだろうか。リヨンの検事ジラルダンからパリの検事総長に宛てた一八四四年五月一二日の報告書がなければ、彼女は自分の活動をいささか美化し過ぎているのではないかと受け取るかもしれない。フロラの行動の跡を十分にたどれない当局の多くの報告書とは別に、パリ国立資料館に残された次のような詳細な資料を見れば、そうではないことが納得できる。ジラルダンはフロラ宅で押収した書類、ノート、手紙類を細かく分析した上で、こう結論した。この夫人の行っている計画は「共産主義と女性の権利の要求という絵空事を試みるもので、醵金は政府の許可を必要とするのに、編集部は表面上は合法であると偽り（と検事は判断した）、さらに「労働者連合」の入会名簿は結社禁止法に完全に反している」。

検事は書いている。「昨日フロラ・トリスタン夫人が面会に来訪。彼女は押収書類の返却をはっきり要求し、それもまるで皇帝にでもなったかのように、有無を言わせず、一方的に主張した。リヨンの町から即刻立ち去るように強く忠告したが、彼女は個人の自由という原則を楯に、自己の教化宣伝活動の栄誉と危機を理由に、この勧告を強硬に跳ね除けた」。しかし、司法大臣と内務大臣に渡されたこの報告書も、フロラの告訴には至らなかった。彼女の活動に共感した代議士のとりなしにより、数週間後に押収書類がフロラに返却されたからである。とはいえ、当局が依然として彼女を厳しい監視下に置き続けることには変わりなかった。彼女の行く手には、違反行為を理由に、厳しい法律の処罰がいつも待ち構えていた。[20][21]

しかし、フロラは当局のそうした取り締まりに動じるような女性ではなかった。彼女の願いは、将来出版を予定している著書の土台になるメモやノート類を当局が盗み取ったり、押収しないこと、それだけだった。かつて誰も試みたことのないような組織的で徹底したやり方で男女労働者と対話して得た記録から、非公式な統計や著名な経済学者の発表した統計や数値も訂正することができた。自由主義経済学者アドルフ・ブランキは、製靴工場で働く労働者の賃金を三・六五フランと見積ったが、リヨンでこれを怒りに震えながら訂正している。六〇人以上も詰めかけた労働者の集会で、長短いずれにせよ必ず起きる失業のため、平均賃金は決して一フラン以上にはならない、と彼らが明言したからである。

織機の据え付けられたリヨンの絹織物工場では、労働時間は一八時間かそれ以上にもなっていることがわかった。両親の仕事の手助けをするため、子どもまで疲労で倒れるまで糸繰りやその他細々した機織仕事を手伝っていた。成立して間もない一八四一年の法律は、八歳以下の児童の雇用を禁じていた。にもかかわらず、貧困のためどんな人手も――幼児でさえも――借りなければならないのが現状だった。さらにこの法律は一二〜一六歳の子どもを一二時間以上働かせることを禁じていた。一三歳以下の児童労働が禁止されるのは、ようやく一八九二年になってからである。

フロラの思想に共感を抱いた作業場主任にクロワ・ルスを案内され、なかでも一番みすぼらしい屋内作業場を見学した。荒れ果てた住宅の七階にある家族は、台所と寝室と居間を兼ねた部屋と、わずか壁一枚で隔てた二台の織機を据え付けた作業場の二部屋の住まいで暮らしていた。夫の稼ぎは一日二八〜三〇スー、妻は一八〜二〇スーだった。三人の幼児は糸を繰っていた。全員ぼろ着を身にまとい、これ以上ないほど不潔だった。この一年来、彼らはたった一着の服も買えず、洗濯することさえままならなかった。「夫は衰弱しきっているようにみえた。病気だった。激しい作業で身体はへとへとなのに、食べ物といえばパンしかなかったから、哀れなこの男はもう疲労困憊の状態であった。彼はひと言も不満を漏らさなかったが、妻は非常に苛立っていた。不幸な立場に同情している私を見て取ると、彼女は一家のひどい貧乏暮らしを詳しく説明してくれた。子どもは八人いたが、四人は貧困と過酷な労働で亡くなった。時折我を忘れるほどいきり立ち、織物業者や国王や金持ち連中を呪い、こんな苦痛にあうくらいなら死んだほうがましだと言い、天に向かって死を懇願していた」(22)。

極度の窮乏と飢餓から、労働者が組織化に加わる時間的なゆとりも持てないなら、極貧のあまりきっと武装蜂起を受け入れてしまうに違いない。フロラは別にもう一軒、何もかも使い果たした労働者の家庭を訪れたとき、次の経験をした。

私たちは部屋の片隅にしか灯りのこない、寝室と台所と作業場を兼ねた部屋に入っていった。妻が一方の、夫が別の織機で働いていた。私の姿を見るなり、夫は顔を真っ赤にし、おびえ切った表情をし、妻もすっかり動揺している様子だった。最初どうして二人がそれほど狼狽えているかわからないまま、……とにかく必死に訪問の理由について説明して、二人を安心させてやろうとした。夫が近づくと、何も着ていないことに気がついた。哀れにも、この男は手に持つ小さな作業服で、肩と首を必死に覆い隠そうとしていた。彼は声にならない小さな声で弁解の言葉をつぶやいたが、ようやく妻がしばらく躊躇してから、ひきつった顔をして、まるで捨て身の覚悟でとでもいうような口調で語りかけてきた。「もうどう言ったらいいでしょう、奥様、突然いらしたので……、夫は完成品の引き渡し先から帰ってきたばかりで、シャツも汗まみれなのです（そのシャツは窓際に干してあった）、……ところで、奥様、お迎えしようにも、着替えのシャツがないのです。そうです……もう着替えが一着もないのです」。こういい終えると、声は上ずり、涙で喉も締めつけられ、激しい絶望感を表す仕草をしながら、両手を前に突き出した。……夫は涙を見られたくないため、ベッドの置かれた部屋（板の衝立で囲んだ空間）の片隅に身を隠すと、その場にいた全員（私たちと一緒に部屋に入った二〜三人の隣人）も言葉にならない感情にとらわれていた。……すると突然、妻が小さなアルコーヴ（寝台を収める床の間のような凹所）に向かって走って行き、黄色やら白色やら二〇〜三〇枚の紙切れを手にして戻ると、何とそれは質屋の質札だった。「ほら、奥さん」と押し殺した声で言った。「見てくださいよ」「どうしてこの方に惨めな我々の暮らしの証拠品など見せるのかい」と夫は私に何か有効な手段でもありますか、とでも言いたげな表情をして言った。すると妻は大声で叫んだ。「真面目な労働者が働いて生活費を稼ぎ、シャツや下着を買えた頃は、私たちはこれほど惨めな暮らしではなかったのです。それは私たちの責任なんかじゃないんです。勤勉で真面目な労働者でも、一日一八時間働いてもパン代すら稼げなくなってからは、家賃や石炭代の支払いで下着類も質入れしてしまった事実をこの奥様に証明してやりたかったのです」と突然妻は持っているエネルギーのすべてを取り戻し、もう涙も見せず、脅迫的で恐ろしい形相で叫んだ。「奥様、事態が今のままこれ以上続くはずはありません。そうです、飢えて死ぬより闘って死ぬほうがましです」。すると、夫も活力を取り戻し、同じように誓った。「もう死ぬことなんて怖くありません、同胞たちを死に追いやっている恐るべき貧困生活から、死を賭してでも解放してやりたいのです！　いつでも広場に下りていき、戦う準備はできていますよ」と言った(23)。

フロラは一切の希望を失ったこの二人に、労働者の運命は十分な計画も立てないまま新たな武装蜂起に頼るのではなく、彼らの利益を代表する統一的組織をつくり、経営者や当局側と根気強く日常的な闘争を続けていって初めて改善できることを必死に説明した。その統一組織をつくるにはどれくらいの時間が必要でしょうか、と妻が尋ねた。多分半年か、一年でしょう、とフロラは答えた。一年もですって、その頃には間違いなく私たちは餓死していますよ、と彼女は悲しそうに繰り返した。別の場所には、所有者の安楽な生活を証明するかのように、周囲を庭に囲まれた豪奢な邸の中につくられた作業場があった。それは「王立作業場」と呼ばれる工場で、リヨンに立ち寄る王侯貴族や著名な外国人や慈善家が必ず足を運ぶ視察用の作業場であった。協力者のひとりが来訪を告げると、見学は即座に拒否された。

「お断りします。当局や織物業者に好ましくないフロラ・トリスタン夫人の入場など認めるわけにいきません」と主人は言った。

彼女は別のこうした豪華な作業場に突撃してやろうと決めた。それはパリの博覧会に出かけて不在中のマルティノー氏の工場であった。作業場は庭に面し、広々として換気も申し分なかった。製造業者はここでは特殊な布地を織らせ、腕のいい職工なら日に二・五〇フランも稼いでいた。彼の自宅は、リヨンに着いて以来目にしてきたぼろ屋とは似ても似つかなかった。それは彼が一八三一年、リヨンの蜂起時にはっきりと権力側に味方したため、製造業者と当局が提供した資金で建てた家であると労働者が教えてくれた。

フロラのためなら何でも見せてやろうと決めた労働者が周りにいっぱいいたリヨンでは、イギリス滞在時と同じように、貧者の社会状態に関心を抱き、病院や孤児院を訪問し、さらに最も耐え難い光景と感じた、貧困による社会的災禍ともいうべき売春の探索にも出かけている。

慈善養護院には、毎年リヨンとその近県から連れてこられた二〇〇〇人余の子どもが、未婚の母や貧民によって置き去りにされていた。市の福祉課は施設の子どもの扶養費として月額九フランを支出していたが、それも五歳までだった。五歳になると、子どもはあたかも自分で生計が立てられるとでもいうようだ、とフロラは憤っている。フロラは日記で、孤児院では修道女の手で何もかも清潔に保たれ、さらにわずか月二フラン程度の小遣い、食費、衣料費だけで、休みなく働くその献身的な姿を褒め称えている。料理は美味しく、また一人当たりの食事も十分に足りていると思われた。彼女は本ができ上ったら、こうしたことについても賛辞を送ろうと決めていた。

ところがこれと反対に、市立老人病院では、四〇〇床もある部屋がいくつもあり、食事は平等に行き渡っていたものの、老いた労働者の生活条件、否むしろ生き延びるための生存条件は劣悪だった。

売春はロンドンと同様に、町の一区画のラ・ギヨチエール街に封じ込められている。木造の家屋で、簡素な二階建てである。ローヌ河のほんのちょっとした氾濫でも、道路や建物はまるごと水浸しになる。だが、売春宿の経営者は商売上手だから、あっという間にまた建て直してしまう。売春宿には「恋人と」とか「大歓迎」といった看板が掛かっている。こうした宿はまた一杯飲み屋も兼ねていた。

酔っ払いの労働者や兵隊やぼろを着た男たちが、唄を歌いながらうろつき廻り、晴れ着で着飾った売春婦の品定めをする。フロラは年の頃一二か一四だろうか、疲れ切ってへとへとの状態で、その上病気持ちに見えた三人の若い売春婦に気づいた。そんな状態なのに、娘たちは七〜八歳の他の少女と遊び戯れ、菓子やサクランボを買ってやっていた。フロラはこんな幼い売春婦の姿を目にして心底びっくり仰天し、こう言っている。「もし私が政治家なら、彼女たちをどう扱うだろうか。何らかの方法で社会から取り除こうと考えるけれど、それにしてもそのまま放り出したりはしないだろう(24)」。

モンプリエに滞在中にパリのジュール・ロールから届いた悪い知らせは、おそらく家宅捜索、密告、警察の脅迫などと無縁ではなかっただろう。バック通りの家主が執達史を介して、彼女の住んでいた小アパートの明渡しを通告してきたのだ。遅くとも一〇月八日までには住居を引き払わなければならない。彼女にとってそれは強烈なショックで、ようやく風邪から回復したばかりだったというのに、また寝込んでしまった。心配なのは、わずかばかりの家具が失われてしまったことではなく、保管していた書類や手紙や日記までも道に放り出され、消えてしまったのではないか、それだけだった。

とはいえ、フロラは絶えず連帯の意思を表してくれた労働者の細やかな配慮から、新しい活力を得ることができた。リヨンの石工たちも、ダンスホール「ラ・ロトンド」の大広間で開いている恒例のパーティに招待してくれた。そこには男女労働者が二〇〇〇人も集まっていた。彼女はこの整然としたパーティの様子や、浮かれ騒いでいるときも整然と保たれた規律を称賛した。「私はこの民衆の示す思慮分別や、絵にかいたような誠実さが大好きだ。けれど、もし状況次第で、ひとたび彼らの魂が燃え上がれば、必ず手に負えなくなるだろう……(25)」。

パーティの参加者のほぼ全員が彼女と面識があり、その何人かは彼女の開いた集会に参加したり演説を耳にしていて、またそれ以前に『小冊子』を読んでいた。彼女の肖像画をどうしても手に入れたいと思う労働者のグループもあった。肖像画は金輪際止めにしようと思っていたが、こんな考えが頭に浮かんだ。メダルに肖像を入れ、その下に、「男にも女にもすべての人に労働権、教育権、労働者連合を要求するフロラ・トリスタン夫人」と書き込むのである。彼女の思想は広く行き渡っているから、メダルをつくっても個人崇拝には当たらないと考えた。

一〇〇人もの労働者が参加し、疲労で身体も参ってしまった集会の後で、三人のカベを信奉するイカリア主義者が、二人の子どもを連れ、ミルラと月桂樹でつくった大きな冠を差し出したときも、同様の解決策を見つけた。彼女は自分を誉め称えてくれたことに感謝しながらも、今はもう男や女の頭に冠をのせたりせず、有益な思想だけを誉め称える時代になっているのだ、と述べた。そして『小冊子』を手にとり、冠をその上に置いた。彼女の意図を理解した人は称賛の拍手を送った。「私は一家の主婦に、『小冊子』と冠を壁に掛けておくように頼んだ。彼女は約束してくれた。それはリベルテ通り五番地の一番端の家の四階だった。『小冊子』がいつまでもそこに掛かっているか知るため、二年後に再度それを確認してもらうつもりである」。(26)

旅のクライマックスは、二度目のリヨン滞在中だった一八四四年七月七日に、労働者が彼女のために開いた「宴会」だった。サン＝シモン主義者、イカリア主義者、ファランステリアン、旧カルボナリ党員、いろいろな同職組合の代表者など、当時の労働運動のほぼすべての党派の代表者がこの宴会に出席した。フロラは「集会」と並んで「宴会」でも、エネルギッシュな統率ぶりを発揮している。討論が終わると、彼女はさまざまな党派のプロレタリアに向かい、労働者連合について自由に意見を述べるように勧めた。答えを避ける者もいれば、はっきり意見を言えない者もいたし、力強く説得力十分に長い演説をぶつ者もいた。日記によれば、宴会はこうして労働者階級の組織化という大義を掲げて、大いに盛り上がって終了した。

フロラはその場を利用し、自分の傍に特別な席を設け、エレオノール・ブラン(27)を紹介した。当時二五歳のエレオノールはフロラが開いた集会に偶然出席し、その演説に魅了され、たちまち熱狂的な信徒になった女性である。エレオノールを「私の愛しい娘」と呼んだフロラは、将来この娘を後継者にしたいと思い始めた。リヨンの町を出る際にはエレオノールをこの町の代理人に指名している。

エレオノールはフロラを崇拝し、労働者を貧困から解放し、さらに人類全体を解放したいと願う彼女の崇高な使命を盲目的に信じていた。フロラは書簡で、厳しさと親愛の情をまじえながら、「愛娘」に的確な指示を与えている。大義への陶酔感は別として、エレオノールには活動に貢献する手段はそれほど多くはなかった。フロラはエレオノールに、どのように学び高めるかを教え、暇があれば読んでおくべき本のリストをつくってやった。また彼女のために、古代から近代までの歴史を自ら説明し、さらに八九年のフランス大革命に関する書物や関連する資料を読むように勧めている。帝政期については『モニトゥール』紙を、王政復古期については『コンスティテュシオネル』紙を読むように助言した。サン＝シモンの教えもまた教科科目に入っていた。読了するたびに、生徒は先生にレジュメを送らなければならなかった。「なにごともなぜなのかと考える習慣を身につけ、辛抱強くそれを追及しなさい、そうすれば必ず答えは見つかると信じなさい」とフロラは助言した(28)。エレオノールとのやり取りにあたり、フロラの言動には数多くの矛盾が認められる。啓蒙時代の優れた哲学者のように、万事を疑うべしと言うかと思えば、他方で、エレオノールに限っては、自分をまるで聖ヨハネを導くキリストの如き存在と思うようにと。

愛しいブラン夫人――日記ではそう呼ばれている――は、言われるまま素直に壮大な知的教育計画に取り組んでいった。彼女は「愛する母」に、受け取った労働者連合のメンバーの手紙を渡し、レジュメを送っている。けれども、「愛する母」の見解では、難しい人間的な問題を分析する段になると決まって間違ってしまうため、娘の知力が信頼に足るかどうか危ぶんだ。でも、そんなことは大した問題ではない。指導者の立場に身を置く限り、毅然とした姿勢で娘を指導できるだろう。

最初の細胞組織をつくったプロレタリアとの関係は友好的だったが、同時に権威主義的な色彩も濃厚だった。フロラは自らこのグループに規約を設け、全員がこれを遵守するように要望したからである。いささか高圧的なその態度振る舞いが時に言行不一致を生むこともあった。ツーロンの労働者連合のメンバーとのやりとりがその典型である。彼女は日頃の主張に反し、私的な親近感に負け、労働者連合を構成する会議にブルジョアの医師タクシルが参加することを認めたからである。この軽率な行為はすぐに手痛いしっぺがえしを食らい、タクシル医師は書簡のなかで、ツーロン〔労働者〕連合の規約の作成に手を貸し、規約を〔連合〕組織に強要したと言って、彼女を強く非難した。彼は連合の規約に「万人の相互愛」というキリスト教的観念を加えようとしたのである。フロラはツーロンの連合の労働者宛ての怒りに満ちた手紙で、自分が規約の作成に助言したという批判をきっぱりと否定し、最初から終わりの一字一句まで自分が作成したと主張した。「私は三〇名の優秀な労働者を集め、そして各条文を全体会議で討議し、投票で過半数を得て可決したのです(29)」。組織の全グループに共通する規約は不可欠だろう。「万人の相互愛」というキリストの言葉についていえば「この言葉が真に実現されるとしたら、何より先に、主人と奴隷という関係を破壊するため、プロレタリアという大きな党派ができていなければならないのです。なぜなら、万人が互いに愛し合うには、何を措いても万人が平等でなければならないからです」。彼女はツーロンの労働者に、タクシル医師の危険な影響力を排除し、そして訂正した手紙を急いで彼に送るように懇請している。そこには「あなたたちの母」と署名されていた。ツーロンの労働者たちの手紙は他には見つかっていないが、おそらくフロラの思いが満たされたことは確かだろう。

ツーロンでは、自宅に仕事場を持たない、当時としては大企業である、数百人を抱える兵器廠〔アルスナル〕の労働者を相手にしなければならなかった。ロアンヌでは、これと似た状況の、一二か所の工場で働く約三〇〇〇人の機織工に初めて接した。この地方では工場はまだ数少なく、経営者は名所旧跡と同じように自社の見学を希望する旅行者には進んで見せていた。フロラにとってこれらの会社の労働条件は、リヨンの絹織物工よりはるかに劣悪に感じられた。シェルパン氏の工場では、横二列に並んだ織機で六〇〜八〇人もの織工が働いている地下倉庫のような作業場に入ることができた。陽光は閉じた小窓を通って入ってくるだけだった。空気は暑く、じめじめし、悪臭ぷんぷんで、息もできなかった。織工の着ている服はズボンだけで、傍には、まるで水から出てきたかのように、額や、鼻や、顎から流れ出る汗を拭う手拭が一本あるのみだった。騒音はすさまじく、大部分が青年なのに、疲れ果て痩せ細っていて会話すらできなかった。

フロラは一介の織工から経営者にまで成り上がった、虎のような顔つきで筋骨隆々とした大男のシェルパンに、労働者は地獄のようなこの穴倉でなぜこれほど長時間働けるのかと尋ねた。彼はげらげらと大笑いし、それより一〇倍もある大きな二番目の穴倉の入り口を示した。「人間はどんなものにも慣れてしまうという特徴を備えた善良な動物で、氷の中だろうと火の中だろうとじっと耐えられるものですよ[30]」とシェルパンは言った。

労働者との集会、同職組合の代表者らとの対談、工場見学、新聞記者やブルジョアや司祭たちとの交渉、警察や司法当局との悶着の解決など、彼女の行動日程は最後まで予定がぴっちりだった。休息など滅多にとらず、ときどき美術館を見学するくらいで――それも、著作に利用するためにメモをとることを忘れない――親しい労働者とレストランで夕食をするのも稀だった。ロアンヌでは、彼女の思想に共感し、その地方でも富裕なブルジョアのひとりで、サン・タルバン鉱泉の所有者であるゴアン医師[31]と知己になった。フロラはその立派な邸宅に招待されたので、しばらく滞在しようと出かけていった。彼はフロラに大きな関心を抱いた。実利主義的な考えの持ち主であったが、愛情深い人間でもあった。フロラはこの男性に好意を持ち、彼もフロラにとても心惹かれた。とはいえ、この二人からは何の恋愛感情も生まれなかった。既婚者で三人の子持ちのゴアンは何より家庭を大切にする人だった。幸せなこの家庭で心地よい生活をしていると、南米旅行時のシャブリエ船長やアレキパのエスクデロ大佐らが一緒に暮らそうと誘ってくれたのに、その誘いを自分が拒んでしまった思い出がよみがえってきた。「これまで出会った素敵な男性と親しくなっていたら手にできたはずの幸せな生活が思い浮かんできた。でもそんなことはできない！　俗世の些事で、思わず妥協してしまう私ではないはずだ。今の私には、心の底から楽しんでいるこの壮大で人道的な生き方のほうがずっと好ましく思えるのだ。……大切なもの、それは神であり、人類であり、同胞への愛だ。それこそ現在の私に相応しい唯一のものだ[32]」。

多くの召使いが維持するゴアン医師の快適な屋敷には、わずか二日間しか滞在しなかった。日記によれば、医師の家を離れるきっかけは、何より三人の子どもの贅沢な暮らしぶりを目にしたからである。この三人で、労働者の子どもたち三〇人分の飲食費を消費し、また彼らが投げ捨て、無駄に消費しているものを全部集めただけで、一〇人の労働者の子弟が安楽に暮らしていけるのだ。両親とともに織機でへとへとになるまで働くリヨンの絹織物工の子どもたちの青白い痩せ細った童顔が、彼女は忘れられなかった。

サン・タルバンでの二日間が彼女の最後の休息になった。「（私は）自身に向かい、「フランス巡り」が完了し、本が出来上がるまでは、もう一日も休みを取るまいと誓った。それが終わり次第、三か月間の休みをとろうと決めた」。よく考えてみると、彼女にとって、人類という〔大きな〕存在が常に恋人であったとはいえ、そのことにそれほど自信があったわけではない。なぜなら、こうつけ加えているからである。「どこかで気に入った男性と親しくなり、その人と一緒に娘を迎えにいき、イタリアかスペ

イン に連れていってやりたい[33]」。

彼女はもう一日も安息日をとろうとしなかったからか、健康状態は次第に悪化していった。七月以来しょっちゅう発熱、嘔吐、下痢、激しい胃痛や頭痛で苦しんだ。モンプリエでは一度だけだが、医者から一時的に苦痛を和らげる薬を処方してもらっている。だが、ベッドで休むようにと言われるのが恐くて、医師には二度と診察してもらわなかった。いつも熱っぽく、衰弱気味だったが、持てる力を振り絞ってしばしば集会に出席した。自分の演説が多くの人に理解され、さらに労働者も好奇心いっぱいで聞き入ってくれると、どんな苦痛も消し飛んでしまった。翌日になるとまた、約束を違えぬように、必死にベッドから起き、土砂降りであろうと、酷暑だろうと、町を駆けずり回った。どんな事情があろうと、一六時間も一八時間もへとへとになるほどの重労働を終えて集会にやってくる人たちを待たせるわけにはいかなかったのだ。そうだ、労働者の惨めな赤貧状態を目にすれば、病気になっている暇はないのだ。彼らの境遇を改善し、労働者階級の解放のための闘いは強化されなければならず、そして闘いに身を投じる時間はこの上なく貴重であり、また心の底からそう信じていた。

日記に記した最後の情景は、アジャンで泊まったホテルの前で目に飛び込んできた、物乞いへの屈辱的な喜捨の場面だった。部屋の窓から、一日分の糧食を待つ兵士のように、入り口の前で二列に並ぶ三〇人ほどの貧者が目に入った。彼らは一〇分、いやそれ以上待たされた挙げ句、ようやく各自に一リヤール〔昔の銅貨で三ドゥニエまたは一スー〕を施してやろうと、ホテルの主人が外に出てきた。お金を受け取ると、女たちはうやうやしくお辞儀をし、男たちは被っている帽子を取った。フロラは喜捨という行為をなぜそれほどまで憎悪し、嫌悪したのだろう。「お金を持っていること、言い換えれば、公認の泥棒という以外何の取り柄もないホテルの所有者は、目の前で同胞に深々とお辞儀をさせ、彼らを辱める権利を不当にもわが物にしているのだから(34)」。あたかも自らの労働で堂々と生きていくことが男女の侵すべからざる権利ではないと思っているようだった。彼女はリヨンの大司教ド・ボナルドと対談した際、喜捨という行為に激しい怒りを突き付けている。大司教は、二人に一人は極貧状態にある労働者に、ほんの一日でも施しを止めれば、間違いなく革命になるだろう、と言って反論した。フロラは大声を出すまいと堪えながら、「猊下、喜捨など止めてください、そうすれば人類に大いに貢献することになるし、そのため幾世代にもわたりあなたに感謝するでしょう！」と説得した。

生涯を通じて学ぶことを怠らず、絶えず自己の考えを修正し続けた感嘆すべきこの女性は、南フランスのプロレタリア社会を六か月かけて旅した「フランス巡り」の終盤になると、以前とは見違えるほどラディカルな思想の持ち主へと変身している。第一共和政の恐怖政治とその崩壊後の多くの同国人と同じように、イギリス旅行の前にはまだ革命に恐怖心を抱いていたが、今ではもうどんな手段を使ってでも達成したいと願う人間へと変わっていた。

彼女の頭には、民衆に正義をもたらす社会の到来のため、メモや記述をまとめた新たな著作は必ず一定の役割を果たしてくれるという思いがあった。すでに献辞も決定し、さらにこの願いを抱きながら、いかなる理由があろうとも、労働者には一切隠し事はしないという根底的な決意に再び立ち返っている。「国王が絶対だった時代でも、生命を賭して、国王に向かって真実を述べ、勇気があり市民の義務を十分果たしたと信じる人はいたのだ！　労働者階級が国家をつくっている今日、私はどんなに苦しかろうと、敢えて労働者階級に真実を伝えることによって、義務を果たし、祖国に大いなる貢献をしていると確信する！　したがって、偉大で勇敢な働く民衆のために執筆したこの著書は、誰よりもまず彼らに捧げたい……」。

大きな愛と情熱を注ぎ、数々の犠牲を払い、同時にまた細心の注意を払って準備されたこの著書は、しかし日の目を見ることはなかった。一八四四年九月二六日、フロラはかってないほど衰弱しきった状態でボルドーに到着し、そのまま床に伏せってしまったからである。激しい脳充血にみまわれたのだ。しかし、三日後には病状は持ち直したかのように感じられ、意識もすっかり回復した。

夫が弁護士、妻が教員で、二人ともサン＝シモンの熱烈な信徒だったシャルルとエリザのルモニエ夫妻[35]は、自分たちの住んでいる立派な住居にこの重病人を迎え入れた。一〇月一二日にエレオノール・ブランがリヨンから駆けつけた。彼女は二週間以上にわたりフロラの傍に付き添い、そして病状の回復を見て、安心してボルドーを去った。「母」の病状はすっかり回復したと感じたからだった。ブラン夫人ははるか後に、フロラは最晩年いつも自ら「労働者連合」と名付けたその「崇高な考え」に心を奪われていたと書いている。フロラはこう述べている。「私は民衆の救済を確信しています、なぜなら、私は社会を貫いている、絶え間なき永遠の進歩を信じているからです。……もし私が神を思い出すとすれば、それは私が果たすべき務めを成し遂げたということなのです[36]」。

ルモニエ夫妻を手助けするため、多くの人が付き添っていた。三人の医師、労働者やその妻、進歩的ブルジョアなどがフロラに付ききりで看病してやろうと、次から次へとやってきた。ボルドーでのフロラの集会を念入りに計画した人物で、この町の「連合」の委員長だった若い指物師メグロは、そうした人のうちでも、とりわけ献身的に彼女を看病した。

ボルドーの新聞雑誌はこの女性活動家の滞在について報じているが、今度は論争を引き起こすような記事は一切なかった。一一月二日付の『クーリエ・ド・ミディ』紙は、彼女は危機的状態を脱するだろうとし、またその数日後には、モンプリエの『アンデパンダン』紙のボルドー特派員はこう伝えている。「彼女の毅然とした性格はこのようなひどい発作に少しも打ちのめされず、その熱情は今も変わらぬままであり、さらに全身全霊を打ち込んできた献身と教宣の仕事をすぐにでも再開したいと望んでいる(37)」。

だが一一月一一日に病状は急変し、一四日に亡くなった。パリにいた娘のアリーヌとジュール・ロール、リヨンのエレオノール・ブランにはルモニエ夫妻からその死が知らされた。ルモニエ夫人はジュール・ロールにこう書き送った。「私はあなたのフロリータの傍らで臨終の日を過ごしました。彼女の友人が、フロラの両腕を二つの枕の上にのせてあげました。フロラは、いまわの際でも少しも苦痛を見せず、穏やかで綺麗なお顔をしていました。もう三日前から彼女にはほとんど意識はなく、苦悶の表情もありませんでした」。シャルル・ルモニエはフロラ・トリスタンのこの臨終の姿を、一一月一五日付のエレオノール・ブランへの手紙でもこう記した。「今朝私は彼女の亡骸に会ってきましたが、その美しい顔は穏やかそのもので、閉じた長い瞼、窪んだ頬、黒い眉毛からは、地味ではあるけれど、ある崇高な印象を受けました(38)」。

ゴーガンの驚嘆すべき祖母

埋葬は一八四四年一一月一六日にボルドーで行われた。サン・ピエール寺院での葬儀――それをしなければ墓地を取得できなかった――の後、棺は四人の労働者によりシャルトルーズ墓地に運ばれた。棺に掛けた布の四隅に垂れた紐は、働く人々の職業の枠を越えた統一の象徴として、指物師、仕立屋、ブリキ工、錠前師が手にして歩いた。ラニーム裁判所の弁護士が弔辞を述べ、さらにシャルル・ルモニエの弔辞を指物師メグロが代読した。

多くの新聞がフロラの死を報じた。『デモクラシー・パシフィック』では、ヴィクトル・コンシデランが故人の活動の先駆的意義を強調し、「彼女自身の表現を使えば、敵陣を識別し偵察するため、社会的軍隊の生命を賭けた騎哨兵として前進した、聖なる信念に貫かれたこの犠牲者」の成し遂げた功績を認めている。

フロラはその死後も、既成の社会的慣習を激しく揺さぶり、近親者にも強いショックを与え続けた。エレオノール・ブランはリヨンからボルドーの指物師メグロ宛てに一枚の信じられないような書類を送っている。おそらくアリーヌかジュール・ロールのどちらかがバック通りのささやかな住居で発見し、そしてブラン夫人に渡した一枚の「フロラ・トリスタンの遺言」である。そこにはこう書かれていた。「パリ慈善病院外科部長リフラン氏のところに遺体を運んでください。必要と判断されれば、医学生の前で切開し解剖してくださって結構です。……頭部はどうか骨相学会会長にお渡しください。頭や手足を切断した後、まだ残っている私の遺体については、リフラン先生、どうか共同墓地に投じてください。私には墓など必要ありません。私はこの世に私の思想を残しましたが、それは墓石などよりはるかに価値あるものです。私の最後の希望ですから、どうかこれを神聖なものとして聞き入れてくださるようにお願いします。また、託した方には、これをひとつひとつ忠実に実現してくださるように切に望んでいます」(1)。

ルモニエ夫妻とメグロはこの遺志について議論を交わし、結局フロラの希望を尊重しないことに決めた。一八四四年一一月二四日付のエリザ・ルモニエがエレオノール・ブランに送った手紙には、早くも後の国際労働運動で良識を踏みつけにし、有害な役割を演じる偶像崇拝を表す言葉も認められる。ルモニエ夫人は労働者には「信仰が必要」であり、それも「心と感覚の両面を捕らえる信仰が必要」と考えたからである。さらに、フロラがパリで死ぬことを神が望まなかったのは、一八四〇年の彼女の意思の実現を避けようと神が考えたしるしなのだと付け加えている(2)。

エレオノールはボルドーの友人たちの決定に反対しなかった。ルモニエ夫妻とブラン夫人によって、フロラ・トリスタンの墓碑を建てるための公開募金運動が、しばらくメグロに任せられた。フランスの労働者の置かれた状況について本を書くための参考資料——残された荷物から見つかった日記やメモ類、労働者から送られた多くの手紙——の保管は、故人の遺志によりブラン夫人が担当した。こうした資料の出版を考える人は長い間どこにもいなかった。しかも、これほど厳しいラディカルな社会批判、労働者に向けて、国家と対決する抵抗部隊を組織するように呼びかけるこれほど具体的な助言の数々を印刷する出版人など一体どこにいるだろうか。フロラの開く労働者の集会は、何でも潰そうとする官憲の取り締まりの対象だった。彼女の最後の著作『労働者連合』も国家の転覆を図るものとみなされた。「フランス巡り」中の二度目のリヨン滞在から数週間後、サン・クレールの織元ローラン氏の工場は、政治結社所属の織工を抱えているという理由で憲兵隊に捜索された。このときフロラ・トリスタンとカベの執筆したパンフレットが何部か発見された。このパンフレットの持ち主の絹織物工ラロシェットとピエール・ヴィジエは、警察署長の命令で逮捕されている(3)。

フロラの死から数週間後の一八四四年一二月二〇日、ツーロンのカフェの主人だったジュヌヴィエーヴ・ルバン夫人はツーロン市長に、公文書用紙を使って丁重な手紙を送り、商人やブルジョアがつくったこの町のクラブの規約に従って行動すると宣言した上で、「労働者のクラブ」に部屋を貸してもよろしいでしょうか、とお伺いをたてている。労働者はフロラ・トリスタン夫人が表明した原則に基づいて、前進しようと考えていた。

市長はこの要請に反対だったが、それでも自分一人では決断しかねたため、県知事に相談を持ちかけたところ、彼も地方の県だけで結論を出すには荷が重い案件と考え、パリの内務大臣に助言を求めた。一八四五年二月四日、大臣は次のような返事を送っている。「地方当局の集めた情報を検討した結果、この団体は労働者階級の解放を目的にし、そのため会員たちはフロラ・トリスタン夫人の発表した原則に従って行動しようと考えていることは明らかである。以前から、労働者がこうした理論を思いどおりに追求し、またその実行を許可するのは、危険過ぎると承知している。こうした状況を踏まえ、当方としてはツーロン市長のとるべき方策――それはまた貴殿のとる方策でもあるが――を採択せざるを得ない。貴殿はしかるべき筋に、労働者の組織は認可できない旨を知らせるだけで十分だろう(4)」。

にもかかわらず、ツーロンにフロラ・トリスタンの活動のもたらした成果は、官憲の力では抑えきれなかった。一八四五年海軍工廠の労働者は食うにも事欠く低賃金と、あまりに非人間的な搾取に抗議して強力なストライキに打って出た。それは七月王政下で、リヨンの絹織物工の叛乱に次ぐ労働者が起こした最大の抗議行動であった。ツーロンのストライキはフロラがこの町の労働者連合の指揮を委ね、大きな希望を寄せていた二人の労働者ピエール・アランビドとルイ・ロンゴマジノの二人が主導した。ツーロンでフロラが率先してとった行動の成果が歴史に取り上げられたのは、ひとえに歴史家モーリス・アギュロン(5)の研究業績のおかげである。

労働者連合は創設者フロラの死去でそれほど長続きしなかったが、墓碑建立のための全国的規模の募金活動は、寄付者名簿に数百人もの労働者や知識人や芸術家を集めることができた。有能な幹部の指物師メグロは、『労働者連合』の予約金を払い込んだ人たちに呼びかける労働者の委員会を作った。『デモクラシー・パシフィック』のヴィクトル・コンシデランも、自分の新聞の購読者に向け、募金に協力するように呼びかけている。

資金はすぐに集まったが当局の求めるすべての許可が下りるまでには、さらに四年も要した。墓碑の落成式の数か月前、労働者階級の広範な参加による革命がまたも血の海の中で鎮圧された一八四八年一〇月二二日に、およそ一五〇〇名の労働者がボルドーのカンコンス広場に集合した。彼らは拳を振り上げながら、広場からシャルトルーズ墓地に向けて行進した。地方の新聞雑誌の報道によれば、行進中に群衆の数は七~八〇〇〇人にふくれ上がったという。それは今日までボルドーの労働者の行ったデモ行進のうちでも最大規模だった。

幾人かの演説者がプロレタリアの組織化で果たしたフロラの功績を高く評価した。ジャーナリストたちは、詩人で労働者のヴィジエが墓前で読み上げた率直で感動的な詩に強く心を打たれた。それは次の四行節で始まっている。

そうだ、団結しよう!
飢えを癒やそうと、娘の貞節を金に変えることから身を守るために、
我らの家族が希望で輝くために、
老いたるものが日々を安楽に過ごすために!

墓碑は、上部が欠けた大理石の円柱でできていて、労働者たちの団結力の象徴として、柏の葉をつなげた装飾が上から下へ巻き付いていた。円柱の台石には、こう刻まれていた。「『労働者連合』の著者フロラ・トリスタン夫人を記念し、労働者は心から感謝の意を表する。自由、平等、友愛」。

この女性革命家の生涯と業績に関する最初の書物は、その死から一年後の一八四五年にリヨンで発表された。彼女の忠実な弟子であるエレオノール・ブランが執筆した『フロラ・トリスタン伝』である。数多くの得難い貴重な資料が盛り込まれたこの小冊子は、「愛する母」に向けたエレオノールの絶対的

信仰とも言える崇敬の念を反映している。

一八四五年に、フロラ・トリスタンの労働者連合は、一方でカール・マルクスとフリードリッヒ・エンゲルス、他方で青年ヘーゲル学派との論争の的になった。エドガー・バウアーは兄ブリュノーがシャルロッテンブルクで発刊した『一般文学紙』で、労働者連合の主要な構想に攻撃に加えた。なかでも特に、フロラが『労働者連合』第三版の表紙に印刷したアドルフ・ボワイエからの引用句に激しい非難を浴びせた。エドガー・バウアーの論説には、次のような文章があった。「今日では労働者がすべてを創造し、すべてを生産しているが、彼らには何の権利もなく、何一つ、まったく何一つ所有していない。フロラ・トリスタン夫人はアドルフ・ボワイエのこの文句で、「大衆的」と称するその作品の書名を美しく飾りたてた。この文句は大げさな上に間違っている。もしすべてのものを創造したいと思うなら、労働者としての意識以上のものが必要になる。この文章を裏返しにすれば、それはきっと正しくなるだろう。労働者は何物も作り出してはいない、彼らが何物も所有していないのはそのためなのだ、と。彼らは何一つ作り出してはいない、というのも、その労働は常に個人的で日雇い労働的なものに止まり、かつ私的欲求に限られているからである(6)」。

労働者階級の大義に対するこの全面的な攻撃に、カール・マルクスとフリードリッヒ・エンゲルスは最初の共著『聖家族』で強く反論した。マルクスとエンゲルスは『小冊子』のライトモチーフとして選ばれたアドルフ・ボワイエの文句を擁護し、フロラ・トリスタンとフランスの社会主義を同一のものと見なした。エンゲルスはその反論で、すべてを作り出すのはまさしく労働者であるが、「批評のための批評」と呼ぶバウアー兄弟の曖昧な哲学は、何も作り出すことはできないと断定している。労働者は単に実践的な力だけでなく、同時に理論の上でもバウアー兄弟に勝っているのだ。少なくともバウアー兄弟以前に労働の組織化を求めたのはフロラ・トリスタンその人だったのだ、とエンゲルスは書き、だからバウアー兄弟が彼女のことを「卑しいごろつき女」——テキストではわざわざフランス語のカナーユ(canaille)が使われている——呼ばわりしているのもおそらくきっとそのためだった。(7)

フロラが著書のライトモチーフとして提示したスローガンに対するこの出色の弁護以降、マルクスとエンゲルスが『労働者連合』の著者について触れる機会は二度となかった。二人ともこのフランスの女性革命家の業績と活動を二度と話題にしなかったし、また当時の社会主義と共産主義的な文学に一章全体を割いた『共産党宣言』でも同様である。しかし、労働者の自己解放というマルクスとエンゲルスの教えの主要なテーマが、そのほんの少し前に、フロラ・トリスタンによってはじめて——もちろん、新たな福音書として——宣言されたことは紛れもない事実である。フロラ・トリスタンの『労働者連合』の出版から数か月後、カール・マルクスも『独仏年誌』のヘーゲルの法哲学に関するエッセイで、同じテーマを、だがはっきり異なる基盤に立って発見している。「マルクスによれば、労働者の自己解放という概念は、歴史的進化それ自体の必然性に対応し、ある超人間的な力の神秘的意志などによるものでは決してない。紛れもなくフロラ・トリスタンにしか見られないオリジナルな思想についていえば、マルクスがそれに関して口を閉ざした理由は、空想的学説や宗教的終末論に決定された運命などの考えを、彼固有の教えの最も重要な前提から除去しておこうとしたことを意味するのだ(8)」と歴史家のマクシム・リュベルはこの問題について述べている。

存命中は論議の的とされたが、はるか昔に忘れ去られてしまっていた前世紀のもう一人のドイツの歴史哲学者ロレンツ・フォン・シュタインは、著書『フランスの社会主義および共産主義運動史』でフロラ・トリスタンに紙幅を特別に割いている。「労働者階級はまとまった一つの全体であり、もし彼らが置かれている状態からの脱出を望むならば、一つの全体として自己認識し、共通の目標に従って団結し、また共通の意志と力を持って行動しなければならないという意識を、他の改革家たちよりも強く明示したのはおそらく彼女をおいて他に誰もいないだろう(9)」。

フランスでは、一八四八年ボルドーでフロラ・トリスタンの墓碑の華々しい落成式が行われて以来、誰も彼女の業績について黙して語らなかった。その三年後の一八五一年、ルイ・ナポレオン・ボナパルトのクーデタが起こった。彼は独裁制を敷き、後には皇帝にまでなる。特に一八七一年のパリ・コミューンが凄惨に鎮圧されてからは、進歩的な出版物は長期にわたってことごとく厳しい抑圧を受けた。『労働者連合』の他の版も陽の目を見ることはないだろう。フロラ・トリスタンの業績を語る人など誰もいなくなってしまったが、一人娘のアリーヌを気遣う友人は幾人かいた。まず画家のジュール・ロールである。船乗りとして海に出たことしかわかっていないエルネストとは違い、彼はアリーヌと絶えず連絡を取り合っていた。ジュール・ロールと『ガゼット・デ・ファム』紙のフロラの仲間だったポーリーヌ・ロランは、共和主義的と評判の高いバスカン女子寄宿学校にアリーヌの仕事先を見つけてやる。ジョルジュ・サンドの娘が教育を受けたのもこの寄宿学校である。アリーヌはこの著名な女性作家に紹介されるや、すぐにサンドに信頼されると同時に、彼女の保護も受けることができた。母からエキゾチックな美貌を受け継いだものの、これを除けば、他に何の特長もなかった娘が厳しい現実社会で無事成長していくのを、どうしたら手助けできるのだろうか。うまく結婚できれば、そのときこそ、社会の慣習に調和した幸福な生活を送れるだろう、とサンドは考えた。彼女は一八四五年一月、友人の一人で、社会主義者の評論家エドワール・ポンペリ(10)にびっくりするような手紙を書いている。

「本名は知らないけれど、フロラの娘で、母親のフロラが尊大で激しやすい性格であったのと反対に、心優しく善良そうなこの女性をロラン夫人は私のところに連れてきました。この娘はまるで天使そっくりでした。その憂いに満ちた表情、喪の悲しみと美しい眼、孤独感、謙虚で情愛深いその姿に私はいたく心を締めつけられました。母親は彼女を愛していたのでしょうか。どうして二人はあんなにも離ればなれになっていたのでしょう。主義主張に身を捧げたとはいえ、一体どうしてこれほど魅力的で愛くるしい娘を放ったらかしにし、遠く離れたどこかの名もない洋品店に送り込んだりしたのでしょうか。その勇気と信念は別にしても、一度も共感など抱かなかった彼女の母親のために記念碑を建てることより、まず娘の身を固めてやるほうがはるかに立派なことでしょう。彼女の母親は虚栄心と愚かさが際立っていました。誰しも人は死ぬものであるし、そうなれば皆ひれ伏してくれるのです。死者の秘密は尊重すべきではあるけれど、なぜ真実を偽らなければならないのでしょうか。私にはそんなことはできません。親愛なるポンペリさん、あなたに聞いていただきたいのですが、どうかこの娘さんを愛し、彼女と結婚していただきたいのです（それは決して難しいことではありません）。それは立派で優れた行為であり、フーリエなどに夢中になるよりもはるかに価値があります。あなたは立派な方ですし、きっと彼女を幸せにできると思います。あなたが立派な方でないなんてあり得ません、それが第一の理由であり、あれほど美しい顔の持ち主なら、素敵な女性に決まっているという理由から、間違いなく彼女を幸せにできるでしょう。そうでないとしたら、善良な神様は嘘つきと言っても言い過ぎではありません。さあ！

シャイヨ通りに出かけていき、すぐにあなたたちの結婚式に私を招いてください！」。

ド・ポンペリはバスカン女子寄宿学校のあるシャイヨ通りに出かけていっただろうか。ジョルジュ・サンドの高圧的ともいうべき助言に対する彼の反応がどうであったかわからないが、事がうまく運ばなかったことだけは確かである。とはいえ、アリーヌがパリの進歩的なジャーナリストの世界に迎えられたのは、間違いなくポンペリを通じてだった。彼女はそこで、かつて船乗りで、今は反体制派の新聞『ナシオナル』紙の政治論説委員をしていたクロヴィス・ゴーガンと知り合った。彼はアリーヌの優しさとエキゾチックな美貌にたちまち魅了されてしまった。こうして、一八四六年六月一五日、二人の結婚式が行われた。新婦側の立会人はジュール・ロールだった。新婚夫婦の最初の子どもフェルナンド・マルセリーヌ・マリが一八四七年に、また一八四八年六月には息子のポールが生まれた。一家はパリのノートルダム・ド・ロレット通りのささやかなアパートに住んだ。だが、ゴーガン一家の幸福な生活もほんのわずかしか続かなかった。二度にわたるクーデタの失敗の後、一八四八年にルイ・ナポレオン・ボナパルトが共和国大統領に選ばれると、民主的なジャーナリズムへの弾圧が強まったからである。ゴーガンは『ナシオナル』紙の論説委員の職を失ってしまった。終始一貫共和主義を貫いた彼は、どんな形であれ、ナポレオン三世の新たなクーデタと独裁体制の土壌づくりに精出す他の新聞のために働くつもりなどなかった。

アリーヌはその時、フロラの死後何度か手紙のやり取りをしていたはるか彼方の国ペルー在住の大叔父ドン・ピオを思い出した。その間中央政府の大臣に就任し、さらに北部ペルーの大統領にまでなっていたドン・ピオは、立身出世の道程の頂点に立っていた。彼はアリーヌの懇請に好意溢れる返事を送り、ゴーガン一家をリマに招き、もしクロヴィスが望めば編集長の席も用意し、フランス語新聞をペルーの首都リマで発刊することも可能であるとさえ口にした。

一六年前のフロラと同じように、ゴーガン一家は帆船アルベール号に乗り込み、南米に向かった。それはひどい船旅だった。船長はシャブリエのように親切な人間ではなく、絶え間ない口論でクロヴィスを神経衰弱寸前にまで追いやるほど――そのうえ、彼は心臓も悪かった――怒りっぽい人物だったからである。そのため、彼は「火の国」〔ペルー〕に上陸したとたんに亡くなってしまった。

二人の幼子を連れてアリーヌは旅を続けた。数年前からリマに居を構えたドン・ピオは一家を快く迎え入れてくれた。ポール・ゴーガンが後に著名な画家となったとき書いた『回想録』によれば、トリスタン家の主人は、かつてのフロラと同じように、敬愛する兄マリアノに生き写しといってもいいほど魅力的な姪の娘に文字どおりのぼせ上がってしまったといわれている。

ゴーガン一家は、優しい黒人奴隷女やインディオの召使いたちのなにくれとない心遣いを受けながら、四年間ドン・ピオの館で暮らした。アリーヌはその体によく似合うすてきな「サヤ」を好んで身にまとった。顔をすっぽり覆い、黒くてキラキラと輝き、穏和で澄んだ片目だけをのぞかせて絹のヴェールを纏った当時の母親の姿はかつてないくらい美しかったとポールは思い起こしている。

アリーヌと仲の良かったオルレアンの義父が気がかりな便りをリマに送ってきた。死期が近づいているのがわかった彼は、ひとり孤独のまま死んでいきたくはなかったのだ。アリーヌは子どもを連れて帰国しようと決心した。こうして、彼女は義父の死に間に合うように急いで帰国し、その死を看取ることができた。廃屋と形容してもいい大きな屋敷は別として、ゴーガン一家に大して相続財産はなかった。

しかし、その直後、一八五六年に亡くなったドン・ピオは、遺言状で姪の娘に遺産として、十分な財産を残してやっていた。フロラが存命中に支給されていた手当の約二倍に当たる、金貨で五〇〇〇ピアストルもの年金を遺贈していた。しかし、母と同様、彼女もその恩恵に与ることはなかった。ドン・ピオの義理の息子で、ペルーの大統領に指名されたエチュニクがクーデタで政権を打倒され、貧困というほどではなかったにせよ、かつてトリスタン一族が祖国で享受していた優雅な暮らしぶりとはほど遠い姿で、亡命者としてパリに逃れてきたからである。彼はきっとアリーヌの年金、少なくともこの年金の大半が必要だったのだろう。そこで彼はゴーガン夫人に調停を申し込んできた。ポールの言によれば、自分に負けず劣らず、どんな時であれ、人間的矜持を失わなかった彼女は、全か無かどちらか一つです、と答えた。エチュニクはペルーに有力な友人を何人か残していたため、結局アリーヌは一銭も受け取れなかった。

彼女は一八六七年、母親とちょうど同じ四一歳で亡くなった。それからわずか数年後の一八七一年、アリーヌがペルーから持ち帰った、コロンブスによるアメリカ大陸発見以前の貴重な壺類や純銀製のインカの小立像などが炎に包まれてしまった。青年ゴーガンが当時住んでいたパリに近いサン・クルーはプロシャ軍によって焼き払われ、家屋はことごとく根こそぎ破壊されてしまった。おそらくそのせいで、フロラの相続財産、彼女の書簡類、「フランス巡り」以前の日記、『労働者連合』を手に講演旅行に出かけている間に家主が賃貸契約の解除を通告してきたとき、彼女がとても案じていた多くの資料も焼失してしまったに違いない。現在それらは一切残ってはいない。

ところで、ポール・ゴーガンは自分の生まれる四年前に亡くなった祖母について、一体どれほど知っていたのだろうか。父には散々翻弄され、母からは愛情を注がれたけれど、転々と下宿から下宿へと追いやられていたため、アリーヌは息子に幼年時代やフロラのこともきっと多くは語ってやれなかっただろう。彼はまたフロラの著書も読んではいなかった。というのも、彼の手になる回想記『前・後』で記しているように、事実とフィクションの入り交じった、むしろおぼろげとも形容できる祖母のイメージが書き残されているだけだからである。

「私の祖母はちょっと風変わりなおばさんだった。その名をフロラ・トリスタンといった。プルードンは彼女のことを才知ある女性と語っていた。……彼女は数々の社会主義的な物語を、なかでも特に『労働者連合』という物語を書き上げた。これに感謝して、労働者たちは彼女のためにボルドーの墓地に記念碑を建立した。おそらく彼女は料理もできない女性だっただろう。社会主義者で、無政府主義の……青踏婦人だった。けれども、はっきり断言できるのは、フロラ・トリスタンがとても美しくて高貴な女性だったということである。彼女はデボルド・ヴァルモール夫人[11]とも親友であった。私はまた、彼女がいつも旅をしながら、労働者の大義のために私財のすべてを投げうったことも知っている[12]」。

事実と虚構の入り交じったこの記述には、実際には訂正すべきところが何か所か認められる。資本主義に対し実に見事な批判を展開していながら、同時にまた労働者のあらゆる組織的行動に断固反対したピエール・ジョゼフ・プルードンにしてみれば、フロラに対するこのような賛辞はいずれにせよ予想外の言葉に違いない。事実、プルードンの著作や書簡のどこを調べても、フロラ・トリスタンの名に出くわすのはわずか一度きりしかない。それは一八四四年七月二七日サン＝シモン主義者のM・モーリス宛ての手紙である。プルードンはこの手紙でフロラをジョルジュ・サンド、ピエール・ルルー、ヴィクトル・コンシデランと並んで「多種多様な独自の福音書を述べ伝える狂人」の一人とみなしている。結局、フロラは私的な財産を持つことなど一度もなかった。ペルーという国と叔父ピオ・デ・トリスタンの真に迫るその描写のせいで、アレキパの富裕な大地主が彼女のために支給してくれたささやかな年金さえも失ってしまったのである。

確かに、ポール・ゴーガンは祖母の思想に格別心を惹きつけられはしなかった。とはいえ、二人の生涯を調べてみると、類似点がいくつかあるのに気づく。パリに居を構える豊かな株式仲買人だったポールは、画家としてしか生きる道はないと確信するや、職も家族も捨ててしまった。彼はタヒチ、次いでマルケサス諸島のアチュオーナで、憲兵、植民地監察官、司祭、裁判官、検事、総督らによる圧政に抗し、勇気を奮って土着民の権利を守ってやった。彼がいわれのない攻撃を受け、訴追され、有罪を宣告されたのはまさにそのためである。資本主義というものから非常に異なる結論を引き出したとはいえ、彼もフロラと同じように、これを激しく憎悪していた。一八九一年四月の妻宛ての手紙で、彼はタヒチへの出立を告げる。ヨーロッパでは、人間であれ芸術であれ、あらゆるものを腐敗堕落させる金銭が万能な社会という恐ろしい時代の兆しが現れていたからである(13)。

要するに、彼もまた時代に先んじた勇敢な先駆者であり、未来のパイオニアであり、そして芸術の領域における解放者としての彼の活動は、フロラが社会の領域で企てた仕事に十分比肩し得るものであった。

いずれにせよ、数十年にわたる沈黙の後、今世紀初頭になってようやくまたフロラ・トリスタンの名が世に知られるようになったのは、この芸術家に関するさまざまな伝記や美術書や研究書がきっかけである。当初彼女については、この画家の出自に対する好奇心から話題になったに過ぎず、しばらくの間はその陰に隠れて目立たなかったが、次第に多くの人がフロラの生涯について語るようになってきた。その一例が、『ゴーガンの驚嘆すべき祖母』[14]という書名で、大英帝国で出版された最初の伝記である。

フランスの歴史家J・L・ピュエシュは一九一〇年以来、フロラ・トリスタン研究に専念してきた。一九二五年にパリで発表されたフロラを主題にした彼の学位論文は、この女性革命家の生涯と業績について知識を深めたいすべての人々にとって不可欠となった。一九一〇年にエレオノールの息子ペトリュス・ブランは、フロラが「フランス巡り」で書き残した日記と、大切に保管されていた労働者の手紙類をピュエシュの手に預けた。歴史家は注解をつけたこの日記を完全な形で出版しようと考えたが、当時の状況、とりわけ両世界大戦のため、この計画は日の目を見るには至らなかった。ピュエシュの仕事を継承するにあたり、日記の原稿と彼のつけた重要な注や解説が再発見されたのはようやく一九七〇年になってからである。こうしてその三年後、『フランス巡り』の初版が出版された。

未刊の日記に大きく依拠した一九二五年のピュエシュの学位論文だが、それが呼び水になって多くの研究テーマが生まれることはなかった。この学位論文を除けば、第二次世界大戦前のフランスでフロラに関する本は一冊も出版されなかった。しかし、ドイツでは、フェミニストで左翼の社会民主主義者のクララ・ツェトキンが、この学位論文を基に、ドイツにおけるプロレタリア運動の起源に関する自著に熱烈な一章を書き加えた。彼女はこの運動でフロラ・トリスタンの果たした預言者的役割を熱い言葉で語っている。クララ・ツェトキンはこのフランス人女性の行動における矛盾や限界に口を噤みはしなかったが、結局こう結論している。「彼女の性格や行動に矛盾がどれほどあろうとも、そのことで彼女の強烈な個性が弱まることなどいささかもないし、また仮に矛盾があるとしても、労働者をあまねく結合した階級としてとらえ、彼ら自身の力により、労働者、女性、および全人類と一致団結して、解放に導いていこうとする彼女の強固な意志を前にすれば、矛盾など消えてなくなってしまうだろう(15)」。

かつて現実感に溢れ、洞察力に富んだページを書き残したフロラの父の祖国ペルーでは、現在彼女は国民的作家の一人として認められている。しかし、必ずしも常にそうだったわけではない。奴隷と広大な土地を所有する人々が、アレキパで彼女の人形を公衆の面前で焼いて彼女に投げつけた激しい呪詛の念は、一九四〇年代まで猛威をふるい続けた。『ある女パリアの遍歴』のスペイン語版がリマではじめて出版されたのは、ようやく一九四六年になってからである。その序文で、歴史家ホルヘ・バザドーレは一八三九年のクレオールの寡頭政治をことさらに擁護してはいないものの、フロラのフェミニズムに厳しい非難を浴びせ、作品中の何か所かとりあげて、「ふつうは女性のつまらぬ世間話でしかない小冊子を、雄々しい男性的な冊子と変えている」と批判している(16)。一九七一年の第二版では、こうした時代錯誤的な見解は固持されてはいない。この第二版の序文で、ルイス・アルベルト・ラットは書いている。「この本には……新しい共和国の個人や出来事や風俗習慣への慧眼と洞察力に満ちた描写——その鋭さには驚嘆されるばかりだ——がふんだんに盛り込まれている。……激動するこの時代を認識し理解する上で、彼女の残した数々の観察記録は貴重な証言であり、今日でもなお比肩できないほどの有効性を保っている(17)」。

父親からペルー国民の血を受け継いだフロラを、祖国の裏切り者と言って非難したクレオールの寡頭政治の代表者に向かい、作家カルロス・ラマは一九七七年にこう答えている。「フロラ・トリスタンはペルー国民を嘲笑したりしなかった。逆に、彼女こそペルーを誉めたたえようとして、当時のペルーの惨めな人々（奴隷、インディオ、召使い、兵士、従軍女商人、貧者、自由な身の黒人、職人、漁師、船員、農民など）、一言で言うなら、ペルー国民の九〇%を占める人々に好意を寄せたこの時代の唯一人の作家なのである[18]」。

リマでは現在、この都市に新しくできた庶民街の二本の通りに、彼女の名と「ペルー女性センター」の名がつけられている。ペルー作家・芸術家国民協会議長を務めるマグダ・ポルタルは、一九八四年にディジョンで開催された第一回国際フロラ・トリスタン討論集会で、この事実を明らかにした。歴史家やラテンアメリカの専門家や芸術家などが集ったこの国際会議の場で作家ジャン・カスーは、以下のように述べた。「フロラ・トリスタンという二つの国を混ぜ合せた突飛な名のこの女性こそ、世界の歴史を変えた運動に大きく貢献した人だった。要するに、この女性は実に明快で、断固とし、かつ現実的な仕方で、組合運動（サンディカリス）というフランスの社会主義が本来備える生き生きと活気のあるこの組織の創設に参加したのだということを認めておこう。彼女の名は今後、わが国の最も偉大な革命史の先頭に記されることになるだろう[19]」。

現在フランスでは、彼女の著作が再刊され、何冊かの伝記も現れ、新聞雑誌も彼女に関する記事を載せ、パリの劇場では彼女の日記と書簡に基づいた戯曲も上演されている[20]。なかでも特に、既成の踏みならされた道以外に自己の進むべき道を探し求めようと模索している若者たちが、彼女に深い関心を寄せている。今を遡ること一五〇年前、自由なくしては正義に適う新しい社会は成り立ち得ないことを確認した、この慧眼で情熱溢れる民主的な女性の存在は、これからも絶えず私たちの心を捉えて離さないだろう。

原注

屋根裏部屋の王女

（1）シモン・ボリーバル・イ・ポンテ（一七八三〜一八三〇）。「リベルタドール」と呼ばれた南米の解放者で、スペイン植民地権力からの独立運動のリーダーであった。植民地生まれの白人大土地所有者の一族に生まれた彼は、南米の大貴族の子弟にとって伝統的な行事だったヨーロッパへの長期にわたる勉学修行（一七九九〜一八〇六年）の際、フランス大革命に多大な思想的影響を受けた。彼がマリアノ・デ・トリスタンやその仲間たちと知り合ったのは、ちょうどこの旅の途中だった。

（2）ピオ・デ・トリスタン・イ・モスコーソ（一七七三〜一八六〇）。フロラ・トリスタンの父親の弟で、ペルーの大土地所有者であり、軍人にして政治家。一八三〇年代初頭にアレキパ知事を務め、後にはこの町の司令官に、さらに海軍、陸軍大臣、外相などに就き、一八三九年には北部ペルー大統領にまでなった。

（3）Flora Tristan, *Les pérégrinations d'une paria, 1833–1834*, Paris, 1979, p. 33.

（4）アンドレ・フランソワ・シャザル「評議会に向け、真相解明を目的に、シャザルの件に付加すべく我が裁判員諸氏宛てに提出した意見書」。サント・ペラジー獄舎で書かれたこの意見書の日付は一八三七年六月二〇日になっている。

（5）Flora Tristan, *Les pérégrinations d'une paria*, Paris, 1838, preface.

（6）前掲シャザル「意見書」。

（7）同前。

暗黒の年月

（1）Cité d'après Dominique Desanti: Flora Tristan, *la femtite révoltée*, Paris, 1980.

（2）« Le Droit », Paris, 1980, p. 23.

（3）Louis Villerme, *Tableau de l'etat physique et moral des ouvriers dans les fabriques de coton, de laine et de soie*, Paris, 1840. Réédition, les Éditions de l'Atelier/EDI, Paris, 1989.

（4）« Le Droit », Paris, 2 février 1839.

（5）*A Vindication of the Rights of Woman*, London, 1792は、同年パリで、『女性の権利の擁護』の書名で出版された。教員を経て家庭教師の職に就いた著者のメアリ・ウルストンクラフト（一七五九〜一七九七）は、男女の権利の平等を世に訴えた最初のイギリス人女性であった。著書*Promenades dans Londres*, Paris, 1978, p. 276で、フロラ・トリスタンは「メアリ・ウルストンクラフトの書は不滅の作品である」と述べ、このフェミニストの主著に熱烈な賛辞を送っている。

（6）作家で哲学者のウィリアム・ゴドウィン（一七五六〜一八三六）は、フランス大革命の思想の熱烈な支持者だった。彼は理性が最終的に勝利し、暴力なしに理想の社会の形成に導いてくれると考えていた。シェリーに強い影響を及ぼした彼の哲学的信念は、その推理小説「カレブ・ウィリアムズ」に顕著に表れている。

（7）クロード・アンリ・ド・ルーヴロワ・コント・ド・サン＝シモン（一七六〇〜一八二五）。フランスの哲学者・経済学者。歴史を人間的理性の絶えざる進歩とみなした。サン＝シモンにとって、同時代の主要な矛盾は、一方で、生産者（資本家、労働者、インテリゲンチャ）、他方で、有閑者（貴族、宮廷人、年金生活者）との間に存在していた。彼は万人に対する社会的・文化的発展の平等な可能性、女性の解放、各人の能力と成績に応じた社会の富の配分などを要求した。晩年の著作では、労働者の置かれた状況の改善を勧めるようになった。

（8）アルマン・バザール（一七九一〜一八三二）。フランスのカルボナリ運動の創始者で、アンファンタンとともに、サン＝シモン主義運動を広めた。

（9）バルテレミ＝プロスペル・アンファンタン（一七九六〜一八六四）。銀行員の職に始まり、技師を経て、サン＝シモン主義運動の雑誌の出版者に就いた。バザールと一緒に（だが一八三一年に袂を分った）サン＝シモン学説の宣教者になり、これを教派として組織しようとした。一八四〇〜一八四四年にかけては、政府に仕えてアルジェリアの探索隊に参加し、文明化を促進させるために民衆を軍隊に編成する必要性を確信して、フランスに帰国した。彼はそれによりフロラだけでなく、フランスのすべての民主的野党を失望させてしまった。

（10） 一八三一年一一月一九～二一日にパリで開かれたサン＝シモン主義者評議会での発言。Jules Puech, *La vie et l'œuvre de Flora Tristan*, p. 337.

（11） ジャック・ラフィット（一七六七～一八四四）。フランスの銀行家で政治家、一八二八年までサン＝シモン主義を信奉し、次いで、一八三〇～一八三一年に国民議会議長と大蔵大臣になった。

（12） Flora Tristan, *Les pérégrinations d'une paria*, François Maspero, Paris, 1979, p. 279.

（13） マリ＝ジョゼフ・マルキ・ド・ラファイエット（一七五七～一八三四）は、アメリカ独立戦争で蜂起軍に加わり、果敢に戦った。国民親衛隊の司令官になった彼は、一七九一年七月一七日のシャン・ド・マルスでは、反乱軍に向けて砲弾を浴びせた。一七九二年に亡命の道を選んだ。一八三〇年再び親衛隊司令官に就き、ルイ・フィリップ・ドルレアンの即位に道を開いた。

（14） *Gazette des Tribunaux*, 1er février 1839, p. 334.

（15） *Ibid.*, p. 335.

（16） *Ibid.*, p. 335.

（17） *Ibid.*, p. 335.

（18） *Ibid.*, p. 338.

ドン・ゴエネシュの邸宅で

（1） Flora Tristan, *op. cit.*, p. 96–100.

（2） *Ibid.*, p. 93–96.

（3） *Ibid.*

（4） *Ibid.*, p. 101.

（5） ペドロ・マリアノ・デ・ゴエネシュ（一七七一～一八四四）。フロラの父の従兄で友人。クスコ、さらに後にリマの王立裁判所の判事。ペルー独立後、ヨーロッパに逃亡し、フロラが南米に関する本を出版してからは、彼女と一切の関係を断った。

（6）Charles Nelson Gattey, Berta Rahm, Flora Tristan, Zürich, 1971, p. 18–20.
（7）Flora Tristan, *Les pérégrinations d'une paria*, Paris, Arthus Bertrand, 1830, préface.
（8）Flora Tristan, *op. cit.*, p. 15.
（9）*Ibid.*, p. 9.

プライアの奴隷たち

（1）*Ibid.*, p. 20.
（2）*Ibid.*, p. 46.
（3）*Ibid.*, p. 44.
（4）ハリエット・ビーチャー・ストウ（一八一一〜一八九六）。アメリカの女性文筆家で、『アンクル・トムの小屋』（一八五二）の作者。この小説で、彼女はキリスト教的・人道主義的信念から、故国南部に巣食う奴隷制を断罪している。信仰深く、控えめで、主人に従順なアンクル・トムの人物像は、後年、黒人の権利に反対する人々から、「善良な黒人」の見本として利用された。
（5）ヴィクトル・ショルシェール（一八〇四〜一八九三）。フランスの政治家。海軍長官の肩書きで、マルチニーク島、グアドループ島代表の代議士を務めた。一八四八年には植民地の奴隷廃止条例を立案した。一八五一年一二月二日のクーデタに反対したため、追放された。一八七〇年にフランスに戻り、パリ・コミューンとヴェルサイユ政権の仲裁に努めたが、失敗に終わった。『フランス巡り』のなかでフロラは、ニームで年の半分を過ごしていたシュルシェールに対し、アフリカの黒人の状況に同情を寄せながらも、別荘のあるこの町の洗濯女たちの悲惨な暮らしにまったく無関心だったと非難を浴びせている。
（6）Flora Tristan, *op. cit.*, p. 52.
（7）*Ibid.*, p. 52–53.
（8）*Ibid.*, p. 61.
（9）*Ibid.*, p. 59.

(10) *Ibid.*, p. 54.
(11) *Ibid.*, p. 86.
(12) *Ibid.*, p. 81.
(13) *Ibid.*, p. 83.
(14) *Ibid.*, p. 88.
(15) *Ibid.*, p. 154.
(16) *Ibid.*, p. 105.
(17) *Ibid.*, p. 108.
(18) *Ibid.*, p. 139.
(19) *Ibid.*, p. 126.

ドン・ピオとの対立

(1) *Ibid.*, p. 129.
(2) *Ibid.*, p. 132.
(3) *Ibid.*, p. 141.
(4) *Ibid.*, p. 146–147.
(5) *Ibid.*, p. 160.
(6) *Ibid.*, p. 160.
(7) *Ibid.*, p. 168–169.
(8) *Ibid.*, p. 174.
(9) *Ibid.*, p. 175.
(10) *Ibid.*, p. 176–177.
(11) *Ibid.*, p. 136.

(12) *Ibid.*, p. 185.
(13) *Ibid.*, p. 188.
(14) *Ibid.*, p. 189.

アレキパの内戦

(1) アウグスティン・ガマラ(一七八五〜一八四〇)。ペルー軍の元帥でボリーバルの参謀本部のメンバーだった。一八二九年から、一八三三年に軍人オルベゴーソに追われるまで、ペルー内陸部の大統領を務めた。彼の妻で、野心家で独裁者で、「女元帥」と呼ばれたフランシスカ・ズビアーガ・ベルナレス・ガマラは、お気に入りのベルムーデスを後任にしようと、オルベゴーソに対抗する陣営を組織した。
(2) ルイス・ホセ・オルベゴーソ(一七九五〜一八四七)。一八二六年からボリーバルの下で将軍となり、一八三三年にはペルー大統領に選ばれた。
(3) ペドロ・ベルムーデス(一七九三〜一八五九)。スペインからの解放戦争で上級将校を務めた。一八三三〜三四年の内乱に加わり、オルベゴーソを追放して自ら大統領宮殿を占拠しようとした。それは失敗に終わったが、後に北部ペルーの副大統領におさまった。
(4) Flora Tristan, *op. cit.*, p. 204.
(5) *Ibid.*, p. 227.
(6) *Ibid.*, p. 220.
(7) ドミンゴ・ニエト将軍(一八〇三〜一八四四)は、ペルー史に関する何冊かの作品では、フロラが自著で与えているよりはるかに肯定的なイメージを持たれている。共和政体樹立のため激しく闘ったことから、「法のドンキ・ホーテ」と呼ばれた。「女大統領」ガマラのクーデタに抵抗し、アレキパだけでなくリマでも多くの支持者を得た。内戦に敗れた後も、憲法に基づく権利の樹立のため、死ぬまで戦い続けた。
(8) フロラがバルディヴィアと呼んでいる弁護士で政治家の元修道士は、一八三三〜三四年の内戦記録にホアン・グアルベルト・ヴァルディヴィアという名で記されている。彼はアレキパの共和思想の代表者であり、自由主義者の結集をもくろんでいた。後年、ペルーとボリビアの連合計画に参加するはずであった。
(9) Flora Tristan, *op. cit.*, p. 233.
(10) ミゲル・サン・ロマン(一八〇二〜一八六三)は、さまざまな戦いに参加し、一八三三年にはガマラの側についた。彼の政治的役割はこの内戦に加わることに限定された。短期間ながら一八六〇年代にペルー大統領になった。
(11) Flora Tristan, *op. cit.*, p. 279.
(12) *Ibid.*, p. 272.
(13) アフリカ発祥でブラジルで発展したサンバだが、一九世紀の南米では黒人とインディオの混血を指した。
(14) Flora Tristan, *op. cit.*, p. 280.
(15) *Ibid.*, p. 284.
(16) *Ibid.*, p. 286.
(17) *Ibid.*, p. 290–291.
(18) *Ibid.*, p. 316.

リマの女たち

(1) *Ibid.*, p. 310.
(2) La Collection Documental des Peru-Callao, Lima, p. 48.
(3) Flora Tristan, *op. cit.*, p. 321.
(4) *Ibid.*, p. 322.
(5) *Ibid.*, p. 325.
(6) チャールズ・ダーウィン(一八〇九〜一八八二)。イギリスの博物学者・生物学者。自然界の種の進化を解き明かした。一八三一〜一八三六年に、「ビーグル号」の世界一周航海に参加し、その途中でリマにも立ち寄った。
(7) « Journal ». de Charles Darwin, cité d'après UNESCO-Kurier, Paris, numéro 4, 1982.
(8) Flora Tristan, *op. cit.*, p. 338–340.

(9) *Ibid.*, p. 346.
(10) *Ibid.*, p. 346–348.
(11) *Ibid.*, p. 348–349.
(12) *Ibid.*, p. 351–352.
(13) Flora Tristan, *Le Tour de France*, Paris, 1980, tome II, p. 146.

パリで最初の成功

(1) Flora Tristan, *Nécessité de faire un bon accueil aux femmes étrangères*, Paris, 1835.
(2) *Ibid.*
(3) エミール・ド・ジラルダン（一八〇六〜一八八一）は、購読料を下げ、広告宣伝業界にも道を開くことによって、フランス出版界に大きな変革をもたらした。所有する日刊紙『ラ・プレス』に初めて連載小説を載せたのも彼だった。バルザック、ユゴー、ウージェーヌ・シューは、ジラルダンのおかげで膨大な読者を獲得できた。
(4) デルフィーヌ・ゲー（一八〇四〜一八五四）。劇作家、小説家、ジラルダンの妻。劇作品「ジャーナリストの学校」は、作品中で出版の自由と真実を語ることの重要性を要求したことを理由に、上演禁止になった。デローネー子爵という偽名で、夫の新聞に「パリクロニクル」を発表した。
(5) ウージェーヌ・シュー（一八〇四〜一八五七）。小説家。『ジュルナル・デ・デバ』紙に連載した『パリの秘密』で大成功を収めた。一八四八年二月革命期には、共和主義者の左翼に属した。マルクスとエンゲルスは最初の共著『聖家族』で、この作品を延々と批判している。
(6) ジュール・ジャナン（一八〇四〜一八七四）。批評家、小説家。ジラルダンの所有する新聞に連載した劇評により、「批評者の皇子」という名称をかち得た。『死んだロバとギロチンにかけられた女』で、ロマン派の作者たちの哲学的ペシミズムをパロディ化した。
(7) « De l'art depuis la Renaissance» dans *L'Attiste*, Paris, 1838, p. 345 et sv. et « De l'art et de l'artiste », 1837, p. 121.
(8) Flora Tristan, « Lettres de Bolivar », dans «Le Voleur », gazette des journaux français et étrangers, Paris, 31 juillet 1838.

(9) アレクサンダー・フォン・フンボルト(一七六九~一八五九)。ドイツの地理学者で、熱帯アメリカと中央アメリカを探検した。気候学、地質学、生物学、海洋学の発展に大きく貢献した。

(10) エメ・ボンプラン(一七七三~一八五八)。フランスの植物学者・博物学者で、一七七九~一八〇四年にかけて、フンボルトとともに南米を旅した。パリではボリーバルやフロラの父マリアノ・デ・トリスタンのサークルに属した。

(11) *L'Artiste*, Paris, 15 janvier 1838, p. 7.

(12) シャルル・フーリエ(一七七二~一八三七)。哲学者・社会思想家。一八〇三年に資本主義社会を批判する作品を出版した。彼の作品は、人間関係の調和を図る新しい道を探求した。その理論に基づいて、幸福を保証する理想的な住居と労働の協同体を実現しようとする試みはすべて失敗に終わった。しかしながら、新しい生産様式、労働権、女性の解放、建築と芸術の社会的役割といった数々のアイデアは、一九世紀の進歩的インテリゲンチャや初期の労働組織に大きな影響を与えた。

(13) ヴィクトル・コンシデラン(一八〇八~一八九三)。哲学者・技術者。若くしてフーリエの著作に感銘を受け、その熱烈な信奉者になった。一八三三年、軍の将校を一時休職し、フーリエ主義の宣伝に力を注いだ。機関紙『ファランジュ』で、特に民主的な自由と男女の平等な権利のために闘った。国民議会議員(一八四八~四九)ののち、アメリカに亡命してフーリエ主義協同体の指導者になった。一八六九年に帰国し、一八七一年には第一インターナショナルに加入した。

(14) ロバート・オウエン(一七七一~一八五八)。イギリスの社会主義者・実業家。紡績工場の経営者だった彼は、協同組合の基礎をつくり、労働組合を支援した。無神論者で、教会の批判者だった。恐慌時も労働者全員に給与を支給し、社会制度を組織し、労働者の子弟の学校をつくった。長い奮闘の末、織物工場の一二時間労働と、九歳未満の児童労働を禁止する法律が成立した。政府や企業経営者らになんども呼びかけて挫折した経験は、彼を社会主義思想へと導いた。

(15) このエピソードは、その場にいた「プロレタリア・グループ」の代表ジュディット・グレゴアールの手紙で語られている。M. Thibert, *le Féminisme dans le socialisme français de 1830 à 1850*, Paris, 1926, p. 308.

(16) ルイ・エヴラ医師(一七九七~一八七一)。一八二四~一八四四年まで、フランスの首都で暮らすイギリス人の画家や作家の集まりに足繁く訪れた。一八二六年にはオウエンの教えをフランスに普及させる団体に所属していた。フロラは長きにわたってエヴラ医師と友好関係を保った。後年、彼女がフランスの労働者の組織化をはかったとき、エヴラが十分な支援の手を差し伸べてくれなかったと言って、非難している（*Tour de France*, tome 1, p. 41）。

（17）ウージェニー・ニボワイエ（一七九六～一八八三）。リヨンでよく知られた弁護士の妻で、女性の権利を擁護し、サン＝シモンとフーリエの思想に深く共感した。社会主義的な労働者サークルを指揮し、数々の女性誌の編集主幹にもなり、リヨンの織物労働者組合をつくり上げた。一八四八年の二月革命時には、女性の参政権を求めた。一八七一年以降、パリ・コミューンのメンバーに支援の手を差し伸べた。

（18）ジョルジュ・サンド（一八〇四～一八七六）。作家。友人の社会主義者ピエール・ルルーの影響を受け、人道的で社会的なテーマを作品で取り上げた。一八四八年の二月革命期には、共和主義的な左派の新聞に論文を発表した。しかし、ナポレオン三世が権力を奪取してからは、政治から退いた。後年には、パリ・コミューンを断罪した。

（19）フランソワ・ビュロズ（一八〇四～一八七七）。一九世紀三〇年代と四〇年代に大きな影響力を与えた文学誌の編集長・重役。

（20）フレデリック・ショパン（一八一〇～一八四九）。フランス人を父に持つ、ポーランド人のピアニストで作曲家。パリで暮らし、ポーランドの愛国的亡命者であった。

（21）アルフレッド・ド・ミュッセ（一八一〇～一八五七）。作家・ジャーナリスト。戯曲多数。

（22）プロスペル・メリメ（一八〇三～一八七〇）。作家・歴史家。特に『カルメン』の作者として有名。スタンダールや、王政復古政権やルイ・フィリップ体制に敵対する人たちの友人であった。

（23）ピエール・ルルー（一七九七～一八七一）。フランスの社会主義者、サン＝シモン主義の機関紙『グローブ』の創刊者。『新百科全書』に取り組む前にアンファンタンと袂を分ち、後にジョルジュ・サンドとともに、労働者の現状を訴える『ルヴュ・アンデパンダント』に関わった。第二帝政期に追放され、ロンドンに亡命したルルーは、フロラの活動を高く評価した。作品「サマレッツのストライキ」で彼女を褒め称えている。

（24）Flora Tristan, *les pérégrinations d'une paria*, Paris, 1838, preface.

（25）マリー・ド・フラヴィニー、ダグー伯爵夫人（一八〇五～一八七六）。作家。パリのサロンに、とりわけ好んでハイネ、ロッシーニ、ショパン、マイヤービヤーなどを招いた。一八三五年に夫ダグー伯爵と別れ、フランツ・リストと長い間恋仲だった。七月王政期には、ダニエル・ステルンのペンネームで、フランスの革命運動を称賛する歴史書のほか、民主的な自由に関するエッセイを発表した。

(26) Adolphe Michel, dans « Le Parisien en province », l'Album d'Avignon, 1839.

(27) Antoine Fee, *Voyage autour de ma bibliothèque*, Paris, 1856.

(28) Jules Janin, Madame Flora Tristan, dans « La Sylphide », Paris, 5 janvier 1845.

(29) この請願書は、パリの雑誌『ル・ボン・サンス』に全文発表されている。

(30) オランプ・ショズコ(一七九七〜一八八九)。ポーランド人の歴史家で愛国者のレオナール・ショズコと、一八三四年にパリで結婚した。ポーランド人亡命者のサークルにフロラを招いたが、またそこで女優マリー・ドルバルのような著名な芸術家と知己となった。パリの社交界に身を置くショズコは、フロラの革命的理念に強く異を唱えた。

(31) Flora Tritan, *Lettres*, Paris, 1980, p. 116.

(32) ジュール・ロール(一八〇六〜一八六一)。画家アングルの弟子で、サン゠シモン主義者。フロラは、労働者の問題に全力を注ぐようになり、交際を断ったようだ。それでも彼は彼女のよき友でありつづけた。彼女の死後も、娘アリーヌを物心両面で支援した。

(33) Flora Tristan, *Les pérégrinations d'une paria*, Paris, 1979, p. 33.

(34) ジュール・L・ピュエシュ(一八七九〜一九五七)。歴史家。一九二五年に、豊富な資料に裏付けされた博士論文「フロラ・トリスタンの生涯と業績」を発表し、歴史に埋もれていた彼女が再評価されるきっかけとした。その他の著作に「労働者の国際連盟におけるプルードン主義」や「フランスでの社会主義の伝統と国家共同体」などがある。

(35) Flora Tristan, *Le Tour de France*, tome I, p. 205.

バック通りの襲撃

(1) Pierre Leprohon, *Flora Tristan*, 1979, Antony, p. 87.

(2) ジュール・ファーヴル(一八〇九〜一八八〇)。弁護士・政治家・共和主義者。帝政に反対してナポレオン三世の退位を求め、国防政府のメンバーになった。チエール内閣の外相として、一八七一年一月二八日の休戦協定と、同年の平和条約に調印した。

（3）Dominique Desanti, *Flora Tristan*, Paris, 1972, p. 146.
（4）*La Gazette des Tribunaux*, 1er février 1839, p. 335.
（5）*Ibid.*, p. 335.
（6）*La Gazette des Tribunaux*, 14 mai 1837.
（7）Pierre Leprohon, *Flora Tristan*, 1979, Antony, p. 89.
（8）*La Gazette des Tribunaux*, 14 mai 1837.
（9）P. Leprohon, *op. cit.*, p. 92.
（10）*Ibid.*, p. 92.
（11）*Ibid.*, p. 102.
（12）*Ibid.*, p. 103.
（13）Flora Tristan, *Lettres*, Paris, 1980, p. 84.
（14）*La Gazette des Tribunaux*, 1er février 1839, p. 335.
（15）*Ibid.*, p. 334.
（16）*Ibid.*, p. 334.
（17）*Ibid.*, p. 333.
（18）*Ibid.*, p. 333.
（19）*Ibid.*, p. 333.
（20）*Ibid.*, p. 333.
（21）*Le Droit*, 1er février 1839, p. 112.
（22）*La Gazette des Tribunaux*, 1er février 1839, p. 338.
（23）*Ibid.*, p. 338.

(24) *Le Droit*, 2 février 1839, p. 111.
(25) Flora Tristan, *Méphis ou le Prolétaire*, Paris, 1838, tome II, p. 36.
(26) *Ibid.*, p. 36.
(27) *Ibid.*, p. 36.

テームズ河岸での発見

(1) Stendhal, Souvenirs d'Egotisme, dans *Œvtes Intimes*, Paris, 1955, p. 1478.
(2) Stendhal, *l'Italie en 1818*, 30 octobre 1818.
(3) アンリ・オーギュスト・バルビエ（一八〇五〜一八八二）。明確な政治的立場を表明した劇作家・詩人。『諷刺詩』（パリ、一八三二）で、七月革命の偉大さと悲惨さを訴えた。ナポレオン一世の崇拝を批判し、その作品で産業革命の進展と民衆の悲惨な生活を激しく糾弾した。
(4) A. Barbier, *Iambes et Poèmes*, Lazare, prologue, Paris, 1837.
(5) ユージェーヌ・ビュレ（一八一〇〜一八四二）。ジャーナリスト。著書 *De la misère des classes laborieuses en Angleterre et en France*（『イギリスとフランスの労働者階層の悲惨な生活について』）で、資本家階級への富の集中と、労働者階級の恐るべき貧困を描き出した。
(6) Eugène Buret, *De la misère des classes laborieuses en Angleterre et en France*, tome 1, Paris, 1840, p. 11.
(7) Flora Tristan, *Promenades dans Londres*, Paris, 1978, p. 57.
(8) *Ibid.*, p. 66.
(9) *Ibid.*, p. 66–69.
(10) Friedrich Engels, *Die Lage der arbeitenden Klasse in England*, in Marx-Engels-Werke, Berlin, 1959, p. 444.
(11) Flora Tristan, *Promenades dans Londres*, Paris, 1978, p. 98.
(12) *Ibid.*, p. 85.
(13) Friedrich Engels, *op. cit.*, p. 444–445.

(14) Flora Tristan, *op. cit.*, p. 96.

(15) ジョン・フロスト（一七八四～一八七七）。急進的なチャーチストで、ニューポート市長も務めた。一八三九年の鉱山労働者の反乱で、コールズ地方の鉱夫の代表に選ばれた。叛乱は鎮圧され、フロストは死刑の判決を受けたが、後に恩赦を受け、終身流刑に減刑された。

(16) Flora Tristan, *op. cit.*, p. 102.

(17) *Ibid.*, p. 99–102.

(18) *Ibid.*, p. 103.

(19) *Ibid.*, p. 105.

(20) *Ibid.*, p. 106.

(21) ダニエル・オコンネル（一七七五～一八四七）。アイルランドの弁護士・政治家。カトリック協会を設立し、イギリスへの受動的抵抗を実践した。一八二九年、カトリック教徒解放法を勝ち取った。一八四一年にはカトリック初のダブリン市長となったが、大英帝国とあえて断交しようとしなかった。一八四〇年にフロラが彼と会ったとき、まだ栄光の頂点にあった。フランスの民主派にとって彼は崇敬の的であった。

(22) Flora Tristan, *op. cit.*, p. 109.

(23) *Ibid.*, p. 115.

(24) *Ibid.*, p. 111.

(25) *Ibid.*, p. 115.

(26) *Ibid.*, p. 116.

(27) *Ibid.*, p. 117.

(28) *Ibid.*, p. 118.

(29) *Ibid.*, p. 121.

(30) *Ibid.*, p. 293.

(31) *Ibid.*, p. 192.

（32） Eugène Buret, *op. cit.*, p. 97.

（33） Flora Tristan, *op. cit.*, p. 203.

（34） *Ibid.*, p. 204.

（35） 同書でフロラ・トリスタンは、ロンドンに売春婦が八万〜一〇万人いると述べている。しかしそれは当時のイギリス全体の合計であり、その見積もりはいささか極端に過ぎるだろう。エンゲルスでさえ『イギリスにおける労働者階級の状態』で、四万人でもなお過大だと言っている。

（36） Flora Tristan, *op. cit.*, p. 124.

（37） 一八三五年に設立された幼児売春防止協会は、このテーマに関するいくつかの報告書を発表し、センセーションを巻き起こした。一八四四年には、この惨禍から子どもを守る法律を議会に提出しようとしたが、失敗に終わった。

（38） マイケル・ライアン（一八〇〇〜一八四一）。メトロポリタン・フリー病院の医師。主著は *Prostitution in London with a comparative view of that of Paris and New York with an account of the Nature a Treatment of the various Diseases*, London, 1839. フロラはこの素晴らしい資料をふんだんに参照している。

（39） Flora Tristan, *op. cit.*, p. 152.

（40） Flora Tristan, *Méphis ou le Prolétaire*, *op. cit.*, p. 212.

（41） Flora Tristan, *Promenades dans Londres*, *op. cit.*, p. 162.

（42） *Ibid.*, p. 162–163.

（43） *Ibid.*, p. 179.

（44） ジョン・リーデリック・ホルム（一七七二〜一八五六）。イギリスの著名な医師。オウエンの思想に近い。骨相学の代表的な権威でもあった。この非科学的理論は、頭蓋骨の大きさや形状に人間の知的能力が現れると主張するものだった。

（45） Flora Tristan, *op. cit.*, p. 235.

（46） *Ibid.*, p. 236.

（47） *Ibid.*, p. 237.

(48) *Ibid.*, p. 238.

(49) Eugène Buret, *De la misère des classes travailleuses en Angleterre et en France*, tome II, p. 475.

(50) Friedrich Engles, *Die Lage der arbeitenden Klasse in England*, Marx-Engels-Werke, tome II, p. 252.

(51) トマス・ロバート・マルサス（一七六六〜一八三四）。経済学者、貴族階級とイギリス・ブルジョア階級の退行的勢力の理論家。エンゲルスは貧困階層の人口増加を危険とした彼の理論を、ブルジョアジーの労働者階級への宣戦布告と考えた。

(52) Flora Tristan, *op. cit.*, p. 47–55.

(53) *Ibid.*, p. 47–50.

(54) *Ibid.*, p. 51.

新たな河岸に向かって

(1) Flora Tristan, *Lettres*, Paris, 1980, p. 109.

(2) ルイ・ブラン（一八一一〜一八八二）。ジャーナリスト・歴史家・社会主義政治家。一八三九年に主著 *L'organisatiott du travail*（『労働の組織』）のなかで、国家が最初の資金提供者になる労働者組合の創設を提案した。一八四八年に臨時政府のメンバーになり、次いで下院議員になったが、第二帝政期にはロンドンに亡命せざるを得なかった。

(3) « Le Nouveau Monde », Paris, 21 mai, 11 juin, 11 juillet 1840, cité d'après l'introduction de François Bédarida dans *Promenades dans Londres*, édition de 1978.

(4) « La Revue du Progrès politique, social et littéraire », 1 er octobre 1840. Citée d'après François Bédarida（...）, op. cit.

(5) « La Fraternité », octobre 1841.

(6) ルイ・ヴァンサール（一七九六〜一八七〇）。労働者・詩人。七月王政時代サン＝シモン主義運動に参加し、労働者の権利と女性の解放のために闘った。一八三九年一二月に『民衆の巣箱』（La Ruche Populaire）を創刊した。進歩的労働者の間で高い評価を受け、一八四三年まで労働者階級の組織化を図るフロラの試みに支援の手を差し伸べた。

(7) *La Ruche Populaire*, août 1840, citée d'après François Bédarida.

(8) ポーリーヌ・ロラン（一八〇五～一八五二）。一八三七～三八年にかけてパリで発行された『ガゼット・デ・ファム』紙の周囲に形成されたサークルに属していた。彼女がフロラ・トリスタンと出会ったのもそのサークルである。ポーリーヌ・ロランはピエール・ルルーがブサック（クルーズ県）に設立した協同体の小学校の教員をしていた。一八四八年には、小学校および高等学校の社会主義者の教員組合の代表に選ばれた。ルイ・ナポレオン・ボナパルトのクーデタに勇敢に立ち向かったため、一八五二年にアルジェリアに追放された。フランスに帰国後まもなく死去した。

(9) *Revue Indépendante*, IV., juillet 1842.

(10) オルタンス・アラール・ド・メリタン。ジャーナリスト・作家。彼女も『ガゼット・デ・ファム』の周囲に集まった女性の一人だった。『ロンドン散策』の著者の急進的な思想を批判したが、フロラの『労働者連合』に五フラン醵金した記録が残っている。

(11) シャルル・オーガスタン・サント＝ブーヴ（一八〇四～一八六九）。文芸批評家・作家・詩人。一八三〇年代に、ピエール・ルルーとともにサン＝シモンの教理の普及に携わった。一八六五年に上院議員に選ばれるや、ナポレオン三世の支持者となった。

(12) H. A. Mériten*s*, *Lettres inédites à Sainte-Beuve*（1841–1848）, Paris, 1908, p. 26.

(13) Ciré d'après l'introduction de François Bédarida aux *Promenades darts Londres*, Paris, 1978.

(14) Ciré d'après l'introduction de François Bédarida, *op. cit.*, p. 27.

(15) *Ibid.*, p. 320.

(16) Friedrich Engels, Briefe a us London, III., Marx-Engels-Werke, Berlin, 1957, tome I, p. 473.

(17) Lettre du 26 juin 1843, citée par J.L. Puech, dans *La vie et l'œuvre de Flora Tristan*, Paris, 1925. ルクレールの名は、『労働者連合』の醵金者リストにみられる。

(18) ルイ・シャルル・ポンシー（一八二一～一八九一）。石工職人。同時代の最も優れた詩人の一人であった。サンドとベランジェの二人から強く詩作を励まされた。フロラは『フランス巡り』でポンシーの性格を批判しているものの、『労働者連合』に彼が詩「ユニオン」を寄せてくれたことに敬意を表している。

(19) コンラッド・マルト=ブラン(一七七五〜一八二六)。オランダの地理学者。フランスで暮らし、著作を出版した。数多くのヨーロッパ旅行記を書いた。
(20) Cité d'après la préface des *Promenades, op. cit.*
(21) Les belles femmes de Paris et lettres aux belles femmes, deuxième série, Paris, 1840.
(22) アルフォンス・ルイ・コンスタン(一八一〇〜一八七五)。神学生だったが、若い女性に恋をしたため、司祭になることを諦めた。一八四一年に『自由の聖書』を発表し、サン=シモンの思想、とりわけ女性解放論の意義を訴えた。バルザックとヴィクトル・ユゴーの協賛を得て、一八三九年に出版人エスキロスと共著で、新聞文芸欄に「パリ美女列伝と美女連への手紙」を連載した。フロラは彼の人間愛に満ちた思想と女性の権利の擁護を評価したものの、日記でエゴイストだと非難してもいる。フロラの没後、一八四六年に小冊子『女性の解放あるいはパリアの遺言』を彼女の遺作として発表したが、後にそれは誤りであったと宣言した。
(23) アグリコル・ペルディギエ(一八〇五〜一八七五)。指物師。同職組合の改革に関する著書で、さまざまな組合間の結束を呼びかけた。同職組合の改革案を十分考慮しなかったとして、フロラの「労働者連合」には批判的だった。それでも、同職組合や同様の組織の指導者たちに紹介状を書いて、『労働者連合』を携えた「フランス巡り」を応援してやった。一八四八年には下院議員に選ばれたが、一八五二年にナポレオン三世政府により、国外追放された。一八五七年までベルギー、スイスに滞在し、フランスに帰国後はパリに小さな書店を開き、労働者の組織の問題について執筆し続けた。
(24) ピエール・モロー(一八一一〜一八七二)。錠前師。「ユニオン」の同職組合員の進歩的団体のリーダーで、ペルディギエの同職組合改革案に反対し、新しい組織の創設を説いた。フロラが南フランスを講演旅行した際は、大きな力添えをした。ユニオンの他のリーダー宛てに推薦状をしたためてやり、おかげで多くの門戸が開かれたのだった。一八四八年にはユニオンの事務局長に選ばれた。ルイ・ナポレオン・ボナパルトのクーデタでアルジェリアに追放され、一八五三年に帰国した。一八七〇年のドイツ占領期に生まれ故郷シャトー・ルノーの評議会委員になり、労働運動からは退いた。
(25) ジャック・ジョゼフ・マルタン・ゴッセ。鍛冶屋。『全労働者に課せられた「フランス巡り」に基づく同職組合の再生を図る試み』（*Projet tendant à régénérer le compagnonnage sur le Tour de France, soumis à tous les ouvriers*）と題する小冊子を一八四二年に出版した。ゴッセはフロラの著書『労働者連合』の配布に大きな役目を果たした。また、フロラと労働者の集会を企画した。

（26） Doctrine de Saint-Simon, Exposition, première année, 1829, réédition 1924, p. 238.

（27） Jean Reynaud, De la nécessité d'une représentation spéciale pour les prolétaires, Revue Encyclopédique, Paris, 1832.

（28） Flora Tristan, *Lettres*, Paris, 1980, réunies, présentées et annotées par Stéphaile Michaud, p. 166.

（29） シャルル・トラヴィエス・ド・ヴィレール（一八〇四～一八五九）。スイス生まれの画家・肖像画家。風刺画家として有名。『シャリヴァリ』紙と『カリカチュール』紙の創設者のひとり。ボードレールは彼を類まれな画家として称賛した。

（30） Flora Tristan, *Lettres*, p. 165–166.

（31） Flora Tristan, *Union Ouvrière*, Paris, 1986, p. 139–140.

（32） *Ibid.*, p. 166.

（33） *Ibid.*, p. 211.

（34） フランソア・ピエール・ギヨーム・ギゾー（一七八七～一八七四）。政治家。七月王政期には自由主義に敵対する議員に属した。一八四七～四八年にかけて首相を務めたが、二月革命により解任された。

（35） *Le Globe*, Paris, 4 mai 1844.

（36） Flora Tristan, *Le Tour de France*, Paris, 1980, tome 2, p. 233.「働きながら生きるか、さもなければ闘って死ぬか、どちらかだ」は、一八三一年一一月に蜂起したリヨンの絹織物工たちのスローガンであった。

（37） Flora Tristan, *op. cit.*, p. 171.

『小冊子』への賛否を問う黒玉と白玉

（1） Flora Tristan, *Le Tour de France*, Paris, 1980, tome 1, p. 29.

（2） *Ibid.*, p. 30.

（3）『労働者連合』の第二版、第三版で予告された近刊書のタイトルは、正式には「フランス巡り、道徳的、知的、物質的観点からみた労働者階級の現状、一般民衆には二フラン、労働者には一フラン」となっていた。
（4）アントワーヌ・オーギュスト・ルヌアール（一七六五〜一八五三）。一七八九年には大革命の支持者だった。後に封建制度を批判する、経済問題に関する小冊子を何冊か発表した。
（5）Flora Tristan, *op. cit.*, p. 51–52.
（6）ルイ・アントワーヌ・パニェール（一八〇五〜一八五四）。進歩的な出版人で、国民議会の代議士になる前は、二月革命後の臨時政府の事務局長だった。
（7）ユーグ・フェリシテ・ロベール・ド・ラムネー（一七八二〜一八五四）。司祭。カトリックと、自由主義的で民主的な理念の和解に努力した。教皇から破門され、教会と縁を切り、キリスト教的社会主義を説いた。多くの著書で、教会、国家、富者の同盟を厳しく断罪した。
（8）Flora Tristan, *l'Union Ouvrière, op. cit*, p. 100.
（9）ルイ・ペルネ（一八一四〜一八四六）。元弁護士。『ルヴュ・アンデパンダント』を購入したが、フロラは彼のことを、ひとつの野心しか頭に入っていない自惚れ屋のブルジョア、つまり宮廷権力と争いを起こさないことだけを考えている人間と描写している。
（10）Flora Tristan, *Lettres*, p. 145–146.
（11）Flora Tristan, *Le Tour de France*, tome 1, p. 32, 41.
（12）*Ibid.*, p. 41–42.
（13）アシール・フランソワ（一八一四〜一八七四）。皮なめし工職人・詩人・ジャーナリスト。リヨンでユニオンの会社をつくり、次いで同じくパリの利益代表者になった。フロラが著書『労働者連合』を世に広く知ってもらおうと活動を始めたころ、その考えに共感して、パリの労働者の間に身を投じていった。まず立憲議会で皮なめし工の代表として、六月には、武装蜂起の指揮官のひとりとして、二月革命で主要な役目を果たした。後にアルジェリアに流刑にされた。
（14）Flora Tristan, *Lettres*, p. 146.

(15) Flora Tristan, *l'Union Ouvrière*, p. 122.
(16) Flora Tristan, *Le Tour de France*, tome 1, p. 48–49.
(17) Flora Tristan, *Lettres*, p. 139.
(18) Flora Tristan, *l'Union Ouvrière*, p. 102.
(19) ポール・ド・コック(一七九三〜一八七一)。小説家・劇作家。オペラの台本と並んで、民衆の日常生活を描いた小説や劇作品を数多く残した、
(20) Flora Tristan, *Le Tour de France*, tome 1, p. 68.
(21) Flora Tristan, *l'Union Ouvrière*, p. 127.
(22) *Ibid.*, p. 136.
(23) Moses Hess, *Philosophische und sozialistische Schriften*, Berlin, 1961, p. 248.
(24) モーゼス・ヘス(一八一二〜一八七五)。哲学者・評論家。マルクスとともに、青年ヘーゲル派やルートヴィッヒ・フォイエルバッハの哲学と、フランスの社会主義との和解に努めた。義人党員を経て共産党員。一八四二〜四四年にかけて、マルクスやエンゲルスの下に再結集したが、一八四四年に「真正社会主義」を唱道した。一八六九年に民主社会党の活動家として、第一インターナショナルに加わった。
(25) ゲルマン・モイラー(一八一五〜一八八五)。語学教師・民主的作家。一八四三年からフランス市民。パリでは義人党の指導者のひとりだった。一八四八〜四九年のドイツ革命に参加し、一八五一年に共産党が弾圧された際に逮捕された。チューリッヒに戻り、再びパリで暮らした。
(26) アーノルド・ルーゲ(一八〇二〜一八八〇)。新聞記者・民主主義者。一八四四年にパリで、カール・マルクスとともに第一号で終わってしまった『独仏年誌』を刊行した。一八四八年にはフランクフルト国民議会議員になった。翌年イギリスへの亡命を余儀なくされた。一八六六年から再度ビスマルクを支持した。
(27) ピエール・ジョゼフ・プルードン(一八〇九〜一八六五)。フランスの社会主義理論家。一八四〇年にアナキズム色の濃い主著『所有とは何か』を発表し、資本家の独占をなくせば社会の重大な問題を解決できることを証明してみせた。プルードンのおかげでフォイエルバッハの物質万能主義を免れたと評価していたマルクスも、彼の著書『貧困

の哲学』が労働者を一方的に評価し、連邦主義中心の理論であるとして決別した。プルードンは一八四八年革命の民衆の代表者だった。

（28）アーノルド・ルーゲはこの夜のことを、『パリの二年』と一八四三年八月二〇日付の妻に宛てた手紙に書いている。ここで明らかにした逸話は、この二つの記述からなる。

（29）ベッティーナ・フォン・アルニム、ブレンターノ（一七八五〜一八五九）。作家、ゲーテの文通相手。同時代の社会問題に言及し、プロレタリアの人権を擁護した。

フランス巡り

（1）Flora Tristan, *Tour de France*, journal 1843–1844, tome 1, Paris, 1980, p. 129–130.

（2）*Ibid.*, p. 63.

（3）*Ibid.*, p. 91.

（4）*Ibid.*, p. 177.

（5）*Ibid.*, p. 178.

（6）*Ibid.*, p. 86.

（7）Cité d'après *Un fabuleux destin*, Flora Tristan, actes du Premier Colloque International Flora Tristan, Dijon, 3 et 4 mai 1984, Editions Universitaires Dijon, Dijon, 1985, p. 75.

（8）*Ibid.*

（9）*Ibid.*, p. 78.

（10）*Ibid.*

（11）Sébastien Commissaire, *Mémoires et souvenirs*, Paris, 1888, volume 1, p. 108–109.

（12）Flora Tristan, *Tour de France*, tome 1, p. 105–106.

（13）*Ibid.*, tome 2, p. 109.

（14）*Ibid.*, p. 139.

(15) *Ibid.*, tome 1, p. 67.
(16) *Ibid.*, tome 2, p. 127.
(17) *Ibid.*, p. 215.
(18) *Ibid.*, p. 98.
(19) *Ibid.*, p. 196–197.
(20) 一八四四年当時、フランスでは、皇帝という言葉は、はっきり皇帝ナポレオン一世の独裁的な政治手法を指した。
(21) Archives Nationales, Paris.
(22) Flora Tristan, *Tour de France*, tome 1, p. 155.
(23) *Ibid.*, p. 155–158.
(24) *Ibid.*, p. 175.
(25) *Ibid.*, p. 134.
(26) *Ibid.*, p. 181.
(27) エレオノール・ブラン。一八一九年生まれの洗濯女で、一八三八年石版工エティエンヌ・ブランと結婚した。フロラの娘のアリーヌより六歳年上で、フロラと「労働者連合」の大義に一身を捧げた。フロラがリヨンの町を発ってからは、この町の代表者になった。フロラの死後も労働組合活動を続け、変革者フロラを埋葬する墓を建立するため、フランス全土を回って募金を呼びかけた。
(28) Cité d'après Flora Tristan, *Lettres*, *op. cit.*, p. 203.
(29) *Ibid.*, p. 201–211.
(30) Flora Tristan, *Tour de France*, tome 1, p. 206.
(31) エミール・ゴアン医師は鉱泉水に関するいくつかの著作を執筆し、当時では画期的なアイデアを発表した。フランスにある三〇〇あまりの鉱泉の水質を良好に保ち、さらに一〇万人の貧者を収容する大病院を近くに建設するよう提案した。
(32) Flora Tristan, *Tour de France*, tome 1, p. 204.

(33) *Ibid.*, p. 205.
(34) *Ibid.*, p. 224.
(35) シャルル・ルモニエ。ソレージュ中等学校の哲学教師だったが、ボルドー、次いでパリで弁護士職に就いた。一八五九年にはサン＝シモンの注釈付き選集三冊を出した。一八六七年には、「平和と友好連盟」を創設し、雑誌『ヨーロッパの同盟』を刊行した。妻のエリザは、世紀末までその名を冠した少女のための職業訓練学校をパリに開校した。
(36) Pierre Leprohon, *Editions Corymhe*, 1979, Antony, p. 208.
(37) *Ibid.*, p. 208.
(38) *Ibid.*, p. 209.

ゴーガンの驚嘆すべき祖母

(1) Flora Tristan, *Lettes*, *op. cit.*, p. 125–
(2) Jules Puech, *La vie et l'œuvre de Flora Tristan*, Paris, 1925, p. 203.
(3) 「一八四四年七月二七日から二八日までの憲兵隊報告書」(ローヌ県地方古文書館)。cité d'après le *Tour de France*, tome 2, p. 37–38.
(4) Cité d'après Jules Puech, *La vie et l'œuvre de Flora Tristan*, Paris, p. 231.
(5) ツーロン兵器廠の労働者ストライキと、アランビードとロンゴマッチーノの指導的役割について詳しくは、Maurice Agulhon, dans *Une ville ouvrière au temps du socialisme utopique*, *Toulon de 1815 à 1851*, Paris-La Haye, 1970, p. 137–177.
(6) フロラ・トリスタンの労働者連合に関するエドガー・バウアーの論考。*Allgemeine Literatur-Zeitung*, Charlottenhurg, avril, 1844.
(7) Marx-Engels-Werke, Berlin, 1958, tome 2, p. 19–20.
(8) Maximilien Rubel, *Flora Tristan et Karl Marx*, La Nef, no 14, Paris, 1946.
(9) Lorenz von Stein, *Die Socialistische und communistische Bewegung seit der dritten französischen Revolution*, Anhang, Leipzig und Wien, 1848.

（10）エドワール・ド・ポンペリ。ヴィクトル・コンシデランの友人で、『デモクラシー・パシフィック』紙の編集長だった。彼の名も『労働者連合』の予約者名簿に載っている。ポンペリはフーリエの教えを一般に普及させる本を出版し、さらに『ユマニテ』という雑誌を創刊したものの、第一号が出るや発禁処分になった。

（11）マルスリーヌ・デボルド・ヴァルモール（一七八六〜一八五九）。女性作家・哀歌詩人。その詩で、官憲による抑圧の犠牲者、特にリヨンの織物工を擁護した。フロラも頻繁に足を運んだパリの進歩的な女性サークルに属していた。彼女の名は『労働者連合』の最初の予約購買者名簿に載っている。フロラとはお互いに周知の間柄だったかもしれないが、両者の親交の跡はどこにも見られない。

（12）Paul Gauguin, *Avant et après*, Paris, 1923, p. 133.

（13）Paul Gauguin, *Briefe*, Berlin, 1961, p. 5.

（14）ジュール・ピュエシュ（一八七九〜一九五七）。歴史家。フロラ研究に専念する前は、プルードンとサン＝シモン主義者の研究者だった。一九二五年にパリで発表した博士論文「フロラ・トリスタンの生涯と業績」は、この社会主義的女性革命家の最も完璧な考証資料となっている。

（15）Clara Zetkin, *Zur Geschichte der proletarischen Frauenbewegung Deutschlands*, Berlin, 1958, p. 187.

（16）Flora Tristan, *Perigrinaciones de una paria*, Lima, 1946, Prologo, p. 18.

（17）Luis Alherto Ratto, Prologo, p. 15–16 in Flora Tristan, *Perigrinaciones de una paria*, Lima, 1971.

（18）Carlos M. Rama, *El utopisma socialista en America Latina*, Caracas, 1977.

（19）Actes du Premier Colloque International Flora Tristan, Dijon, 3 et 4 mai 1984, Editions Universitaires de Dijon, 1985.

（20）A lire Flora Tristan（1803–1844）présentée par Stéphane Michaud, les Éditions de l'Atelier/Les Éditions Ouvrières, Paris, 1984.

訳者あとがき

本書は Gerhard Leo, *Flora Tristan: La révolte d'une paria*, Le Temps des Cerises, Paris, 1994 の全訳である。著者のゲルハルト・レオはベルリン生まれのドイツ人である。レオは一九二三年ポーランド系ユダヤ人の家庭に生まれ、二〇〇九年に八六歳で亡くなった。第二次大戦中、ヒトラー政権誕生とともに、ドイツを脱出したレオ一家はパリに移り住み、青年レオはそこで学業を修めた。レオが独仏二つの言語に堪能だったのはそのためである。

一九四〇年六月の仏軍総くずれとドイツ軍の侵入を前にして、レオ一家はパリを離れ、非占領地区に逃げ込んだ。その後、レオはフランスでヒトラー政権に抵抗するレジスタント運動に加わり、ツールーズでゲシュタポに逮捕されたが、処刑寸前に仲間の手で救出され、九死に一生を得て、終戦まで地下活動を続けた。

いつ頃からレオがフロラに興味を持ったか定かではないが、大戦後しばらくして本格的にフロラの研究を始め、長い年月をかけ、入手し得るかぎりの彼女の著書や日記、さらに多くの伝記や論文を丹念に調べた結果、この優れた伝記ができたことは、本書を読めば一目瞭然である。

いずれにせよ、フロラもレオも偏狭なナショリズムから遠く離れた存在だったこと、暴力の極限ともいえる戦争を忌み嫌ったことが、二人を結びつけた絆であることは間違いない。

本書にすこし注文をつけるなら、フロラの処女作『見知らぬ女性を歓待する必要性について』に十分言及されていない点である。それは、フロラが暴力的な夫の家を飛び出し、子どもを連れて国内を逃げ回り、また子どもを預けて、付添婦の職に就き、ベルギー、イタリア、イギリスなどを転々とした旅、さらに父の遺産を求め、女一人で試みたペルー旅行中に浴びた嘲りや冷笑を体験した結果、こうした孤独で惨めな立場に置かれた女性（自国女性のみならず、外国の女性などすべての女性）を救済するコンパクトな協会を一刻も早く樹立するようにと訴えるフロラの思想形成の原点になった本である。この本は、後年の「フランス巡り」の基になる、労働者が自身で立ち上げた協会「労働者連合」に直接つながる、現実的で実践的な組織形成の出発点になっていることは間違いない。

さて本書の主人公フロラ・トリスタンといえば、何を措いてもまず偉大な画家ポール・ゴーガンの祖母という前置きで語り始めるのが常である。こうすると否が応でも中味は画家ゴーガンに傾斜していかざるを得なくなり、フロラ・トリスタン（以下フロラと省略）については二の次で、せいぜい一九世紀フランスの女性解放論者のひとりだったと簡単に片づけられてしまう。

ゴーガンの反骨精神旺盛な生涯とその画業に誰しも圧倒され、次いでその独自の色彩と他を寄せつけぬ重厚な人物像に魅了されるのは当然である。しかしこれと反対に、ゴーガンではなくまずフロラから始めてみたらどうか。すると、ゴーガンの背後に隠れたフロラの姿を知るに従って、彼女の波乱万丈の生涯、さらにその魅力的な人間像に引きずり込まれ、思わずもっとその先を知りたいという誘惑に駆られてしまうのは間違いない。そのときこそ、フロラの魅力を余すところなく伝えてくれる本書が大いに役立ってくれるであろう。

第二次大戦前までフロラの女性解放運動に果たした先駆的役割に着目した本といえば、本書の最後に触れているジュール・ピュエシュの手になる古典的労作『フロラ・トリスタンの生涯と業績』(一九二五年)とマーガレット・ゴールドスミスによる小冊子『世界と闘った五人の女性たち』(一九三七年)の二冊くらいしかなかった。

フロラが世に広く知られるきっかけとなったのは、第二次世界大戦後大分経って出版されたドミニク・ドザンティ『フロラ・トリスタン　反逆する女性』(一九七二年)の出版だった。これに間を置かず、ピエール・ルプロム『フロラ・トリスタン』、ジャン・バーレン『フロラ・トリスタンの生涯』、エヴリーヌ・ブロック・ダノ『フロラ・トリスタン　女メシア』なども次々と発表され、今日彼女の全体像についてはほぼ正確に把握できるようになった。

それより何より、フロラ研究家にとって幸いだったものは、長い間入手不可能と思われていた彼女の主要な作品である『フランス巡り』上下二巻、『労働者連合』、『ある女パリアの遍歴』、『ロンドン散策』、『見知らぬ女性を歓待する方法について』、『書簡集』など、ほぼすべてが簡単に入手できるようになったことである。

上に挙げたドザンティの『フロラ・トリスタン　反逆する女性』はフロラの評伝というより、むしろフランスの女性解放運動(フェミニズム)で果たした彼女の先駆性を強調するものであり、この書をきっかけに一九世紀のフランス女性労働者の賃金の実態や労働時間に関する報告書が次々と出版され、さらにまた女性の社会的地位をテーマに取り上げたシンポジウムも各地で開かれるようになったという意味で、この書の果たした役割は非常に大きかった。

凡そ人類発生時より、女性は主として肉体的ハンディキャップを理由にその劣等性が当然視され、加えて妊娠、子育てを中心に、男性の補完的役割として家事労働一切を彼女たちが担ってきた。フロラの生きていた一九世紀前半より格段と進歩したといわれる二一世紀の今日の社会でさえ、乳幼児期の子育ての重要性を主たる理由に、人間形成における母性の果たす役割の重要性を説くことによって、一時的にせよ女性を社会的労働から排除し、彼女たちの日常生活を子育てや家事労働一般に封じ込め、それを正当化する知識人も数多い。果たしてそれは「揺るがぬ科学的真実」なのであろうか。

二一世紀の今日でも、一般公務員の世界を除けば、女性労働者は男性労働者よりはるかに低賃金を強いられているのが常態である、それはデパート、スーパーマーケット、コンビニエンスストアなどのレジ係の長時間労働や低賃金を見れば一目瞭然である。

日本でも、今でこそ社会の各分野で女性差別に厳しい目が注がれているが、戦前、さらに一九七〇年代までは男尊女卑が当たり前だったことを忘れてはならない。こうした男女の格差は第二次大戦後世界各地で起こった女性解放運動により、少しずつ解消されてきた。フロラの生国フランスでも、大戦後女性が参政権を獲得するや、一挙に政界に進出する女性が増え、今では女性大臣の数も男性とほぼ同数と言われている。

日本の大学教員の世界でも、女性が圧倒的に少数なのはなぜか、いまだに明確ではない。また、女性プロテニスの世界でも、優勝賞金が男性よりはるかに少額であった時代が長く続いてきた。女性解放運動の高まりでようやくその差が解消されたが、それもそれほど昔のことではない。

その始まりがいつ頃か誰も明確にできないものの、「男は外、女は内」という公式は長い間人類史の揺るがぬ公式となっていた。日本であれ、アメリカであれ、フランスであれ、イタリアであれどの国においてもそれはみな同じであった。

こうした公式が揺らぎ始めたのも第二次大戦後からである。フランスも日本もこれをきっかけに、民主主義の根幹である普通選挙権がようやく出現し、男も女も平等の権利を持つ存在になったからである。訳者が小学生時代に行われた戦後間もなくの選挙をよく覚えている。私の村でも俄か仕立ての候補者がトラックの荷台に乗って大きな声で喚きたてて演説し、翌日にはまた別の女性候補者が金切り声をあげて叫んでいた。この新憲法によって、女性議員も初めて数多く当選することができた。平和憲法が成立した翌年四月に行われた選挙では、何と三九人もの女性議員が誕生した。さらにまた売春禁止法も成立し、長い間多くの女性を苦界に沈めてきた人身売買と売春制度も社会から徐々に消失していった。

だが、フランスを始め中国、日本、ロシアなど、長期にわたり封建制が続いた国では、誰もが例外なくこの男女不平等を不変の公式とみなし、社会も上下層の別なく、あらゆる分野でこれを基軸に回転してきた。

訳者が小中学校時代や高校時代には、軍隊帰りの教員もまだまだ数多く存在し、彼らの教育方法は相変わらず昔ながらの、討論や創造性を無視した男性第一主義の世界であった。そうした環境の中で、できたばかりの新憲法の意義を正しく理解し得た教員など少数派で、社会科の授業で男女同権の歴史的意義が教えられる機会など殆どなかった。あとは新聞雑誌や新書版を購入し、自力で学び取るしかなかった。

大革命を準備したと言われるルソー、ディドロ、ダランベールなど偉大な啓蒙主義者の先達にとっても、新しい哲学や世界観の創出を担うものは当然のごとく「男」であり、「女」がその役割の一端を担うなどという発想は想像の埒外にあった。

一八世紀末発生したフランス革命は長きにわたって続いた封建制度を根底から揺るがし、これを転倒させる大事件であった。封建的君主として君臨してきた国王、貴族階級は打倒され、ブルジョアや労働者が前面に躍り出て、社会を牽引する時代が到来したのである。とはいえ、それでも主役はあくまで男であり、女は端役以下の存在であったことは間違いない。

長い間続いてきたこうした歪んだ人類史に異を唱え、生国フランスは言うに及ばず、南米ペルーや近代国家の手本とされる隣国イギリスなどの国々も詳細に検討しながら、男性支配社会に敢然と立ち向かっていったのが本書の主人公フロラ・トリスタンである。

フロラの主著『労働者連合』の一節では、こうした歪な人類史が舌鋒鋭く抉りだされている。

「今日まで人類社会において女性は無の存在だった。司教も治者も学者もこれを紛う方なく賤民（パリア）とみなし、教会の外、法の外、社会の外に追いやってきた。なぜなら、女性には高度な問題に対する理解力も、科学への能力も、真面目な仕事に対する姿勢も持っていないとみなしたからだった。要するに、男こそが主人であり、お前に対して全権を担っているのは男なのだという論理である。この世界が生まれてからというもの、賢者が女というものをいかに判断してきたか、これではっきりわかる」

続けてまたフロラはこうも述べている。

「きわめて単純な計算でも、人口の半分を占める女性が社会活動において、その持つ知力、力、能力を全面的に発揮出るようになれば、国力は無限に増大するだろう。残念ながら、女性にとって、一七八九年の大革命はいまだに到来していないのだ」

「女の劣等性が宣せられると、どのような結果が生じたか？　きっちりとした、厳格な教育をあたえ、社会の有益な一員とすることは時間の無駄と結論したのである」

「従って、女とは可愛らしい人形、主人の気持ちを和ませ、主人に仕える奴隷なのだ」

こうして導かれたフロラの女性論の結論は次の言葉に要約されている。

「自己のうちに行動への精神力と気力を感じながら、行動を宿命的に禁ぜられている存在と思うことくらい恐ろしい責め苦はない！」

一七八九年の大革命によって絶対王制が倒され、新しく誕生した憲法と議会制民主主義の社会を礼賛しながらも、そこに女性の社会的役割と男女の絶対的平等の視点が欠落していることを最初に認めたのはフロラだった。

フロラによれば、一七八九年のフランス革命とは男の革命であり、王族、貴族に代わってブルジョア（それも男）が国を担う牽引力になったに過ぎず、太古の昔から連綿として続いてきた男性中心社会という骨組みは、大革命によっていささかも揺らぐことはなかったのだ。

フロラが新社会の建設を構想するに当たって根幹に据えたのは、人類を導くのは女性であり、それを補佐するのが男性という、それまでとは逆立する社会図絵であった。それは一八三〇年パリのメニルモンタンに、プロスペル・アンファンタンとバザールの二人が多数の信徒を集めて創設したサン＝シモン教団の男女同権論を取り込みながら、これに独自の思想を取り込んで構築した極めて異色な社会観であった。フロラがその会場に姿を見せたのはほんの一度か二度ほどだったかもしれない。しかし彼女がこの説教を聞いて受けたショックは計り知れなかった。残されたサン＝シモン主義者の働く絵図を見てもわかるように、彼らの間では男が洗濯をし、繕い物をする日常生活が当たり前の姿として実践されていたのだ。これが古い慣習に捕らわれた男性陣の心胆をどれほど寒からしめたか、想像するに余りある。

フロラの唱えた未来を先取りする革新的思想を要約すれば、次のようになるだろう。新社会は、何を措いても、一切の差別を排し、男女の絶対的平等を必須条件とすること。それは自身の結婚生活における苦い経験や、女性の一人旅で散々苦しめられた謂れのない差別の実体験によって十分に裏打ちされている。

フロラが差別意識の解消を目指した原点は、父親の突然の死から精神的に立ち直れず、かつての楽しい新婚生活の思い出ばかりに浸り、何の自活能力もない母親だった。その様を見て育った彼女は、青春時代のある時期を境に、このか弱い母親に猛烈な憎しみを抱くようになった。日記にもあるように、生活苦に困り果てたあげく、母親は伯父とグルになって、愛してもいないアンドレ・シャザルとの結婚まで娘に強制したと言っている。母親は結婚を餌に娘を厄介払いにしたかったのではないかとさえ疑っている。後には、夫との離婚問題をきっかけに、母親に向かって「金輪際あなたと会うつもりはない」と激しい言葉を投げつけているくらいだから。

母親を反面教師にして、知的教養も一家を養う生活力もすべて自力で切り開き、他人にすがったり、頼ったりしないで生きていこうと決心する。著者の言うように一九世紀初頭の市民、労働者の大半は読み書きもできないものたちばかりだった。こうした環境で、知識教養の獲得はすべて自分の努力で行うほかなかったのである。

一九世紀は産業革命を経それまでに例のない生産体制に入り、少数の資本家と圧倒的多数の労働者階級の担う社会になったことを認識しなければならない。新社会とはいっても、労働者の置かれた労働条件はそれまで以上に劣悪で、低賃金、長時間労働、男性よりはるかに劣悪な婦女子労働で回転している社会であった。これをはね返し、より人間らしい労働条件を獲得することの重要性を彼女は繰り返し述べている。そのために、労働者は中世に起源を持つ同職組合（コンパニオナージュ）から一刻も早く抜け出し、労働者階級として統一されなければならないことの重要性を説いている。

フランス巡りからも分かるように、フロラは官憲からの追跡、嫌がらせを全く意に介さなかった。行く先々で、最初に足を向けたのが警視総監や市長で、自分の旅の目的を堂々と開陳するほどだったから。

しかし変わりゆく社会の変化を押しとどめ、さらには歴史を逆転させようと立ちはだかったのが、既成の宗教組織であった。彼女はカトリック教会のお偉方と幾度となく討議を交わし、彼らの行っている喜捨は人々を精神的な堕落の道に誘う最悪な方法であると主張するが、それはことごとく否定され、絶望的心境に陥ったこともしばしばだった。ここから透けて見えるものは、一九世紀では、依然として宗教的勢力が陰に陽に強大な勢力を持っているという事実であった。フロラは単に遅れた国ペルーのみならず、それよりはるかに進歩した国と称されるフランスやイギリスでも、民衆を迷信と無知蒙昧の状態に落としこみ、権力と結託して栄華を誇る宗教的勢力の傲慢ぶりを鮮やかに切開してこう述べている。

「公務を司る政治家の目的が、自由ではなく権力そのものだったから、当然のように独裁制を受け継ぎ、さらに搾取と服従を確実にするため聖職者と結託し、民衆を迷信と偏見のうちに押さえつけていた」。フロラの宗教観を捉えるのにこれ以上に的確な表現はないだろう。

フロラは四一歳という短い一生を終えたが、その中味を考えれば、他の人と比較できないくらい充実した生涯であった。それはフラン大革命の成果を背景に、彼女の掲げた男女の絶対的平等、労働者の団結の重要性、国境を廃絶し、人間を常に人類という統一体でとらえたことなど、当時誰ひとりとして思い描くことのできなかった重要な思想を提起したことなどであり、その夢は二一世紀の今日でも十分に解決されたとは言い難いものばかりである。

最後に、彼女の先駆性は、死の間際に言い残した次の言葉に表れている。「葬式など一切行わず、私の亡骸は検体として、すべて医学の進歩に役立てて欲しい」。残念ながらその願いは適えられなかったが……。

本書が出版されてからほぼ二五年、いつかこれを翻訳したいと念じていたが、このたび、法政大学出版局より快諾をいただき、ここにようやく無事完成の運びになった。完成に際しては、法政大学出版局編集部の奥田のぞみ様の温かい励ましと助力があったからこそであり、何をおいても、まず彼女に謝意を表したい。

また本書はフランス大使館より出版助成金を得て出版できたことも言い添えておきたい。

二〇二〇年六月

訳者

Liberté • Égalité • Fraternité
RÉPUBLIQUE FRANÇAISE

AMBASSADE DE FRANCE
AU JAPON

INSTITUT
FRANÇAIS
アンスティチュ・フランセ日本
Japon

Cet ouvrage a bénéficié du soutien des Programmes d'aide à la publication de l'Institut français et de l'Ambassade de France au Japon.
本作品は、アンスティチュ・フランセ日本とフランス大使館の翻訳助成プログラムの助成を受けています。

なぜ彼女は革命家になったのか
叛逆者フロラ・トリスタンの生涯

2020年8月1日　初版第1刷発行

ゲルハルト・レオ
小杉隆芳 訳
発行所　一般財団法人 法政大学出版局
〒102-0071　東京都千代田区富士見2-17-1
電話03（5214）5540／振替00160-6-95814
製版・印刷　平文社／製本　積信堂

Printed in Japan
ISBN 978-4-588-36420-4

著者

ゲルハルト・レオ（Gerhard Leo, 1923-2009）
ベルリンで生まれたユダヤ系ドイツ人ジャーナリスト。戦前レオ一家はナチの迫害を逃れパリに亡命し，青年レオはレジスタント運動に加わり，ヒトラー政権打倒に身をささげた。その功績により，シラク政権下でレジョン・ドヌール勲章を受けた。

訳者

小杉隆芳（こすぎ・たかよし）
1943 年生まれ。東京都立大学大学院博士課程単位取得満期退学。豊橋技術科学大学名誉教授。
おもな訳書に S. シャルレティ『サン＝シモン主義の歴史』（共訳），フロラ・トリスタン『ロンドン散策』（共訳），フロラ・トリスタン『ペルー旅行記』，パラン・デュシャトレ『一九世紀パリの売春』（以上いずれも法政大学出版局）などがある。